Dictionnaire des Structures fondamentales du Français

PIERRE CÉLÉRIER / Conseiller Pédagogique à Lisbonne
JEAN-PIERRE MAILLARD / Agrégé de Lettres Modernes

avec la collaboration de
MICHEL BALIÉ / Certifié de Lettres Modernes

CLE INTERNATIONAL
11, rue Méchain, 75014 Paris

AVANT-PROPOS

1. Le Dictionnaire

Souvent souhaitée par de nombreux professeurs et étudiants, surtout de français langue étrangère, la réalisation d'un *Dictionnaire des Structures Fondamentales du Français* est une entreprise délicate, à la fois pour des raisons théoriques et pratiques (1). Tel qu'il se présente aujourd'hui pour la première fois, avec les compléments nécessaires que constituent les *Annexes* et l'*Index*, ce *Dictionnaire* devrait cependant rendre de grands services à ses utilisateurs de France et de l'Etranger. Les partisans d'une grammaire moderne comme les tenants des méthodes traditionnelles y trouveront un matériel qui, jusque maintenant n'était pas disponible, en tout cas pas sous une forme maniable.

Son ambition principale est d'offrir un répertoire, aussi complet que possible, mais restant pratique, des structures du français contemporain, dans leur réalisation commune au niveau du discours, principalement écrit. Les quelque six mille phrases-types ainsi présentées illustrent le fonctionnement des « mots-outils » (conjonctions, prépositions, etc.) ou la construction et l'environnement syntaxique (problèmes de compatibilité, d'ordre, etc.) soit des éléments qui appartiennent aux catégories grammaticales traditionnelles fermées (pronoms, négations, etc.) soit des principaux « inducteurs » de grammaire que sont le verbe et les adjectifs et substantifs « opérateurs ».

La répartition en 567 entrées et l'ordre alphabétique répondent au souci pratique de procéder à une description « en surface », quitte à suggérer par différents moyens l'organisation « en profondeur », sans parti-pris de regroupement préalable ressortissant à une théorie linguistique particulière. Cela facilite aussi une numérotation permettant le repérage des structures et des renvois d'une structure à l'autre (pour comparaison ou transformation) et ouvrant de nombreuses perspectives pour l'exploitation statistique et l'utilisation pédagogique.

---

(1) On trouvera un bon énoncé de ces problèmes dans l'*Introduction* que P. Le Goffic et N. Combe ont faite à leur ouvrage *Les Constructions Fondamentales du Français* (Collection Le Français dans le Monde/BELC, *Hachette-Larousse*), et dans la Préface que leur a donnée F. Debyser sous le titre *Pour une Grammaire Fondamentale du Français*.

Le problème est de définir et de pouvoir repérer à un indice précis, susceptible de constituer une entrée de dictionnaire ce qu'on entend par structure, et ensuite d'opérer une sélection et de choisir un mode de présentation. En effet, en utilisant un matériel (en cours de fabrication) comme le *Trésor de la Langue Française,* et en usant de toutes les possibilités de l'informatique, on pourrait imaginer un « Dictionnaire des Structures du Français » où pour chaque mot seraient données sinon toutes du moins les possibilités « normales » d'expansion ou de compatibilité syntaxique, selon des schémas systématiques reliés à une grammaire distributionnelle et transformationnelle donnée en complément. Il va sans dire qu'un tel travail, à supposer qu'il soit possible, demanderait des moyens considérables et serait de toutes façons d'un maniement très lourd le limitant à la recherche fondamentale. Nous avons essayé au contraire de réaliser un ouvrage essentiellement pratique, quitte à perdre en rigueur scientifique, mais en refusant toute simplification abusive par rapport à la complexité de la langue et toute limitation préalable à un corpus déclaré fondamental (à une exception près, celle des annexes qui présentent sous forme de tableaux synoptiques, la construction des verbes, adjectifs et substantifs opérateurs dont la relative simplicité d'emploi permettait de les éliminer de la partie « Dictionnaire »).

2. La présentation des structures

● Le repérage des structures ne pose pas de problème grâce à l'ordre alphabétique. Une locution sera à chercher au mot principal qui la constitue et dont elle représente le plus souvent une sous-entrée en caractères gras. C'est par exemple en C6 qu'on trouvera *à cause de, pour cause de, être cause,* etc. On trouvera parfois la même locution à plusieurs endroits : *Dès lors que* à *lors* aussi bien qu'à *dès* par exemple.

● Si une locution ou une entrée simple (un adverbe comme *dorénavant* par exemple) ne se trouve pas dans l'ordre alphabétique du *Dictionnaire,* la chercher dans l'*Index* où l'on a des chances de trouver plusieurs références à des entrées où la structure cherchée est notée en substitution synonymique : on peut ainsi reconstituer un article que nous avons négligé pour abréger le *Dictionnaire.*

● Il n'y a pas de plan-type pour telle ou telle sorte d'article, mais une régularité que l'on remarquera facilement, particulièrement pour les verbes : Actif (*V, VN, Vinf, Vatt, V que ind* ou *subj, V de,* etc.), Impersonnel, Pronominal, Passif. Le métalangage utilisé est réduit au minimum et peut être facilement compris (Voir la liste des abréviations). Signalons toutefois les signes *dN* (substantif déterminé) et *∅N* (substantif sans déterminant).

● Les éléments mis entre parenthèses dans le corps de l'exemple peuvent être omis à la lecture. La structure fonctionne avec ou sans eux. Cela permet d'indiquer un élément souvent présent sans changement de construction. Exemple : *(Au fur et) à mesure que nous montions...* Cela permet aussi de noter certaines compatibilités peu évidentes, ou par exemple, la possibilité de modification par des adverbes : *C'est du kummel, ou (encore) alcool parfumé au jasmin. Je me couche (très) tôt.* Ces « suppléments » sont à considérer comme des suggestions.

● Entre parenthèses à la suite de l'exemple, on trouvera des substitutions synonymiques (en italiques) par rapport au mot ou au groupe en italiques dans le corps de l'exemple. Il se tait *de peur qu'*on le punisse. *(De crainte que)*. De la même façon on trouvera des substitutions non synonymiques. Elles permettent d'indiquer ou de suggérer une série fermée, notée intégralement ou non (signe...): Il s'engagea *fort* avant dans la montagne. *(Bien. Plus. Si. Assez. Trop)*. Je n'ai *encore* pas téléphoné à l'agence. *(Toujours. Même. Surtout)*. La substitution peut aussi servir à noter des contraires ou à différents usages.

● D'autres systèmes de notation ont pu être utilisés dans le corps de l'exemple. Citons la flèche de transformation : *Je voudrais savoir si vous viendrez dimanche.* ← *Est-ce que vous viendrez dimanche.* Et la barre d'opposition de structures : *Tu ne sais pas nager, moi non plus.* / *Tu sais nager, moi aussi.* Notons que cette structure — ce n'est qu'un exemple — répertoriée à *plus* P32, l'est également à *non,* N10, et est mentionnée à *aussi,* A43, mais la somme d'informations fournie n'est pas forcément la même. On aura donc toujours intérêt à chercher aux différents endroits possibles, et à utiliser l'index.

3. Perspectives pédagogiques

En tant que dictionnaire, le *Dictionnaire des Structures Fondamentales du Français,* ouvrage de référence, se prête à toutes sortes d'utilisations qu'il est impossible de répertorier. Mais comme il se situe nettement, de par son origine et sa conception, dans une perspective pédagogique, nous en dirons quelques mots. C'est sans doute au niveau de la pédagogie du français langue étrangère que la nécessité d'un dictionnaire de structures se faisait le plus sentir. Il y a là une mine d'exercices structuraux ou de pratiques similaires faciles à organiser, mais surtout un matériel abondant regroupant l'ensemble des catégories grammaticales, et de consultation aisée, quels que soient le niveau et les conditions particulières d'apprentissage. Avec les nouvelles pratiques pédagogiques centrées sur l'enseigné le besoin est plus grand que jamais d'un instrument de référence répondant au rythme de réflexion linguistique de chaque étudiant, à sa demande ponctuelle comme à sa volonté de systématisation. Cela ne signifie nullement que l'utilisation du Dictionnaire doit être l'apanage des praticiens du français langue étrangère. L'extrême variété des niveaux de langue retenus et l'attention portée aux variantes stylistiques, principalement dans le maniement des locutions, apparaîtront tout à fait adaptées au travail de la langue, pour son analyse ou en vue de la rédaction, tel qu'il peut être pratiqué en France. Enfin le numérotage de chaque structure permet une pratique inédite de l'autocorrection, de l'enseignement par correspondance et de la pédagogie de la faute, ainsi que des travaux pratiques nombreux au niveau scolaire et universitaire, à commencer par la constitution de programmes par sélection d'un certain nombre de structures.

En conclusion de ces quelques lignes trop brèves, nous voudrions réaffirmer le caractère pratique et même pragmatique de cet ouvrage. Nous espérons qu'il rendra bien les services auxquels nous le destinons, et peut-être d'autres insoupçonnés, mais que chacun le critique et le modifie à son gré : nous n'avons à cet égard aucun amour-propre d'auteurs.

LES AUTEURS

Liste des principales abréviations du Dictionnaire

adj	adjectif
adv	adverbe
att	attribut
aux	auxiliaire
ca	complément d'agent
cc	complément circonstanciel
cod	complément d'objet direct
coi	complément d'objet indirect
cos	complément d'objet second
compar	comparatif
cond	conditionnel
conj	conjonction
d	déterminant
def	défini
dN	nom avec déterminant
d̸N	nom sans déterminant
fam	familier
impers	impersonnel
ind	indicatif
indir	indirect
indef	indéfini
inf	infinitif
interr	interrogation
litt	littéraire
loc	locution
N	nom ou syntagme nominal
neg	négation
num	numéral
P	phrase
pl	pluriel
p pé	participe passé
p pt	participe présent
pr *ou* pron	pronom
qqch	quelque chose
qqn	quelqu'un
S	sujet
sg	singulier
subj	subjonctif
superl	superlatif
V	verbe
⇆	transformation
/	opposition
≠	contraire
N +	nom suivi de
+ N	suivi de nom

Voir aussi introduction aux Annexes

a *1*

PREP – **1.** [*V* à *N*] 1° ■ [*qqn ou qqch*] Cela convient à l'ordre du jour et à mon père. ■ [*qqn*] Ce soir je téléphonerai à ma mère. ■ [*qqch*] Je ne veux pas participer à ce débat. 2° [*Possession*] ■ Ce livre est à Pierre ⇔ C'est le livre de Pierre. ■ Ce livre est à moi ⇔ C'est mon livre. ■ Ce livre est à moi, mais non de moi, je ne l'ai pas écrit. 3° [*Proportion*] 2 est à 4 ce que 4 est à 8. 4° [*Lieu*] ■ L'hirondelle s'est cognée à la vitre. ■ J'habite à Paris. / J'habite Paris. ■ Je vais souvent à Paris. / Je viens de Paris. ■ Je vais à la prison, / en prison. ■ Je suis à la cuisine, / dans la cuisine. ■ Au Maroc / en France / en Orient / Au Katanga. ■ Aux Etats-Unis. A la Guadeloupe. A Cuba. ■ A table. A terre. A proximité. A droite. /A la droite du président. 5° [*Temps*] ■ Je viendrai à 5 heures, / dans 5 heures, / en 5 heures. ■ Nous avons des vacances à Noël et au printemps. ■ Je l'ai vu à différentes reprises, à de nombreuses reprises. ■ A l'avenir vous serez plus prudent. 6° [*Manière*] Il a filé à l'anglaise. 7° [*Cause*] J'ai senti sa colère à un léger tremblement. 8° [*Moyen*] ■ Il coupe son bois à la hache. ■ Il roule à bicyclette, / en voiture. 9° [*V* à ce que, *subj*] Cf. A CE QUE. **2.** [*V* à *inf*] 1° Elle s'est enfin décidée à répondre. 2° [*Conséquence*] Elle dansait à en perdre le souffle. 3° [*Cause*] Il m'agace à parler toujours de révolution. 4° A manger comme ça, tu vas finir par grossir.

5° A en juger par son regard il mentait. **3.** [*adj* à *N*] 1° Christian est un enfant enclin à la paresse. 2° Ce défaut est visible à l'œil nu. **4.** [*adj* à *inf*] 1° L'exercice est facile à faire. 2° Je suis prêt à partir. 3° [*Conséquence*] Elle est vraiment folle à lier. **5.** [*adv* à *N*] J'ai agi pareillement à lui. **6.** [*N* à *N*] 1° ■ C'est un verre à vin, et non un verre de vin. ■ La machine à vapeur, quelle invention ! ■ Voilà un artisan au geste précis. 3 ■ La chasse au sanglier est ouverte. / Chasser le sanglier. ■ C'est une résistance au progrès / Résister au progrès. 4° Son aptitude au mensonge est étonnante. 5° Notre arrivée à l'aéroport fut triomphale. 6° [*Prix*] J'ai acheté un livre à 10 F / Une maison de 70 000 F. 7° [*Possession*] ■ Il a repris une idée à moi. ■ [*Fam*] Elle est drôle la pipe à ton père / La pipe de ton père. **7.** [*N* à *inf*] 1° [*Obligation*] Lorenzaccio était ce soir-là la pièce à voir. 2° ■ Sa prétention à commander est stupéfiante. ■ Il montrait une certaine hésitation à se décider. 3° Son aptitude à mentir est étonnante. 4° C'est une machine à filer la laine. 5° Il a fait un effort à tout casser. **8.** [*V N* à *N*] 1° [*qqch* à *qqn*] Le médecin prescrit un médicament au malade. 2° [*qqn* à *qqn*] Je recommanderai votre fils à l'instituteur. 3° [*qqch* à *qqch*] Comparez la traduction à l'original. 4° [*Factitif*] Elle a fait faire ce devoir à son fils. *(Par.)* **9.** [*V N* à *inf*] 1° Je vous invite à écouter attentivement. 2° [*Obliga-*

tion] J'avais mon train à prendre.
3° [*But*] Elle a donné son fils à garder.
4° [*Durée*] J'ai passé ma journée à
ranger mes livres. **10.** [*V* (à) *N* à *N*]
[*Distribution*] Ma voiture consomme
cinq litres aux cents. **11.** [*V* à *N* à
inf] J'ai appris à lire à mon frère.
12. [*V* à *N* de *inf*] Le médecin ordonne
au malade de rester au lit. **13.** [*(de)*...
à] 1° [*Quantité*] Nous avons marché
(de) cinq à six kilomètres. 2° [*Temps*]
Je te recevrai de 2 à 3 heures.
14. EXPR 1° Peu à peu. Petit à petit.
Pas à pas. Mot à mot. 2° Prendre à
part. Venir à point.

abord 2

1. N PLUR – Les abords de la plage
sont toujours sales. **2. LOC ADV**
1° **D'abord** – Donnez-moi *d'abord*
votre passeport, puis votre permis.
*(En premier. En premier lieu. Tout
d'abord.)* 2° **Dès l'abord** – *Dès
l'abord*, il me parut sympathique.
(Immédiatement. Aussitôt.) 3° **Au
premier abord** – Cela paraît simple
*au premier abord. (A première vue.
[Litt] De prime abord.)* **3. LOC
PREP** – **Aux abords (de)** – Nous
avons campé *aux abords* (de la plage).
(Aux environs. Aux alentours.)
4. LOC VERB – 1° Le professeur est
d'un abord commode. 2° Le professeur a l'abord facile.

absolument 3

ADV – **1.** Vous prétendez avoir raison? – *Absolument. (Oui. Bien sûr.
Absolument pas.)* **2.** [*V* +] Il faut
absolument que vous veniez demain.
3. [+ *adj* ou *adv*] 1° Cette idée est
absolument ridicule. *(Tout à fait.
Totalement. Parfaitement. Complètement.)* 2° [*avec nég*] Votre solution
n'est *absolument pas* exacte. *(Pas
du tout)* / Votre solution n'est *pas
absolument* exacte. *(Pas tout à fait.)*

accepter 4

1. 1° *V* qqn : La directrice a accepté
votre fille. 2° *V* qqch : J'accepte
(cette fonction). 3° *V* que *subj* :
J'accepte que vous nous quittiez.

4° *V* de *inf* : Il acceptera de vous
laisser partir. 5° *V* qqch de qqn : Elle
a accepté *de* son fils cette exigence.
(De la part de.) 6° *V* de qqn que
subj : Le père a accepté *de* son fils
qu'il aille au théâtre. *(De la part de.)*
7° *V N prép* : Nous vous acceptons
parmi nos collègues. 8° *V N prép att* :
Nous vous acceptons *comme* gendre.
(En tant que. Pour.) **2. S'accepter** –
Une telle conduite ne peut s'accepter.
3. Etre accepté – 1° *V prép att* : J'ai
été accepté comme comptable.
2° IMPERS que *subj* : Il est officielle-
ment accepté que l'on parte en
vacances.

accord 5

1. N – 1° J'ai l'accord de nos amis;
ils m'ont donné leur accord. 2° L'accord avec le Soudan interviendra sous
peu. 3° L'accord entre le Soudan et le
Mali a été signé. 4° Il y a accord *sur*
la plupart des points. *(A propos de.
Au sujet de. En ce qui concerne.)*
5° Il y a (un) accord *pour* la réouver-
ture des frontières. *(En vue de.)*
6° Veillez à l'accord en genre des
adjectifs. 7° Ses actes sont en (plein)
accord avec ses principes. **2. D'accord** – 1° ADV – ■ Vous venez
m'aider? – *D'accord. (Oui. Bien sûr.
[Fam] O.K.)* ■ [*Fam*] D'accord il est
plus doué, mais il travaille moins.
2° LOC VERB - Nous sommes d'accord
(entre nous) (avec vous) (pour que
vous l'invitiez). Tomber d'accord. Se
mettre d'accord. Mettre qqn d'accord.

à ce que 6

1. [+ *ind ou cond*] Pensez à ce que
je vous ai dit, / à ce dont je vous ai
parlé. **2.** [+ *subj*] 1° Jean tient beaucoup *à ce que je vienne. (A ma venue.
A venir.)* 2° Je demande (à ce) que
tu viennes. **3.** [*adj* +] Je suis prêt
à ce qu'on vienne m'aider.

admettre 7

1. 1° *V N* : J'admets votre excuse.
2° *V* que *ind* : J'admets que vous êtes
de bonne foi. 3° *V* que *subj* : J'admets
que vous ne soyez pas d'accord.

4° *V inf* : J'admets m'être emporté un peu trop vite. 5° *V de inf* : J'admets de m'être emporté un peu trop vite. 6° *V N* (comme) *att* : J'admets sa présence (comme) nécessaire. 7° *V qqch de qqn* : J'admettrai des excuses de sa part. 8° *V qqn à qqch* : J'admets votre fils à l'examen. 9° *V qqn à inf* : J'admets votre fils à disputer la coupe. 10° *V N prép* : Je n'admets aucune erreur dans les réponses. On vous admet parmi nous. **2. S'admettre** — Votre raisonnement peut s'admettre. **3. Etre admis** — 1° *V att* : ■ J'ai été admis *(en tant qu')* ingénieur. *(Comme.)* ■ J'ai été admis (premier). 2° *V à inf* : Je suis admis à participer à ce congrès. 3° IMPERS ■ *V que subj* : Il est admis qu'on fume dans les couloirs. ■ *V de inf* : Il est admis de fumer dans les couloirs.

affaire   8
1. N — L'affaire dont tu m'as parlé est surprenante. **2. LOC VERB** — 1° [*avec* Avoir] Si vous m'ennuyez vous aurez affaire à moi. 2° [*Avec* Etre] C'est affaire de tact. / C'est l'affaire de quelques minutes. / C'est l'affaire de la patronne. / C'est mon affaire (si je viens ou pas). / Avec ce métier je suis *à mon affaire. (A mon aise.)* 3° [*Avec* Faire] Ce jambon fera l'affaire (de ma femme). / Il est riche : il a fait des affaires. / En achetant cette voiture, j'ai fait une (bonne) affaire. / Il a perdu : il en fait (toute) une affaire. / Ne t'en fais pas : J'en fais mon affaire. / J'ai fait affaire (avec mon client). 4° [*Avec* Tirer] Il faut le tirer d'affaire.

afin   9
1. Afin de + *inf* : Je me dépêche *afin* d'arriver à l'heure. *(Pour.)* 2° **Afin que** + *subj* : Je le dis *afin que* tu le saches. *(Pour que.)*

âge   10
1. N — Quel est ton âge ? Quel âge as-tu ? — J'ai 19 ans. **2.** [+ *de*] 1° C'est l'âge des premiers pas.

2° C'est l'âge de prendre un repos mérité. **3.** [à +] A quel âge a-t-il fait son service militaire ? — A mon âge, à l'âge de vingt ans. **4.** [de +] 1° C'est un outil de l'âge du bronze, d'un grand âge. 2° Quelle différence d'âge ! **5.** [en +] Ma fille est en âge de sortir seule.

agir   11
1. 1° *V :* Le remède agit lentement. 2° *V prép :* ■ Vous devez agir sur lui pour qu'il prenne une décision. ■ Il faudra agir pour ce programme auprès du Conseil. 3° *V prép att :* Il a agi en homme responsable. **2. S'agir** — IMPERS — 1° *V de N : Il s'agit* de votre père, et d'une vieille histoire. Voici ce dont *il s'agit. (Il est question.)* 2° *V de inf :* Il s'agit de se taire. *(Il faut.)* 3° *nég V que subj :* Il ne s'agit pas que tu tombes. 4° **S'agissant de** — *S'agissant de* votre nomination, je ne sais rien. *(Quant à. En ce qui concerne. Au sujet de.)*

aide   12
1. N — *A l'aide ! (Au secours !)* 2° L'aide de ma secrétaire m'a été très utile. 3° On a réduit l'aide aux pays en voie de développement. 4° J'ai fait ce devoir avec l'aide d'un copain. **2. LOC PREP — A l'aide de** — Enfonce ce clou *à l'aide de* ce marteau. *(Au moyen de. Avec.)* **3. LOC VERB** — Venir en aide à qqn. Venir à l'aide de qqn.

ailleurs   13
1. ADV — 1° Je n'irai pas en Espagne, j'irai *ailleurs* (qu'en Espagne). *(Autre part.)* 2° On ne trouve pas ça en France, ça vient *d'ailleurs. (D'autre part.)* **2. LOC ADV** — 1° **D'ailleurs** — Il a gagné facilement ; *d'ailleurs* il était favori. *(Du reste.)* 2° **Par ailleurs** — ■ Elle est têtue, mais *par ailleurs* très serviable. *(D'autre part. Au demeurant.)* ■ Elle réussit très bien *par ailleurs*, mais là elle a échoué. *(En d'autres occasions.)*

aimer 14

1. 1° *V* : Pour la première fois elle aime. 2° *V N* : Jean aime la bière, une toute jeune fille. 3° *V inf* : Paul aime jouer. 4° *V que subj* : Il aime qu'on aille chez lui. 5° *V à inf* : [*Litt*] Elle aime à rêver aux souvenirs de son enfance. 6° *V N att* : Je les aime bien mûres. 7° COND — J'aimerais (bien) vous revoir plus tard. **2. Aimer mieux** — 1° *V N* : J'aime *mieux* la mort (plutôt) (que le déshonneur). *(Autant.)* 2° *V inf :* ■ J'aime mieux souffrir (que mourir). ■ J'aime mieux m'arrêter (plutôt) que (de) continuer ainsi. 3° *V que subj* : J'aime mieux que tu mettes ta robe bleue. 4° *V N att :* J'aime mieux mon œuf bien cuit. *(Je préfère.)* **3. S'aimer** — Deux pigeons s'aimaient d'amour tendre. **4. Etre aimé** — Elle est aimée (*de* ses proches). *(Par.)*

ainsi 15

1. ADV — 1° [*V* +] L'accident est arrivé *ainsi* et pas autrement. *(De cette façon.* [*Fam*] *Comme ça.)* 2° [*P* +] Il arriva vite ; ainsi nous pûmes partir à l'heure. *(En conséquence.)* 3° [+ *P*] Ainsi (donc) vous ne partez pas avec lui ? *(Alors.* [*Fam*] *Comme ça.)* 4° [+ *VS*] Ainsi mourut le plus célèbre des escrocs. 5° EXPR Ainsi soit-il ! *Pour ainsi dire.* ([*Fam*] *Comme qui dirait.)* **2. LOC CONJ** — **Ainsi que** — 1° *Ainsi que* je vous l'avais dit, je ne ferai pas cours. *(Comme.)* 2° Elle enseigne le français *ainsi que* le russe. *(De même que. Et.)* 3° **Ainsi... que** + *ind :* Mon frère est ainsi fait qu'il s'énerve pour rien.

air 16

1. N 1° L'air est pollué, allons vivre au grand air ! 2° Il chante cet air de Moussorgsky d'un air moqueur. 3° Ce sont ces paroles en l'air ! **2. LOC VERB** — **Avoir l'air** — 1° [+ *adj*] Hélène a un air gai aujourd'hui. / Ces frites ont l'air délicieuses. 2° [*de N*] Vous avez l'air d'une fille dans cet habit. 3° [*de inf*] Vous avez l'air de bouder.

ajouter 17

1. 1° *V N* : J'ajouterai un peu de sel. 2° *V que ind :* J'ajoute que vous devez vous tenir tranquille. 3° *V à N :* Le danger ajoute à la difficulté de l'entreprise. 4° *V N à N :* Ajoute du sel à la soupe. **2. S'ajouter** — 1° *V :* Les erreurs s'ajoutent (les unes aux autres). 2° *V qqch :* Vous vous ajoutez des mérites que vous n'avez pas. 3° *V à N :* Ce résultat s'ajoute au précédent.

alentour 18

1. N — Les alentours de la ville sont tristes. **2. ADV** — De la colline, je pouvais voir les bois *alentour*. *(Tout autour. A proximité.)* **3. LOC PREP** — **Aux alentours de** — 1° La marquise se promène *aux alentours du* château. *(A proximité du. Aux environs du. Du côté du.)* 2° Mes parents sont arrivés *aux alentours de* midi. *(Vers.* [*Fam*] *Vers les.* [*Fam*] *Sur les.* Aux environs de.)

aller 19

1. 1° *V* : Je vais, je viens, selon l'inspiration. 2° *V inf :* ■ Elle va (bientôt) sortir. / Elle vient (juste) de sortir. ■ *J'allais* partir quand tu es arrivée. *(J'étais sur le point de. Je m'apprêtais à.)* ■ N'allez pas croire que je mens. Je vais voir ma mère et acheter du pain. 3° *V à qqn.* ■ Ce manteau lui va (bien). ■ [*Fam*] Tu ne vas pas au coiffeur ? 4° *V prép :* ■ [*Lieu*] Je vais à l'épicerie, chez le dentiste, à l'essentiel. Je vais au Japon, aux U.S.A., en Allemagne, dans les Andes. Je suis allé à Paris, au Havre, en Avignon. ■ [*Moyen*] Je vais à cheval, à bicyclette, à skis, / en bateau, en voiture, en avion / par bateau, par l'avion de 15 heures. ■ *V sur :* La dame allait sur ses trente ans. 5° *V adv :* ■ [*Lieu*] Je vais là-bas, en haut, j'y vais. ■ [*Manière*] Elle va trop vite. Comment allez-vous ? Je vais bien. **2. Ça va** — 1° [*Fam*] Comment ça va ? — Bien merci. 2° *Ça va,* gardez la monnaie. *(Bien.)* 3° *V inf :* Ça va chauffer ce soir au stade. 4° EXPR —

Ça va de soi. (C'est évident.)
3. IMPERS – 1° *Il va de soi* que les frais sont remboursés. *(Il va sans dire. Il est évident.)* 2° Je n'abdiquerai pas, il y va de mon honneur. 3° Il en va de cette théorie comme de l'autre. **4. S'en aller** – 1° *V :* Je dois m'en aller bientôt. 2° *V inf :* Va (-t-en) chercher le docteur. 3° *V à N :* Je m'en vais aux champignons. **5. Y aller** – Vas-y Poulidor, tu vas gagner ! **6. IMPERS** – Allons! vous plaisantez! **7.** [*V + p pt*] [*Litt*] Je suis persuadé que vos résultats iront (en) s'améliorant.

alors   20

1. ADV – 1° *Alors !* tu viens ? *(Enfin !)* 2° Et alors ! Ca alors ! Non mais alors ! 3° [*N +*] Je parle des gens *d'alors*. *(De cette époque.)* 4° [*V +*] Ce n'était *alors* qu'une enfant. *(A cette époque.)* 5° [*P +*] Il y eut un éclair ; *alors* je pris peur. *(A ce moment-là.)* 6° **Ou alors** – Il est en retard, *ou alors* il ne viendra pas. *(Ou bien.)* **2. LOC CONJ** – **Alors que** – 1° [*Temps*] L'orage cessa *alors que* le soleil se couchait. *(Tandis que. Au moment où.)* 2° [*Opposition*] Notre équipe a gagné alors qu'on ne s'y attendait pas. 3° **Alors même que** + cond : *Alors même qu'*il pleuvrait, nous partirions. *(Quand bien même.)*

amener   21

1. 1° *V qqch :* Les marins amènent les voiles du bateau. 2° *V qqn :* L'écolier a amené son frère (à l'école). 3° *V à inf :* L'exposé amène à se poser des questions. 4° *V N à N :* ■ Amenez au capitaine les soldats suivants. ■ Amenez à la raison vos camarades. 5° *V N prép :* Elle l'a amené à la maison. Je l'ai amené de Russie, en France, par avion. **2. S'amener** – [*Fam*] Amène-toi, vite ! **3. Etre amené** – 1° *V :* Elle a été amenée par ses parents. 2° *V à N :* Nous avons été amenés à cette conclusion. 3° *V à inf :* Nous avons été amenés à nous débarrasser du chien.

an   22

1. [*Date*] 1° ■ L'an 780 fut marqué par une terrible épidémie. ■ On fêta dans la joie l'an deux de la République. 2° [*avec prép*] ■ Il mourut en l'an 1945 de notre ère. ■ On ne se reverra que dans deux ans. ■ A 15 ans de distance, je me souviens encore parfaitement de cette journée. ■ Trois ans *après*, il était définitivement rétabli *(Avant).* / Ce n'est pas avant deux ans qu'il pourra de nouveau marcher. 3° Je suis passé à Dijon *il y a* deux ans *(Voilà).* / Il y aura un an demain qu'ils se sont mariés. 4° EXPR – Le jour de l'an. Le premier de l'an. Le nouvel an. L'an prochain. L'an passé. L'an dernier. **2.** [*Durée*] 1° [*avec num*] ■ Je ne regrette pas les 5 ans que j'ai passés à l'étranger. ■ Trois cents ans s'écouleront avant qu'on reparle de ce poète. 2° [*avec prép*] ■ Cet athlète a fait en deux ans des progrès remarquables. ■ Après trois ans d'un minutieux travail il termina sa maquette. 3° *Voilà* dix ans que tu me répètes la même chose. *(Il y a.)* Il y a dix ans de travail dans ce tableau. **3.** [*Age*] 1° Paul a dix ans. 2° A (l'âge de) trois ans, ma fille savait faire de la bicyclette. 3° Une jument de deux ans. 4° C'est un homme qui a dans les 45 ans. **4.** [*Distribution*] 1° Il y a fête au village une fois l'an. 2° Il y a fête au village deux fois par an.

année   23

1. [*Date*] 1° 1965 fut une bonne année pour les vins. 2° [*avec num*] ■ Elle éprouva des difficultés au cours de sa troisième année scolaire. ■ L'année 1940 est une des plus sombres de notre histoire. 3° [*avec d*] Dans quelques années on sortira des voitures électriques. 4° EXPR – L'année dernière. L'année prochaine. L'année passée. **2.** [*Durée*] 1° Des années (entières) passèrent. 2° [*avec num*] Deux (bonnes) années furent nécessaires pour tout préparer. 3° [*avec d*]

■ Ce sont les deux meilleures années de ma vie. ■ Il a réalisé son œuvre en quelques années.

apparaître 24
1. 1° *V :* Le soleil est apparu à l'horizon. 2° *V* à qqn : Tout à coup la solution m'est apparue. 3° *V* (comme) *att* (à qqn) : La solution apparaît (comme) valable (aux délégués.) **2. IMPERS** – 1° *V* que *ind* (à qqn) : Il apparaît (clairement) (à tous) que vous avez triché. 2° *nég V* que *subj* (à qqn) : Il n'apparaît pas (à tous) que vous ayez triché.

appeler 25
1. 1° *V :* Michèle a appelé trois fois ce matin. 2° *V* qqn : Peux-tu appeler ton ami ? 3° *V* qqch : La situation appelle des mesures urgentes. 4° *V N att :* Comment appelleras-tu ton fils ? – Je l'appellerai Paul. 5° *V* qqn à *N :* Le Président a appelé le délégué à de nouvelles fonctions. 6° *V* qqn à *inf :* Le maître t'a appelé à rester tranquille. 7° *V qqn prép :* Il nous a appelés à l'aide. **2. S'appeler** – 1° *V att :* Tu t'appelles comment ? – Je m'appelle Paul. 2° Bravo ! Cela s'appelle parler. **3. Etre appelé** – 1° *V :* Tu as été appelé (par ton ami). 2° *V att :* Elle a été appelée Paule. 3° *V* à *N :* Le président est appelé à de nouvelles fonctions. 4° *V* à *inf :* Je suis appelé à renoncer à ma charge. **4. En appeler** – [*Litt*] 1° *V* à *N :* J'en appelle à votre générosité. 2° *V* de *N :* J'en appelle de ce simulacre de jugement.

apprendre 26
1. 1° *V :* Pour apprendre, il faut étudier. 2° *V N :* J'ai appris ma leçon. 3° *V* que *ind :* J'ai appris que tu avais été nommé directeur. 4° *V* à *inf :* J'ai appris à lire à 5 ans. 5° *V* qqch à qqn : ■ J'ai appris *la lecture* à mon frère. (*A lire.*) ■ J'ai appris une bonne nouvelle au directeur. 6° *V* qqch de qqn : J'ai appris une bonne nouvelle de nos amis. **2.** [*avec* ça] 1° *V* à qqn de *inf :* Ca m'a beaucoup appris de voyager. 2° *V* à qqn que *subj :* Ca m'a

beaucoup appris que tu m'aies fait voyager. **3. S'apprendre** – 1° *V :* L'italien s'apprend facilement. 2° *V* à qqch : L'enfant s'apprend au maniement de la langue. 3° *V* à *inf :* L'enfant s'apprend à manier la langue.

après 27
1. ADV – 1° [*N* +] La semaine (*d'*) après il était de retour. (*Suivante.*) Vous trouverez facilement, c'est la rue (*d'*) après. 2° [*prép* +] Pour *après,* nous verrons. (*La suite.*) 3° [*V* +] Allez jusqu'à la mairie, le magasin est après. Je suis (juste) après au classement. 4° [*avec* P] Il assista au match ; *après* il rentra chez lui. (*Puis. Ensuite.*) 5° EXPR – **Et après** – Il n'est pas venu ; – *Et (puis) après ? (Et alors ?)* **2. PREP** – 1° [*V* après *N*] ■ Elle n'arrête pas de crier après son fils. ■ Il place sa santé après son travail. ■ [*Lieu*] Le magasin se trouve (juste) après la mairie. ■ [*Temps*] ■ Nous avons bu un verre après la représentation. ■ Après une heure d'effort, il était de retour. 2° [*adj* après *N*] Pierre est furieux *après* sa belle-mère. (*Envers.*) 3° [*N* après] Une heure après il était de retour. 4° [+ *inf passé*] (Une heure) après avoir cousu la robe, elle l'essaya. **3. LOC PREP** – **D'après** – 1° *D'après* certains savants la vie existerait sur Mars. (*Selon.*) 2° Il peint d'après nature. **4. LOC CONJ** – **Après que** – 1° [+ *ind*] (Une minute) après que tu auras battu les œufs tu verseras le lait. 2° [*Fam*] [+ *subj*] Après qu'il ait parlé ce fut le silence.

arranger 28
1. 1° *V* qqch : Elle arrange ses cheveux. 2° *V* qqn : Cet héritage arrange bien mon père. **2.** [*avec* ça] 1° [*V* qqn de *inf*] Ça m'arrange de venir ce soir. 2° [*V* qqn que *subj*] Ça m'arrange que tu viennes ce soir. **3. S'arranger** – 1° *V :* Nos difficultés se sont arrangées. 2° *V* de *N :* Je m'arrangerai de vos conditions. 3° *V* pour : Arrangez-vous pour être à

l'heure. Arrangez-vous pour que tout soit en ordre. 4° *V prép* : Arrangez-vous avec vos voisins.

arrêter 29

1. 1° *V* : Arrêtez (au feu rouge). **2°** *V qqch* : Arrêtez votre voiture. **3°** *V qqn* : Arrêtez-moi, ou je fais un malheur. **4°** *V que ind* : Le maire a arrêté que l'église serait fermée jeudi. **5°** *V de inf* : Arrêtez de m'ennuyer. **2. S'arrêter** – 1° *V* : Nous nous arrêterons (ici). **2°** *V à N* : Vous vous arrêtez à des mesquineries. **3°** *V de inf* : Je me suis arrêté de fumer.

arrière 30

1. ADV-ADJ – 1° Le chauffeur de la voiture vérifie l'état des feux *arrière*. *(≠ Avant.)* **2°** Arrière ! l'ennemi attaque. **2. N** – 1° L'arrière de la maison ne reçoit pas le soleil. **2°** Ma voiture a heurté le trottoir par l'arrière. **3. LOC ADV ou PREP** – 1° **En arrière (de.)** – Le général laisse ses troupes en arrière (du village). **2° A l'arrière (de)** – Le coffre est à l'arrière (de la voiture).

arriver 31

1. 1° *V* : Attendez-moi, j'arrive (en voiture). **2°** *V att* : Ce cheval est arrivé premier. **3°** *V inf* : *[Fam]* Elle arrive vous chercher en voiture. **4°** *V à qqn* : Un malheur est arrivé à Paul. **5°** *V à qqch* : Tu n'arriveras pas au résultat souhaité. **6°** *V à inf* : Tu n'arriveras pas à me faire céder. **7°** *V à ce que subj* : Tu n'arriveras pas à ce que je cède. **8°** *V à qqn att* : Le repas nous est arrivé tout prêt. **2. IMPERS** – 1° *V N* (à *N*) : Il est arrivé (à Paul) une bonne nouvelle. **2°** *V* (à *N*) *de inf* : Ça arrive (à Paul) de se tromper. *(Il.)* **3°** *V que ind* : Il arriva que son père tomba malade. **4°** *V que subj* : Il est arrivé que Paul fasse des erreurs. *(Ça.)* **5°** *V à N que subj* : Il est arrivé à Paul qu'il fasse des erreurs. **3. En arriver** – 1° *V à N* : Nous allons en arriver à notre texte. **2°** *V à inf* : Nous allons en arriver à

vous exclure. **3°** *V à ce que subj* : Nous en arrivons à ce qu'il soit impossible de conclure.

assez 32

ADV – **1. EXCL** – *Assez ! (Ça suffit.)* **2.** [*avec N*] **Assez de** – Pierre n'a pas *assez* de courage (pour cela). *(Suffisamment.)* **3.** [*avec adj ou adv*] 1° Le bureau est *assez* grand (pour...). *(Suffisamment.)* **2°** Marie-Paule est *assez* jolie. *(Passablement.* [*Fam*] *Pas mal.)* **4.** [avec V] 1° Il travaille *assez* (pour le salaire qu'il touche). *(Suffisamment. Trop.)* **2°** Il travaille assez (pour réussir). **3°** Il travaille assez (pour qu'on le sache). **5. LOC VERB** – 1° J'en ai assez (de ce bouquin). **2°** J'en ai assez de travailler comme ça. **3°** J'en ai *assez* que tu sois toujours en retard. *(*[*Fam*] *Marre.)*

assurément 33

1. ADV – 1° Viendras-tu à ce fameux bal ? – (Oui,) Assurément. *(Certainement. Bien sûr.)* **2°** Assurément il avait plu : le sol était mouillé. *(A coup sûr. Certainement. Indiscutablement. Indubitablement. Incontestablement. Sans aucun doute.)* **2. Assurément que** – Assurément *que* je viendrai. *(Bien sûr que. Certainement que. Evidemment que.)*

assurer 34

1. 1° *V N* : ■ L'employé assure un remplacement. ■ J'ai assuré mon mobilier (pour mille francs). **2°** *V que ind* : L'employé assure qu'il avait fermé la porte. **3°** *V inf* : L'employé assure avoir fermé la porte. **4°** *V qqch att* : Le docteur assure l'issue fatale inévitable. **5°** *V qqn de qqch* : L'employé assure son patron de son dévouement. **6°** *V qqch à N* : La machine assure à l'usine un meilleur rendement. **7°** *V à qqn que ind* : L'employé assure à son patron qu'il travaille beaucoup. **8°** *V à qqn inf* : L'employé assure à son patron travailler énormément. **9°** *V prep* : La compagnie assure contre l'incendie. **2. S'assurer** – 1° *V* : Je me suis assuré (contre le vol). 2° *V N* : L'organisateur s'assure le concours des meilleurs interprètes. 3° *V* de qqch : Je me suis assuré de la propreté des lieux. 4° *V* que *ind* : Je me suis assuré qu'il n'y avait personne. 5° *V interr* : Vous êtes-vous assuré s'il y avait du monde ? 6° *V N* prép *att* : La société s'assure les meilleurs experts comme conseillers. **3. Etre assuré** – Etre sûr.

attacher   35

1. 1° *V* : La poêle attache. 2° *V N* : Attachez l'enfant. Attachez votre ceinture de sécurité. 3° *V N* à qqch : Elle attache de l'importance à cet examen. **2. S'attacher** – 1° *V* qqn : Le préfet s'est attaché les meilleurs experts. 2° *V* à qqn : Le chien s'attache à son maître. 3° *V* à qqch : Tu t'attaches à des détails. 4° *V* à *inf* : Le Ministre s'attache à réaliser sa réforme. **3. Etre attaché** – 1° *V* : Ma ceinture est bien attachée. 2° *V* à *N* : Le Ministre est (très) attaché à sa réforme.

attendre   36

1. *V* : Reste là, attends (au coin de la rue). 2° *V N* : Nous attendons le facteur, son retour. 3° *V* que *subj* : Nous attendons que le facteur soit passé. 4° *V* de *inf* : Nous attendons de partir. 5° *V* qqn à *N* : Je vous attends au résultat final. 6° *V* qqch de qqn : J'atends des nouvelles de mes parents. **2. S'attendre** – 1° *V* à qqch : Nous nous attendons à de l'orage. 2° *V* à *inf* : Nous nous attendons à perdre notre place. 3° *V* à ce que *subj* : Nous nous attendons à ce que l'orage éclate. 4° *V* que *subj* : Elle ne s'attend pas qu'on la surprenne. **3. En attendant** – 1° Je vais chez l'épicier, reste ici *en attendant*. *(Pendant ce temps.)* 2° Vous trouvez ça drôle ; *en attendant*, moi, je ne rigole pas. *(Pourtant.)* 3° **En attendant que** + *subj* : Je reste à Je reste à l'abri en attendant que la pluie cesse. 4° **En attendant de** + *inf* : En attendant de partir, nous pouvons déjeuner. **4. Attendu que** +

ind : Attendu *qu'*on a retiré la plainte, vous êtes libre. *(Vu que. Comme. Puisque.)*

attention   37

1. EXCLAM – 1° Attention, (travaux) ! 2° *Attention* au chien. *(Gare.)* **2. N** – 1° J'ai fait ce devoir avec beaucoup d'attention (pour rédiger correctement). 2° Son attention à ne décourager personne est émouvante. **3. LOC PREP** – A **l'attention de** – Faites une note *à l'attention* de mes collaborateurs. *(A l'adresse.)* **4. LOC VERB** – 1° Faites attention à la marche. 2° Faites attention à ne pas tomber. 3° Faites attention de ne pas tomber. 4° Tu n'as pas fait attention qu'il était parti. 5° Faites attention qu'on ne vous voie pas. 6° Prêter attention à. Donner (toute) son attention à. Fixer son attention sur. Mériter attention. Attirer l'attention.

au, aux   38

Cf A, LE.

aucun   39

1. ADJ – 1° **Ne... aucun** – Je n'ai *aucune* (autre) idée sur ce sujet. *(Pas une. Nulle.)* 2° **Aucun... ne** – (absolument) *aucune* idée ne m'a effleuré. *(Pas une. Nulle.)* 3° [sans ne] Elle a fait cela sans aucun effort. Il travaille mieux qu'aucun autre élève. 4° LOC ADV – A aucun moment. Sous aucun prétexte. En aucune manière. En aucun cas. **2. PRON** – 1° Quel élève est venu ? – Aucun. / Qui est venu ? – Personne. 2° **Ne... aucun** – Je n'aperçois aucun de tes amis → Je n'en aperçois aucun. 3° **Aucun... ne** – *Aucun* (de vous) ne sera d'accord. *(Nul d'entre.)* **3. D'aucuns** – D'aucuns penseront que je me trompe. *(Certains.)*

aujourd'hui   40

1. [*N* +] Le menu d'aujourd'hui ne me plaît guère. **2.** [*avec* V] 1° Il a beaucoup plu aujourd'hui. 2° *Aujourd'hui*, les trains sont électriques. *(Maintenant. De nos jours. A l'heure* actuelle.) 3° Aujourd'hui, jour férié, nous n'irons pas en classe. **3.** [*prép* +] 1° Cette décision ne date pas d'aujourd'hui. 2° (D') aujourd'hui en huit, nous serons en vacances. 3° Je n'ai rien reçu jusqu' (à) aujourd'hui. 4° Le boulanger a fini son travail pour aujourd'hui. 5° Nous sommes en vacances *depuis* aujourd'hui. *(A partir de. A compter de.)*

auprès 41

1. ADV — Son frère étant souffrant, il est resté *auprès* toute la nuit. *(A côté. A ses côtés).* **2. PREP – Auprès de** — 1° Je m'excuse auprès du proviseur. 2° [*Lieu*] La secrétaire se tenait *auprès* du président. *(A côté. Aux côtés.)* 3° [*Comparaison*] Ton devoir ne vaut rien *auprès* du mien. *(A côté. En comparaison.)*

auquel, auxquels, auxquelles 42

Cf. LEQUEL.

aussi 43

ADV – **1.** [*N* +] Je suis riche, lui *aussi. (Egalement)* / Je ne suis pas riche, lui non plus. **2.** [*adj* ou *adv* +] Elle n'est pas seulement studieuse, elle est intelligente *aussi. (Egalement.)* **3.** [*V* +] Cette formule s'emploie aussi. **4.** [*P aussi S V*] Je m'en vais : *aussi* il est inutile de compter sur moi. *(Par conséquent.)* **5.** [*P aussi V S*] 1° Je m'en vais : *aussi* est-il inutile de compter sur moi. 2° Il s'est échappé : aussi (bien) vous avais-je prévenu. **6.** [*N adj ou adv*] 1° Je suis venu aussi souvent (qu'elle). 2° Je viendrai aussi souvent que vous le souhaitez, aussi souvent que possible. 3° Il est aussi beau qu'intelligent. **7. Aussi bien... que** – 1° Nous viendrons, moi *aussi bien que* mon frère. *(De même que. Et. Ainsi que.)* 2° Nous viendrons, aussi bien mon frère que moi.

aussitôt 44

1. ADV – 1° [*avec V*] Je venais de sortir ; il m'a rappelé (presque) aussi-

tôt. *(Immédiatement.)* 2° [*avec ppé*] ■ *Aussitôt* levé, je fais ma gymnastique. *(A peine.)* ■ *Aussitôt* Jean parti, j'ai téléphoné. *(A peine.)* 3° [*avec prép*] Aussitôt *après* ton départ elle se mit à pleurer. *(Avant.)* **2. PREP** – [*Fam*] *Aussitôt* ton départ, elle se mit à pleurer. *(Sitôt. Dès. Après.)* **3. Aussitôt que** – LOC PREP – Nous pourrons travailler *aussitôt qu*'il sera là. *(Dès que.)*

autant 45

1. ADV – 1° Deux sucres pour lui ; autant pour moi. 2° [*avec V*] Même quand il ne fait pas chaud il boit (deux fois) autant. 3° [+ *inf*] Il pleut : *Autant* aller au cinéma. *(Mieux vaut. Autant vaut.)* **2. Autant de** – 1° [+ *N sg*] Je n'ai jamais vu *autant de* monde. *(Tant de.)* 2° [+ *N pl*] Je n'ai jamais vu autant de personnes à la fois. *(Tant de.)* 3° [+ *N pl*] Ces hommes illustres sont autant d'exemples à suivre. 4° [+ *ppé*] Deux minutes d'avance, c'est autant de gagné. **3. Autant que** – 1° [*avec adj*] ■ [*Litt*] Son allure est élégante autant que décontractée. ■ Elégante, elle l'est autant qu'il se peut. 2° [*V* +] ■ Nous sommes *autant* que vous. *(Aussi nombreux.)* ■ Je me bats autant que lui, autant que je peux. ■ Faites-le *autant que* possible. *(Si.)* ■ En hiver il pleut autant qu'il neige. 3° [+ *subj*] ■ S'il y a du travail qu'on commence tout de suite. ■ (Pour) autant que je sache, il n'est pas marié. **4. Autant de... que** – Je n'aurai jamais autant de chance que toi. **5. Autant de... que de** – Il manifeste autant de courage que d'habileté. **6. Autant... autant** – Autant la mère est sympathique, autant la fille est désagréable. **7. Autant de... autant de** – Autant de peuples, autant de mœurs. **8. D'autant** – 1° Si tu vas plus vite, ta consommation augmentera d'autant. 2° **D'autant que** – Vous n'avez pas d'excuse, d'autant (plus) que vous le saviez. 3° **D'autant** *compar* **que** ■ Je le sais d'autant *mieux* que j'y étais.

(Plus. Moins.) ■ C'est d'autant *plus* stupide qu'il était au courant. *(Moins.)* 4° **D'autant plus de... que** – Vous avez d'autant *moins* d'excuse que vous le saviez. *(Plus.)* **9. Pour autant** – 1° Il était le plus fort, il n'a pas gagné *pour autant. (Pour cela.)* 2° **Pour autant que** – *Pour autant qu'*on puisse prévoir, le voyage durera 15 jours. *(Si tant est que.)*

autoriser 46

1. 1° *V N :* La police a autorisé la manifestation. 2° *V que subj :* Elle autorise qu'on sorte. 3° *V à inf :* La police a autorisé à manifester. 4° *V qqn à inf :* La police a autorisé les manifestants à défiler. **2. S'autoriser** – 1° *V N :* Je m'autorise quelques excès de temps en temps. 2° *V de qqch pour :* Je m'autorise de notre amitié pour te demander un service. **3. Etre autorisé** – 1° *V à inf :* Nous sommes autorisés à manifester. 2° IMPERS – *V de inf :* Il n'est pas autorisé de porter des armes.

autour 47

1. ADV – 1° Il y avait un arbre et rien (tout) *autour. (Alentour.)* 2° **Autour de** – Elle touchera *autour d'*un million. *(A peu près. Environ.)* **2. PREP** – **Autour de** – 1° La terre tourne autour du soleil. 2° Elle a eu du succès *autour des* années trente. *(Vers les.)*

autre 48

1. ADJ – 1° *[avec art déf]* ■ Prends l'autre morceau. ■ *L'autre jour,* j'ai assisté à un phénomène curieux. *(Il y a quelques jours.)* ■ Les autres jours, il y a eu du brouillard. 2° *[avec art indéf]* ■ Voulez-vous un autre morceau, d'autres morceaux ? ■ Je suis occupé, revenez un autre jour. 3° *[avec autre d]* ■ *Mon* autre frère est pharmacien. *(Quelque. Cet. Deux. Plusieurs.)* ■ *Toute* autre personne intéressée pourra se présenter. *(N'importe quelle.)* 4° *[avec de]* ■ J'attends *quelqu'un* d'autre. *(Quelque chose.)* ■ Je n'attends *personne* d'autre. *(Rien.)* ■ Qu'as-tu vu d'autre ? Qui

d'autre ? Quoi d'autre ? 5° *[Enumération]* Il a vu tous les films, pièces et autres spectacles. 6° *[att]* La réalité est (tout) autre (que ce qu'on croit). 7° **Autre... autre** – Autres temps, autres mœurs. 8° **L'un et l'autre** – ■ *[Litt] L'une et l'autre* possibilités ont été envisagées. *(Les deux.)* ■ Dans *l'un et l'autre* cas le résultat est positif. *(Les deux.)* ■ **Ni l'un ni l'autre** – *[Litt]* Ni l'une ni l'autre solution n'a été retenue. *(Ont.)* ■ **L'un ou l'autre** – L'une ou l'autre question peuvent être traitées. 9° EXPR – Autre chose. Autre part. Entre autres choses. D'autre part. **2. PRON** – 1° *[avec art déf]* ■ J'aime ce concerto ; que pensez-vous de l'autre, des autres ? ■ Soyez généreux envers *les autres. (Autrui.)* 2° *[avec art indéf]* ■ Un autre à ta place se réjouirait. ■ *(Bien)* d'autres protesteraient. *(Beaucoup.)* 3° *[avec en]* Visconti a fait ce film puis en a tourné un autre. 4° *[avec autre d]* ■ *Cet* autre fera l'affaire. *(Quelque.)* ■ *Tout* autre n'aurait pas eu ce courage. 5° *[Enumération]* Vous avez tout : salle de bain, douche, WC *et autres. (Etc.)* 6° **L'un l'autre** – ■ Ils se soutiennent *l'un l'autre. (Réciproquement. Mutuellement.)* ■ Aidez-vous les uns les autres. 7° **L'un... l'autre** – ■ L'un conduit, l'autre étudie la carte. ■ Vous recevrez l'un et l'autre. ■ Prenez l'un ou l'autre. ■ On ne les voit jamais l'un sans l'autre. *(Avec. Dans. Pour. Sur. Contre.)* 8° *[pron pers +]* Qu'est-ce que vous faites, vous autres ? 9° EXPR – Bien d'autres. Entre autres. Comme dit l'autre. Tout l'un tout l'autre.

autrefois 49

ADV – 1° *[N +]* Les trains d'*autrefois* roulaient mieux. *(Jadis. Avant.)* 2° *[V +]* *Autrefois* les trains marchaient à la vapeur. *(Jadis. Anciennement. [Fam] Avant.)*

autrement 50

ADV – **1.** *[avec adj ou adv]* 1° Il est *autrement* doué (que son frère). *(Bien plus.)* 2° *[avec compar]* Cette voiture marche *autrement* mieux (que l'autre). *(Beaucoup. Bien.)* 3° [*avec nég*] Je ne suis pas *autrement* mécontent aujourd'hui. *(Spécialement. Particulièrement.)* **2.** [*avec V*] On peut résoudre ce problème *autrement* (que par l'algèbre). *(Différemment. D'une autre manière.)* **3.** [*avec P*] 1° [+ *ind*] Dépêche-toi, *autrement* tu seras en retard. *(Sans quoi. Sinon.)* 2° [+ *cond*] Je suis vraiment d'accord ; *autrement* je ne le dirais pas. *(Sans quoi. Sinon.)*

autrui 51

PRON – Il a une attitude bizarre envers *autrui*. *(Les autres.)*

avance 52

1. N – 1° L'avance qu'il a sur son concurrent est suffisante. 2° Le train a deux minutes d'avance. **2. LOC ADV** – 1° **A l'avance** – Commandez vos dindes de Noël (suffisamment) à l'avance. 2° **D'avance** – Je vous préviens *d'avance* que je ne suis pas d'accord. *(Par avance.)* 3° **En avance** – Le train est en avance (de cinq minutes) (sur l'horaire).

avant 53

1. N – 1° *L'avant* de la maison est toujours ensoleillé. *(Le devant.)* 2° Ma voiture a heurté le trottoir *par* l'avant. *(De. Vers.)* 3° LOC VERB – Allez de l'avant ! **2. ADV-ADJ** – Les feux *avant* de la voiture ne fonctionnent plus. *(≠ Arrière.)* **3. ADV** – 1° [*N* +] ■ Je l'ai rencontré la semaine *d'avant*. *(Précédente.)* ■ Vous trouverez facilement ; c'est la rue d'avant. 2° [*avec V*] ■ Le sol était mouillé ; il avait plu *avant*. *(Auparavant.)* ■ [*Fam*] *Avant,* les dames portaient de grands chapeaux. *(Autrefois. Jadis.)* ■ Allez vers l'église, la mairie est *avant*. *(≠ Après.)* ■ Je suis (juste) avant au classement. ■ Il s'engagea *fort* avant dans la montagne. *(Bien. Plus. Si. Assez. Trop.)* **4. PREP** – 1° ■ Il considère sa santé avant son travail. ■ La poste se trouve avant la mairie. ■ Jean est arrivé avant moi.

■ Passe me voir avant six heures. 2° [*N* +] Une demi-heure avant (l'heure prévue) il était de retour. 3° **Avant de** + *inf :* Il a l'habitude de lire avant de s'endormir. **5. LOC CONJ** – **Avant que** + *subj :* Partez avant qu'il (ne) soit trop tard. **6. En avant** – 1° En avant, marche ! 2° J'ai défilé en avant (de notre groupe).

avec 54

PREP – **1.** [*V* +] 1° Jean se bat toujours avec son frère. 2° Il se promène *avec* sa petite amie. *(En compagnie de.)* 3° [*Manière*] Tu agis *avec* témérité. *(Témérairement. D'une manière téméraire.)* 4° [*Moyen*] J'ai gagné ce combat *avec* un sabre. *(Au moyen de.)* 5° [*Cause*] Avec l'évolution actuelle, on ne se sent plus libre. 6° [*Temps*] Les poules se couchent *avec* le soleil. *(En même temps que.)* 7° *Avec* ses moyens, il a échoué. *(Malgré.)* **2.** [*adj* +] Sois gentil avec tes camarades. **3.** N + Mes fiançailles avec la marquise sont annoncées. **4. D'avec** – Je l'ai séparé d'avec ses camarades. **5. Avec ça** – 1° Une choucroute s'il vous plaît. – Et avec ça, pour boire ? 2° Je suis fatigué, et *avec ça* d'un pessimisme ! *(En outre. En plus.)* 3° **Avec ça que** – [*Fam*] Avec ça que tu étais malade ! Je ne le crois pas.

avis 55

1. N – 1° Les avis de mes collègues sont partagés. 2° J'ai exprimé un avis clair *sur* la grève. *(A propos de. Au sujet de.)* 3° J'ai exprimé l'avis qu'il faut faire grève. 4° On a publié un avis *selon lequel* les banques seront fermées. *(Disant que. Qui stipule que.)* **2. LOC** – 1° *De l'avis de* mon père, c'est une folie. *(D'après. Selon.)* 2° A mon *avis* c'est une folie. *(Sens.)* **3. LOC VERB** – 1° Je suis d'avis qu'on reparte tout de suite. 2° Je suis d'avis de repartir tout de suite. 3° Etre de l'avis de qqn. Prendre l'avis de qqn. Donner son avis sur qqch.

avoir *56*

1. AUXIL – J'ai chanté. **2.** 1° *V* qqch : Tu as un bel appartement. 2° *V* qqn : [*Fam*] Ah ! on les a eus. 3° *V* à *inf* : Tu as encore à faire tes devoirs. 4° *V* qqch à *inf* : Tu as encore ta soupe à manger. 5° *V* qqch de qqn : Il a de sa mère ce sourire éclatant. 6° *V* qqch *prép* : Tu as une maison à Paris, en France, sur les quais, parmi les pins. 7° *V* qqch *att* : Elle a les cheveux blonds. 8° *V* qqch comme *att* : Elle a une bicyclette comme moyen de transport. **3. Il y a** – *Cf.* IL Y A. **4. En avoir** – J'en ai assez ! J'en ai marre ! **5. N'avoir qu'à** + *inf* : Vous n'avez qu'à prendre un remplaçant. **6. Avoir beau** – *Cf.* BEAU.

avouer *57*

1. 1° *V* : Il faudra bien qu'il avoue. 2° *V N* : Il a avoué son crime. 3° *V que ind* : Tu avoueras que j'avais raison. 4° *V inf* : Il avoue avoir menti. 5° *V* qqch à qqn : Il a avoué son erreur au juge. 6° *V* qqch comme *att* : Il a avoué ce crime comme (le) sien. **2. S'avouer** – *V att* (à qqn) : Le boxeur s'avoue battu (à son manager).

bas   *1*

1. ADJ – La pièce est très basse (de plafond). **2. N** – J'ai mal au bas du dos. **3. ADV** – 1° L'oiseau vole bas. 2° [*Fam*] Bas les pattes ! 3° **A bas** – A bas les tyrans ! 4° **En bas** – Regarde (tout) en bas ta sœur. 5° Ici-bas. Là-bas. De haut en bas. De bas en haut. **4. LOC PREP** – 1° **A bas de** – Il m'a tiré à bas du lit à 5 heures. 2° **En bas de** – Mon copain m'attend en bas de l'immeuble. 3° **De haut en bas de** – Les étudiants étaient attentifs *de haut en bas de* l'amphithéâtre. *(Du haut en bas de. Depuis le haut jusqu'en bas de.)* **5. LOC VERB** – Jeter bas. Mettre bas. Mettre à bas.

beau   *2*

1. ADJ – Un bel habit / Un beau costume. **2. EXPR** – 1° Ah ! la belle explication ! Elle ne vaut rien. 2° L'acteur a fait une chute au beau milieu du 3ᵉ acte. 3° Un (beau) jour l'espèce humaine disparaîtra. 4° Vous ne connaissez pas le plus beau (de l'affaire). 5° Le coureur tomba, se releva et repartit de plus belle. 6° L'actrice avait *bel et bien* 60 ans. *(Réellement.)* 7° C'est du beau (ce que tu fais là !) **3. LOC VERB** – 1° Elle a eu beau m'appeler, je n'ai pas répondu. 2° Il fait (très) beau aujourd'hui. 3° Il ferait beau voir que vous soyez en retard.

beaucoup   *3*

ADV – **1.** [*avec N*] **Beaucoup de** – 1° *Beaucoup d'*ouvriers sont en grève. Il n'y en a pas beaucoup à l'usine.

(Quantité de. Bien des. Nombre de. De nombreux. [*Fam*] *Plein de).* 2° [*avec sg*] Je gagne *beaucoup* d'argent. (*[Fam] Plein de.)* **2. PRON** – Beaucoup sont partis, peu sont revenus. **3.** [*avec adj*] Jolie, elle l'est toujours *beaucoup* malgré son âge. *(≠ Un peu.)* **4.** [*avec adv compar*] Ça va beaucoup mieux, beaucoup plus vite, beaucoup moins bien, beaucoup trop vite. **5.** [*avec V*] 1° Pierre travaille vraiment *beaucoup*. *(Enormément. ≠ Peu.)* 2° [*avec C'est*] ■ C'est déjà beaucoup (pour lui) que d'avoir commencé. ■ C'est déjà beaucoup que tu aies commencé. ■ C'est déjà beaucoup s'il vient. **6. LOC** – 1° **Pour beaucoup** – ■ Si je réussis, vous y serez *pour beaucoup. (Pour une grande part.)* ■ *Pour beaucoup* les étudiants préfèrent travailler seuls. *(Pour la plupart.)* 2° **De beaucoup** – ■ Il est *de beaucoup* le plus jeune *(De loin.)* ■ Il s'en faut *(de beaucoup)* qu'il ait réussi. *(≠ De peu.)*

besoin   *4*

1. N – 1° Il y a dans ce quartier beaucoup de gens dans le besoin. 2° Son besoin d'affection est très normal. 3° Le besoin de dépenser beaucoup est très répandu. 4° Il ressent le besoin qu'on fasse attention à lui. **2. LOC ADV** – **Au besoin** – Appelez-moi au besoin. *(Si besoin est. S'il en est besoin.)* **3. LOC VERB** – 1° **Avoir besoin** – ■ Elle a (grand) besoin d'aide. ■ Elle a besoin d'être aidée. ■ Elle a besoin qu'on sache l'aider.

2° **Il est besoin** — ■ Est-il besoin de vous rappeler la réunion de demain ? ■ Est-il besoin qu'on fasse quelque chose pour lui ?

bien 5

1. ADJ — Je la trouve très bien. **2. ADV** — 1° ■ Faites comme nous avons dit. — *Bien. (D'accord.)* ■ Eh bien. Eh bien quoi. Eh bien alors. Ah bien oui. 2° [*avec N*] ■ [*pl*] *Bien des* gens ne savent pas lire. *(Beaucoup de.)* ■ [*sg*] Vous faites *bien du* bruit aujourd'hui. *(Beaucoup de.)* 3° [*avec adj ou adv*] ■ Nous sommes *bien* contents de vous voir. *(Très.)* ■ Il est *bien* vieux pour ce métier. *(Trop.)* 4° [*avec compar*] Il travaille *bien* mieux qu'on ne croirait. *(Beaucoup.)* 5° [*avec V*] ■ Il parle (très) *bien* l'anglais. *(≠ Mal.)* ■ [*Renforcement*] Le rendez-vous était bien à 2 h (?). On lui en a bien donné à elle ; pourquoi pas à moi ? ■ [*Opposition*] Je lui écrirais bien mais je n'ai pas son adresse. **3. LOC ADV** — 1° **Bien plus.** Elle parle l'allemand ; *bien plus* elle l'enseigne. *(Qui plus est.)* 2° **Bien sûr** — ■ *Bien sûr* il est encore absent. *(Naturellement.)* ■ Vous viendrez demain. — *Bien sûr. (Bien entendu. Naturellement.)* 3° **Tant bien que mal** — Après sa chute, il est reparti *tant bien que mal. (Comme il a pu.)* **4. LOC VERB** — 1° **Vouloir bien** — ■ Finalement elle a bien voulu venir avec nous. ■ Vous voudrez bien m'appeler à 8 h. 2° ■ J'ai toujours été bien avec mon concierge. ■ Ça va bien. C'est bien fait. Mener à bien.

bien que 6

LOC CONJ — 1° [+ *subj*] Le match aura lieu *bien qu'*il pleuve. *(Quoique.* [*Fam*] *Malgré que.* [*Litt*] *Encore que.)* 2° *Bien qu'* ('étant) présent, il n'a pas pris la parole. *(Quoique.* [*Litt*] *Encore que.)*

bientôt 7

ADV — 1° [*avec V*] Nous nous reverrons *bientôt. (Tantôt. Prochainement. Incessamment.)* 2° [*avec ppé*] Cela est *bientôt* dit *(Vite.)* 3° [*avec prép*] ■ A bientôt, mes amis ! (Au revoir). ■ La naissance est pour bientôt.

bon 8

1. ADJ — 1° Ce vin est *bon,* mais l'autre était meilleur. *(Mauvais.)* 2° J'ai avalé une *bonne* dose de somnifère. *(Importante.)* 3° Ces légumes sont bons à mettre à la poubelle. 4° Cette eau est très bonne pour les reins, contre la colique. 5° Mon frère est bon en mathématiques. 6° Ma mère a toujours été très bonne envers les pauvres. 7° Tu es bon, toi, de vouloir sortir par ce froid. 8° A quoi bon ? Pour de bon. C'est bon. Comme bon lui semble. **2. ADV** — 1° Tu viens demain ? — *Bon* (d'accord). *(Bien.)* 2° Allons bon ! Ah bon ! Pour de bon. Tout de bon. **3. LOC VERB** — 1° Tenez bon, j'arrive. 2° ■ Il ne fait pas bon aujourd'hui. ■ Il ne fait pas bon le critiquer aujourd'hui. 3° ■ Il est bon de prendre ses précautions. ■ Il est bon qu'elle prenne ses précautions.

bord 9

1. N — 1° Essuie aussi les bords de la table. 2° Je me sens davantage de votre bord que du sien. **2. LOC ADV et PREP** — 1° **A bord (de)** — Le capitaine m'a invité à bord (du vaisseau). 2° **Au bord (de)** — Notre villa se trouve *au bord (de* la mer*). (Près de. Au voisinage de. A proximité de.)* **3. LOC VERB** — Etre au bord de. Changer de bord. Virer de bord.

bout 10

1. N — 1° Prends la planche par ce bout. 2° Il prenait des notes sur des bouts de papier. **2. Un bout de** — 1° Vous ferez bien un bout de chemin avec nous ? 2° Il est resté *un (bon) bout de* temps avec la concierge. *(Un certain.)* **3. LOC ADV et PREP** — 1° **Au bout (de)** — Placez un signal rouge au bout (de la poutre). 2° **Jusqu'au bout (de)** — Il faut aller jusqu'au bout (de ses idées). 3° **A bout (de)** — J'ai dû m'arrêter, à bout (de souffle). 4° **En bout (de)** – L'avion s'est immobilisé en bout de piste. 5° A tout bout de champ. Au bout du compte. De bout en bout. D'un bout à l'autre bout. A bout portant. **4. LOC VERB** – Etre, mettre, pousser à bout. Venir à bout de.

bref   *11*

1. ADJ – Son discours fut bref. **2. ADV** – 1° (En) bref, je ne suis pas d'accord. 2° [*avec V*] Il a parlé *bref.* *(Brièvement.)*

but   *12*

1. N – 1° Le but que nous poursuivons est difficile. 2° Il travaille dans un but personnel. **2. Dans le but** – 1° [+ de *inf*] Il travaille *dans le (seul) but de* réussir. *(Pour.)* 2° [+ que *subj*] C'est fait dans le but que tous puissent comprendre.

ça   *1*

PRON DEM – **1.** [*sans prép*] 1° Ça coûte vingt francs. *(Cela. Ceci.)* 2° [*Fam*] Regardez-moi ces jeunes : ça ne sait même pas se tenir. 3° [*Impers*] Ça arrive qu'il se trompe. *(Il.)* 4° **Ça fait** – *Ça fait* huit jours qu'il est parti. *(Il y a.)* 5° Ça va. Ça y est. Ça vaut la peine. Ça dépend. Ça suffit. **2.** [*avec prép*] 1° Tu ne vas pas te fâcher pour ça ! 2° **Sans ça** – [*Fam*] Taisez-vous, *sans ça* je vous colle en retenue. *(Sinon. Autrement.)* 3° A part ça. Avec ça. Comme ça. Comme ci, comme ça. Pas de ça. Tout ça. C'est ça. C'est comme ça. **3.** [*Renforcement*] [*avec interr*] Comment ça ? Où ça ? Pourquoi ça ? Quand ça ? Qui ça ? **4. EXCLAM** – 1° Ça ! On ne m'y reprendra pas ! 2° Ça alors ! Ça par exemple ! Ah ça !

cacher   *2*

1. 1° *V N* (à qqn) : Elle a caché ses intentions. 2° *V que ind* (à qqn) : Il a caché (à ses amis) qu'on l'avait décoré. **2. Se cacher** – 1° *V :* Cachez-vous, on vient. 2° *V de N :* Il se cache de la police. 3° *V à N de qqch :* Il se cache aux yeux du monde de ses forfaits. 4° IMPERS – *V N prép :* Il se cache un menteur parmi nous.

capable   *3*

ADJ – 1° C'est un artisan très capable. 2° Christian est capable d'un coup de folie. 3° Pierre est maintenant *capable* de lire. *(A même.)* 4° Le plombier est capable de venir ce soir. *(Susceptible.)* 5° [*avec* C'est] [*Fam*] C'est capable d'arriver à tout le monde. *(Susceptible.)*

car   *4*

CONJ COORD – 1° Je n'ai pas cueilli les fruits car ils n'étaient pas mûrs. *(Puisque. Parce que. En effet.)* 2° Je vais finir par m'énerver ; car enfin vous exagérez.

cas   *5*

1. N – 1° Cet homme est un cas intéressant. 2° Cette décision me pose un cas de conscience. **2. LOC ADV** – 1° **En aucun cas** – Ne sortez d'ici en aucun cas. *(Quoi qu'il arrive.)* 2° **Dans ce cas** – Il viendra peut-être ; *dans ce cas,* téléphonez-moi. *(En ce cas. Alors. S'il en est ainsi.)* 3° En pareil cas. Selon les cas. Le cas échéant. En tout cas. **3. LOC PREP** – **En cas de** – En cas d'absence, s'adresser au concierge. **4. LOC CONJ** – **Au cas où** + Cond : Au cas où il pleuvrait, apportez un imperméable. *(Dans l'hypothèse où.)* **5. LOC VERB** – 1° On fait *grand* cas de ce nouveau film (≠ *Peu de.*) 2° On ne fait aucun cas de lui. 3° Pierre est *dans le cas* de venir. *(Capable. Susceptible.)*

cause   *6*

1. N – 1° La cause de l'accident est incompréhensible. 2° Il a démissionné pour une *cause* inconnue. *(Raison.)* **2. LOC ADV** – 1° Elle est partie, *et pour cause. (Non sans raison.)* 2° En tout état de cause. En connaissance de cause. **3. LOC PREP** – 1° **A cause de** – ■ Ils ont été punis *à cause de* leur paresse. *(En raison de. Pour.)* ■ Tout cela est arrivé *à cause de* Jules. *(Par la faute de.)* 2° **Pour cause de** – Le magasin est fermé pour cause d'inventaire. **4. LOC VERB** – 1° Vous êtes cause de la pagaille qui règne ici. 2° Vous êtes cause que l'accident s'est produit. 3° Etre en cause. Mettre en cause. Etre hors de cause. Mettre hors de cause.

causer 7

1. 1° *V :* Demain, si tu veux, nous causerons. 2° *V qqch :* ■ *[dN]* La tempête a causé de nombreux dégâts. ■ *[dN]* Nous causions affaires, chiffons. 3° *V de qqch :* Nous causions de cet accident. 4° *V qqch à N :* La tempête a causé des dégâts à la région. **2. Se causer** – 1° *V :* Depuis quelque temps, ils ne se causent plus. 2° *V qqch :* Ils se sont causé les pires ennuis.

ce 8

PRON DEM – **1.** *[Sujet]* 1° Ce doit être grave. C'est grave. Ce sera cinq francs. 2° *Cf.* C'EST, C'EST-A-DIRE. **2.** *[cod]* 1° *[+ ppt]* Elle sortit son mouchoir, et ce faisant laissa tomber son ticket. 2° **Pour ce faire** – Vous souhaitez un poste ; pour ce faire, écrivez à cette adresse. **3.** *[avec conj ou prép]* 1° **Et ce** – Vous devez me remettre ce formulaire, et ce avant jeudi. 2° **Sur ce** – Le téléphone sonna ; *sur ce* on frappa à la porte. *(Là-dessus.)* **4. Ce que** – EXCLAM – *Ce que* tu peux être bête ! *(Comme.)* **5.** *[avec rel]* 1° Je fais (tout) ce que je veux. 2° Ce que je disais l'agaçait. 3° Impossible de faire tout ce qui me plaît ! 4° C'est ce dont parlent tous les journaux. 5° C'est ce à quoi je tiens. 6° *[avec C'est]* Ce qui me plaît en lui, c'est son sens des réalités.

ce, cet, cette, ces 9

ADJ DEM – 1° Ce tapis. Ce héros. Cet appareil. Cet homme. Cette rue. Ces individus. 2° *[avec renforcement]* ■ Cette gomme-ci est à moi, celle-là est à toi. ■ Ces gens-là font du bruit. 3° EXPR – A ce moment(-là). En ce moment. Ce soir.

ceci, cela 10

PRON DEM – **1.** 1° Elle m'annonça *cela* tranquillement. *(Ceci.)* 2° Il ne manquait plus que *cela !* *(Ceci.)* 3° On peut rester, mais *cela dit*, il fait très beau dehors. *(Ceci dit.)* 4° A *cela* près. *(Ceci.)* Comme *cela*. *(Ceci.)* Et avec *cela*. *(Ceci.)* **2.** Comment cela ? Comme cela ! **3. Ceci/cela** – 1° Toujours à commander : faites *ceci*, faites *cela !* (*[Fam]* ci... *ça*). 2° J'aime bien ceci, mais pas cela.

céder 11

1° *V :* La porte a cédé (sous le choc). 2° *V qqch :* Je cède ma part de dessert. 3° *V à qqch :* Cette femme cède à tous vos caprices. 4° *V à qqn :* Ne cède pas à ton frère. 5° *V qqch à N :* Je cède ma part à Roland. 6° **Le céder** (à qqn) (en qqch) : Elle ne le cède à aucun de nous en générosité.

celui, celle, ceux, celles 12

PRON DEM – **1.** [+ de *N*] Ayant perdu mon parapluie, j'ai pris celui de ma sœur → J'ai pris son parapluie → J'ai pris le sien. **2.** [+ de *inf*] Je ne connais pas de plus agréable distraction que celle de voyager. **3.** [+ *rel*] 1° Honneur à ceux qui sont morts pour la patrie. 2° C'est celle que je préfère. 3° Ceux dont la note est inférieure à 10 redoubleront. **4.** [+ *adj*] Il abandonna son métier pour celui plus rentable de chauffeur. **5.** [+ *part*] Ah ! les heureux souvenirs que ceux laissés par l'enfance ! **6.** *[Renforcement]* 1° Celui-ci est plus chic, mais celui-là est moins cher. 2° *[Fam]* Eh bien, celle-là, c'est la meilleure !

centre 13

1. N – 1° [+ *dN*] Même le centre de la pièce est très ensoleillé. 2° [+ *dN*] Quels sont vos centres d'intérêt ?

2. LOC ADV et PREP – 1° Nous habitons au centre de la ville. 2° Ce problème est au centre de nos préoccupations.

cependant   14
1. ADV – 1° Vous vous êtes levé ; *cependant* je vous l'avais interdit. *(Pourtant.)* 2° Vous vous êtes levé ; je vous l'avais *cependant* interdit. *(Pourtant. Néanmoins. Toutefois.)* **2. LOC CONJ** – [*Litt*] Cependant *qu*'elle était attentive au spectacle, il s'éloigna furtivement. *(Tandis que. Pendant que.)*

certain   15
1. ADJ QUAL – 1° Si vous travaillez, la réussite est *certaine*. *(Sûre. Assurée. Evidente.* ≠ *Douteuse.)* 2° Elle réussira : Elle a une chance certaine. 3° [*+ de N*] Je suis certain de mes précisions. 4° [*+ de inf*] Je suis certain de ne pas me tromper. 5° [*+ que ind*] Je suis certain que je ne me suis pas trompé. 6° IMPERS – ■ Il est certain qu'il reviendra. ■ [*avec subj*] Il n'est pas certain que je puisse être à l'heure. **2. ADJ INDEF** – 1° **Un certain** – ■ *Un certain* Monsieur Duraton a téléphoné. *(Un nommé.)* ■ Elle réussira peut-être : elle a une certaine chance. 2° **Certains** – ■ Elle a probablement *certaines* chances. *(Quelques.)* ■ Certains passages du discours étaient inaudibles. *(Quelques.)* **3. PRON INDEF** – *Certains* (d'entre eux) réussiront, mais pas tous. *(Quelques-uns. Plusieurs.)*

certainement   16
1. ADV – 1° Vous lui avez téléphoné ? – (Mais) *certainement*. *(Oui. Assurément. Bien sûr.)* 2° Ton ami a *certainement* pris le métro. *(Sans doute. Sûrement. Probablement.)* **2. Certainement que** – *Certainement qu*'il sera en retard ! *(Sûrement que.* [*Fam*] *Sûr que. Evidemment que.)*

certes   17
ADV – 1° Avez-vous lu ce livre ? – *Certes (oui)*, mais il ne me plaît pas.

(Non. Bien sûr. Sans doute. Evidemment. Assurément.) 2° Je ne voulais certes pas vous embêter.

certifier   18
1° *V qqch (à qqn)* : Je certifie (à mon père) l'authenticité du testament. 2° *V que ind (à qqn)* : Je (lui) certifie que le testament est authentique. 3° *V inf (à qqn)* : Je (lui) certifie avoir authentifié le testament. 4° *V qqch att (à qqn)* : Je (lui) certifie le testament authentique.

c'est   19
1. 1° [*+ N*] ■ [*Sg*] C'est une auto. Ce doit être une auto. ■ [*Pl*] Ce sont des braves gens. / [*Fam*] C'est des braves gens. 2° [*+ pr*] C'est cela. C'est quelqu'un. C'est lui. 3° [*+ adj*] C'est possible. 4° [*+ adv*] Ce sera demain. C'est ainsi. ■ **C'est pourquoi** – L'avion part à 13 h, c'est pourquoi le temps presse. 5° [*+ inf*] Bravo, c'est parler ! 6° [*+ prép N*] C'est à Jean. C'est pour Jean. 7° [*+ prép inf*] C'est pour vous distraire. 8° [*+ N prép*] ■ [*+ N*] C'est la casquette à Jean-Claude. ■ [*+ inf*] C'est une solution à adopter. 9° [*+ prép N prép*] ■ [*+ N*] C'est de ta tante pour ta sœur. ■ [*+ inf*] C'est à Jean de battre les cartes. **2.** [*+ P*] 1° C'est ce que tout le monde m'a dit. 2° C'est ce à quoi nous nous efforçons. 3° **C'est que** – C'est que je ne savais pas. 4° C'est parce qu'il faisait trop chaud. 5° C'était à qui resterait le plus longtemps sous l'eau. **3.** [*avec négation*] 1° Ce n'est pas possible. 2° Ce n'est personne. 3° Ce n'est pas un crapaud mais une grenouille. 4° Ce n'est pas ma tante, c'est ma cousine. 5° **(Si ce) n'était** – (Si ce) n'était le respect que je vous dois, je ne vous répondrais pas. 6° [*avec ne... que*] Ce n'est qu'un chat. 7° **Ne serait-ce que** – Essayez, ne serait-ce qu'une fois. **4.** [*Interrogation*] 1° [*globale*] Est-ce possible ? Est-ce que c'est possible ? 2° [*Partielle*] Qu'est-ce ? Qu'est-ce que c'est ? – C'est un rat. Ce n'est rien. 3° [*négative*] N'est-ce

pas charmant ? Est-ce que ce ne seraient pas des dahlias ? 4° [*interr ind*] ■ [*globale*] Je me demande si c'est possible. ■ [*partielle*] Je me demande ce que c'est. [*Fam*] Je me demande qu'est-ce que c'est. Je me demande où c'est. **5. C'est... que** — 1° [*att*] C'est chauffeur qu'il voudrait être. 2° [*c.o*] C'est son style qu'elle ne retrouve pas. 3° [*adv*] C'est alors qu'intervient M. de Broglie. 4° [*c. circ*] Avec Picasso, c'est à une autre ère que nous arrivons. 5° [*c.agent*] C'est bien par ce voyou qu'elle a été insultée. 6° [*en sub*] Je ne savais pas que c'était l'homme qu'on cherchait. 7° [*avec ne... que*] Ce n'est que beaucoup plus tard qu'il apprit la nouvelle. 8° [*Interrogation*] Est-ce que c'est chauffeur qu'il voulait être ? Est-ce chauffeur qu'il voulait être ? **6.** [avec rel] 1° Ce sont eux qui m'ont battu. 2° C'est nous qui payons. 3° C'est un problème dont nous sommes conscients. 4° C'est un problème auquel il faudra songer. **7.** [*Construction segmentée*] 1° C'est une belle chose que la vie. 2° C'est une belle chose (que) de flâner. 3° C'est agréable de flâner. 4° Notre projet, c'est un voyage aux Indes. 5° Cette casquette, c'est à Paul. 6° Ce résultat, c'est à vous que nous le devons. 7° Ce dont je suis sûr, c'est de votre appui. 8° Ce que tu penses, c'est qu'il faudrait consulter un spécialiste. 9° S'il a échoué, c'est de sa faute. **8. Est-ce** [*interrogatif*] 1° **Est-ce que** — ■ Est-ce qu'il pleut ? / Pleut-il ? ■ *Quand* est-ce que vous avez téléphoné ? *(Comment. Pourquoi.)* ■ Est-ce que c'est vous qui avez téléphoné ? 2° **Est-ce qui** ■ Qu'est-ce qui fait du bruit ? – (C'est) la chasse d'eau / ■ Qui est-ce qui fait du bruit ? Qui fait du bruit ? – (C'est) Jean-Claude. 3° **N'est-ce pas** – ■ Jules est charmant, n'est-ce pas ? ■ N'est-ce pas que Jules est charmant ?

c'est-à-dire 20

1. LOC ADV – 1° C'est un sot, *c'est-à-dire* quelqu'un qui ne comprend pas. *(A savoir. Autrement dit.)* 2° Je viendrai demain, c'est-à-dire (plutôt) après-demain. **2. C'est-à-dire que** – 1° C'est un sot, *c'est-à-dire qu'*il ne comprend rien. *(A savoir que.)* 2° Vous viendrez demain ? – C'est-à-dire que je ne sais pas.

chacun 21

PRON INDEF – 1° Allez-vous en chacun de votre côté. 2° A chacun son dû. 3° Chacun pour soi. 4° Nous avons chacun un vélo. 5° [+ de] Chacun des invités a fait un cadeau. 6° [+ d'entre] Chacun d'entre eux a fait un cadeau. 7° **Tout un chacun** *(Tout un)* chacun doit connaître la loi. *(Tout le monde.)*

chance 22

1. N – 1° Mon père a toujours eu beaucoup de chance. 2° Pierre a eu (de) la chance d'arriver à l'heure. 3° Pierre a eu (de) la chance que je vienne à temps. 4° La chance pour que je vienne est très faible. 5° Il y a une chance que je puisse venir. 6° Il y a des chances que je puisse venir. 7° (C'est) une chance qu'il ait pu venir. 8° [*Fam*] (C'est) une chance que j'étais là dimanche. 9° Bonne chance ! 10° Pas de chance ! **2. LOC ADV** – **Par chance** – *Par chance* il n'a pas plu avant le match. *(Par bonheur.* ≠ *Par malheur. Manque de chance. Malheureusement.)* **3. LOC VERB** – Avoir sa chance. Porter chance. Avoir la chance de.

changer 23

1. 1° *V :* Elle a beaucoup changé (en mieux) ces temps-ci. 2° *V qqn :* Cette coiffure vous change. 3° *V qqch :* Il faut changer la roue arrière. 4° *V de N :* Changez de costume pour ce soir. 5° *V N en N :* J'ai changé mes francs en dollars. 6° *V N pour N :* Il changea sa voiture pour la bicyclette. 7° **Ça change** – IMPERS – Ça (*lui*) change (la vie) (d'habiter la province) *(le)*. **2. Se changer** – 1° *V :* Elle se change avant de faire du sport. 2° *V qqch :* Je vais me changer les idées. 3° *V en att :* Le magicien se change en monstre.

chaque 24

ADJ INDEF — 1° *Chaque* spectateur paye 10 F. *(Tout.)* 2° Chaque chose à sa place. 3° [*Fam*] *Chaque* trois mois, je vais chez ma mère. *(Tous les.)* 4° A chaque instant. A chaque moment. Chaque année. Chaque mois.

charge 25

1. N — 1° Le maçon porte une charge de 50 kilos. 2° Il s'acquitte bien de sa charge de professeur. **2. LOC PREP** — 1° **A la charge de** — Jacques vit toujours à la charge de ses parents. 2° **A charge pour** *N* **de** *inf* — (Je rédigerai), à charge pour lui de faire une relecture. **3. LOC VERB** — 1° Il est à charge à ses parents. 2° Revenir à la charge. Prendre en charge.

chercher 26

1. 1° *V :* Les autres cherchent, moi je trouve. 2° *V N :* Cherchez la solution la plus rapide. 3° *V à inf :* Je cherche à louer un appartement. 4° *V à ce que subj :* Je cherche à ce que tout le monde soit content. 5° *V interr :* Je cherche s'il y a une meilleure solution. 6° *EXPR* — La voiture va chercher dans les 5 000 F. **2. Se chercher** — 1° *V :* Il est jeune, il se cherche. 2° *V qqch :* Tu te cherches des ennuis inutilement.

chez 27

PREP — **1.** [+ *N*] 1° Venez chez moi ou chez mon ami. 2° La musique est une passion chez les Autrichiens. **2.** [*avec autre prép*] 1° Je viens de chez lui. 2° Je suis passé par chez lui.

choisir 28

1. 1° *V N :* J'ai choisi mon successeur (parmi mes collègues). 2° *V que subj :* J'ai choisi qu'on s'en aille tout de suite. 3° *V de inf :* J'ai choisi de partir tout de suite. 4° *V interr :* Choisissez si vous nous suivez (ou non). 5° *V N att :* Je l'ai choisi bien solide. 6° *V N comme att :* J'ai choisi mon voisin *comme* compagnon de route. *(Pour.)* **2. Se choisir** — *V N :* Vous vous êtes choisi une belle chambre.

3. Etre choisi — *V* comme *att :* Vous avez été choisi comme représentant.

choix 29

1. N — 1° Votre choix, comme celui de votre frère, est excellent. 2° ■ Le choix (qu'il a fait) de ce spectacle est bon. ■ Laisse-lui le choix de l'heure. 3° Le choix entre ces deux possibilités reste à faire. **2. Au choix** — LOC ADV et ADJ — Le menu comporte une entrée (,) au choix. **3. De choix** — LOC ADJ — ■ Le caviar est un mets de choix. ■ [*avec poss*] Vous passerez l'examen avec le professeur de votre choix.

chose 30

1. N — 1° Ce sont des choses qui arrivent. 2° Toutes choses égales d'ailleurs. Avant toute chose. De deux choses l'une. Un tas de choses. Dans cet état de choses. Par la force des choses. **2. Autre chose** — 1° Je n'aime pas cette expression, trouvez *autre chose. (Quelque chose d'autre.)* 2° J'aime Corneille, mais Racine c'est (tout) *autre chose. (Différent.)* 3° *Autre chose* est la lecture d'une œuvre, *autre chose* son étude. *(Une chose... une autre.)* **3. La même chose** — Les films policiers c'est toujours la même chose. **4. Peu de choses** — 1° Il reste peu de choses à manger. 2° Voilà à peu de choses près ce qu'il m'a dit. *(A peu près.)* **5. Quelque chose** — 1° Quelque chose m'échappe dans ce raisonnement. 2° Il y a quelque chose à faire. 3° [+ *de adj*] Il est arrivé quelque chose de fâcheux. 4° [+ *rel subj*] Je voudrais quelque chose qui aille avec ce chapeau. 5° [+ *rel ind*] Je connais quelque chose qui est très bien. **6. Grand chose** — [*avec nég*] Il ne faudrait pas *grand chose* pour qu'il puisse s'en sortir. *(Beaucoup de choses.)*

clair 31

1. ADJ — 1° L'eau était claire / C'est une robe bleu clair. 2° IMPERS ■ Il est clair que vous vous êtes trompé.

■ Il n'est pas clair que vous vous soyez trompé, / que vous vous êtes trompé. ■ Il fait clair aujourd'hui. 3° **Le plus clair** de. – Il passe *le plus clair* de son temps à lire. *(L'essentiel. La plus grande partie. La plupart.)* **2. ADV** – 1° **En clair** – Je vous dirai en clair que je ne vous approuve pas. 2° **LOC VERB** ■ Jean a parfaitement vu clair dans cette affaire. ■ Il faut tirer au clair cette affaire.

combien   32

ADV – **1. EXCLAM** – [*Litt*] 1° [+ *V*] Combien j'aime que tu viennes à l'improviste ! *(Comme. Que.)* 2° [+ *adj*] ■ Combien rares sont les occasions de se voir ! ■ *Combien* les gens sont sympathiques aujourd'hui ! *(Comme. Que.)* 3° [+ *adv*] Combien souvent j'ai prononcé son nom ! 4° **Ô combien** – ■ [+ *V*] J'espérais, ô combien, qu'il me téléphonât. ■ [+ adj ou adv] Il était, ô combien, rusé et malicieux. **2. INTERR DIRECTE** – 1° Combien es-tu au classement ? 2° Combien coûte la baguette de pain ? 3° La baguette de pain coûte combien ? 4° Combien la baguette de pain coûte-t-elle ? 5° Combien est-ce que coûte la baguette de pain ? 6° Combien est-ce que la baguette de pain coûte ? 7° Combien est-ce que ça coûte ? 8° [*avec prép*] A combien le spécialiste estime-t-il le tableau ? 9° **NOMIN** ■ Combien sont venus ? ■ Combien en avez-vous reçus à l'examen ? ■ C'est valable pour combien ? ■ Combien étiez-vous à venir ? **3. INTERR INDIR** – 1° EXCLAM – Si tu savais *combien* j'admire les Français ! *(Comme.)* 2° INTERR – ■ Demande-lui combien gagne son père. ■ Demande-lui combien son père gagne. 3° [*Fam*] Demande-lui combien (est-ce) que son père gagne. 4° [*avec prép*] Demande-lui à combien le spécialiste estime ce tableau. **4. Le combien** – *Le combien* sommes-nous aujourd'hui ? *(Quel jour.)* **5. Combien de** – 1° INTERR – [+ *N plur*] Combien de personnes m'ont (-elles) téléphoné ?

2° EXCLAM – ■ Combien de temps j'ai passé à ce travail ! ■ [*avec nég*] Combien de gens ne m'ont (-ils) pas assailli pour un autographe !

commander   33

1° *V :* C'est sa femme qui commande. 2° *V qqch :* Il faut commander un taxi. 3° *V qqn :* Le patron commande ses ouvriers. 4° *V à qqn :* Vous êtes chargé de commander à ces troupes. 5° *V N à qqn :* Elle a commandé un gâteau au patissier. 6° *V à qqn de inf :* Elle nous a commandé de nous taire. 7° *V à qqn que subj :* Vous commanderez au cuisinier qu'il prépare le menu.

comme   34

CONJ ou ADV – **1. EXCLAM** – 1° [*avec V*] Comme il fonce en patinant ! *(Que.)* 2° [*avec adv*] Comme il va vite ! *(Que.)* 3° [*avec adj*] Comme tu es gentille ! *(Que.)* **2.** [+ *Comme*] 1° [*adj ou adv* +] ■ Jeanne est bavarde *comme* une pie. *(Autant que.)* ■ **Comme tout** – Tu es gentille comme tout. 2° [*V* +] ■ Tu t'es conduit comme un imbécile. ■ Je considère ce résultat comme insuffisant. ■ Je considère ce résultat comme un échec. 3° [*N* +] ■ Je connais peu d'homme *comme* lui. *(Tels que. Semblables à.)* ■ Les pays industriels *comme* la France étaient en crise. *(Tels que.)* ■ La Bolivie *comme* le Pérou sont de langue espagnole. (≠ *A l'inverse de.* ≠ *Au contraire de. Ainsi que. De même que.)* ■ La Bolivie *comme* le Pérou sont de langue espagnole. *(Et. Ainsi que. De même que.)* ■ Un couteau *comme* tournevis, quelle bonne idée ! *(En guise de.)* **3.** [*Comme* +] 1° [+ *adj*] Je l'ai rencontré : Il était comme saoûl. 2° [+ *N*] ■ C'était quelque chose *comme* une arme. ■ *Comme* président c'est à toi de parler. *(En qualité de. En tant que.)* ■ Qu'est-ce que vous voulez comme apéritif ? 3° [+ *prép*] Je parlais comme dans un rêve. **4.** [+ *P*] 1° Tu peux faire comme tu veux. 2° Vous savez bien *comme* il est timide. *(Combien.)* 3° *Comme* (tu l'avais) prévu, il a échoué. *(Ainsi que.)* 4° On ne skie pas tout à fait *comme* on patine. *(De la même façon que. De même que.)* 5° *Comme* il était blessé, on l'a remplacé. *(Puisque. Vu que. Etant donné que.)* 6° Je suis arrivé (juste) *comme* le train partait. *(Alors que. Tandis que. Quand.)* **5.** **[** *+ (loc) conj* **]** 1° **Comme si** – Tu me regardes comme si tu ne m'avais jamais vu. 2° Comme pour (que). Comme quand. **6. Comme quoi** – 1° Il brandit une accusation *comme quoi* j'étais responsable. *(Selon laquelle. Selon quoi.)* 2° Il a plu : Comme quoi j'ai bien fait de rentrer. **7. Comme ça** – 1° Ne me regarde pas *comme ça. (Ainsi. De cette façon.)* 2° Ce n'est pas comme ça chez nous. 3° Alors, comme ça, tu viens. **8. Tout comme** – 1° Je l'ai vu *(tout) comme* je vous vois. *(De la même façon que.)* 2° Je n'ai pas fini ton livre, mais c'est tout comme. **9. EXPR** – Comme qui dirait. Comme de juste. Comme par hasard. (Un homme) comme il faut.

commencer 35

1° *V :* Le spectacle commence (à 8 h). 2° *V N :* Je commence ma journée (à 8 h). 3° *V à inf :* J'ai commencé à tondre la pelouse. 4° *V par N :* Le repas commence *par* des hors-d'œuvre. *(Avec.)* 5° *V par inf :* Commence par te taire, tu parleras ensuite. 6° IMPERS – Il commence à pleuvoir.

comment 36

ADV – **1. INTERR** – 1° Comment va-t-il ? 2° Comment est-ce qu'il va ? 3° Je me demande *comment* il va. *(Comme.)* 4° C'est arrivé comment, je n'en sais rien. **2.** *[Dialogue]* 1° Connais-tu le Zambèze ? – *Comment ?* Qu'est-ce que tu dis ? *(Pardon.* [*Litt*], Plaît-il. [*Fam*] Hein, quoi.) 2° Comment ! Tu es resté ? – Oui, et comment !

comparaison 37

1. N – 1° Voilà un moyen de comparaison facile des deux choses. 2° Etablissez une comparaison avec cette

structure. 3° La comparaison entre les deux notions est difficile. **2. LOC PREP et ADV** – 1° La terre est minuscule *en comparaison* (du soleil). *(Auprès de. A côté de. Par rapport à. Vis à vis de. Relativement à.)* 2° Par comparaison (à ou avec). 3° Sans comparaison. **3. LOC VERB** – Mettre en comparaison.

comparer 38

1. 1° *V N [plur] :* Vous comparerez ces dessins (entre eux). 2° *V N et N :* Comparez ceci et cela. 3° *V N à N :* Comparez ceci à cela. 4° *V N avec N :* Vous comparerez le système A avec le système B. **2. Se comparer** – *V à N :* Il se compare aux plus grands artistes.

complètement 39

ADV – 1° *[V +]* Elle a *complètement* raté son examen. *(Totalement. A fond.)* 2° *[avec adj ou adv]* Le professeur est *complètement* fou. *(Tout à fait.)*

composer 40

1. 1° *V :* Le musicien est en train de composer. 2° *V qqch :* Je compose un nouvel emploi du temps. 3° *V avec N :* Il vous faudra composer avec la réalité. **2. Se composer** – 1° *V qqch :* L'actrice se compose un nouveau visage. 2° *V de N :* Le meuble se compose de trois éléments. **3. Etre composé** – 1° *V par N :* Ce morceau a été composé par Mahler. 2° *V de N :* Cet appartement est composé de trois pièces.

comprendre 41

1. 1° *V :* Ça y est, je comprends. 2° *V N :* ■ Je comprends bien la méthode. ■ Cette collection comprend plusieurs tomes. 3° *V que ind :* J'ai compris qu'il était dans l'embarras. 4° *V que subj :* Je comprends que ce métier lui paraisse difficile. 5° *V inf :* Elle a compris lui avoir fait de la peine. 6° *V interr :* Je comprends pourquoi vous me persécutez. 7° *V qqch de qqn :* Je ne comprends pas cette extravagance de sa part. 8° *V qqch à* qqch : Je ne comprends rien aux mathématiques. **2. Se comprendre** – 1° Les deux camarades ne se comprenaient plus. 2° Elle était furieuse, cela se comprend. **3. Etre compris** – 1° La leçon a été parfaitement comprise (par les élèves). 2° Les frais d'envoi sont compris (dans la facture). **4. Y compris** – Ça vaut deux francs, *y* compris le pourboire. *(≠ Non.)* **5.** Faire comprendre qqch à qqn.

compte 42

1. N – Je vais faire le compte de mes recettes. **2. LOC ADV** – 1° *Pour mon compte,* je n'ai plus rien à dire. *(En ce qui me concerne.)* 2° Tout compte fait. En fin de compte. Au bout du compte. A ce compte-là. A bon compte. **3. LOC PREP** – 1° Rien à ajouter *sur le compte de* ce personnage. *(Au sujet de.)* 2° Il travaille *pour le compte* d'un patron difficile. *(Au service.)* 3° **Compte-tenu de** – *Compte-tenu de* votre âge, il vaut mieux éviter ce voyage. *([Litt] Eu égard à.)* **4. LOC VERB** – 1° Je me rends (bien) compte du changement. 2° Il ne se rend pas compte que les temps ont changé. 3° Tenir compte (de, que). Prendre qqch à son compte. Mettre qqch au (ou sur le) compte de. Rendre compte à qqn de qqch.

compter 43

1. 1° *V* : Les diplômes, ça compte ! 2° *V N* ■ Comptez le nombre de fautes. ■ Le village compte quatre cafés. 3° *V que ind :* Je compte (bien) qu'il sera à l'heure. 4° *V que subj :* Je ne compte pas qu'il puisse y arriver. 5° *V inf :* Je compte prendre huit jours de vacances. 6° *V prep N* ■ Il faudra compter avec l'état des routes. ■ Elle compte *parmi* les meilleures. *(Au nombre de.)* ■ C'est un homme sur qui on peut compter (pour ce travail). ■ Ne comptez pas là-dessus. 7° *V N att :* Vous le compterez absent. 8° *V N comme att :* Tu compteras Charles comme invité. 9° *V N à qqn :* Vous compterez 1 000 dollars à Mon-

sieur. 10° **Y compter** – Vous viendrez dimanche, j'y compte bien. **2. Etre compté** – *V* à qqn : Il va mourir, les jours lui sont comptés. **3. A compter de** – *A compter de* demain, les journaux coûteront plus cher. *(A partir de.)*

concevoir 44

1. 1° *V N :* Il a conçu (seul) les plans de son bateau. 2° *V que ind :* Je conçois que ce n'est pas très agréable. 3° *V que subj :* Je conçois (fort bien) qu'on ne sache pas la réponse. 4° *V interr :* Je ne conçois pas pourquoi il renonce à cet avantage. 5° *V de inf :* Elle ne conçoit pas de passer un mois ici. 6° *V N att :* Cette scène je la conçois plutôt lente. 7° *V N de N :* Je ne concevais pas ce geste de la part d'un ami. **2. Se concevoir** – 1° *V :* Votre attitude se conçoit (facilement). 2° *V comme att :* Votre attitude peut se concevoir comme valable.

conclure 45

1. 1° *V :* J'espère qu'il ne va pas tarder à conclure. 2° *V qqch :* Les deux pays ont conclu un accord de coopération. 3° *V que ind :* J'ai conclu qu'il était impossible d'y arriver. 4° *V à qqch :* Le médecin a conclu à une maladie chronique. 5° *V par qqch :* On a conclu par un banquet. 6° *V qqch prép N :* ■ Nous avons conclu un pacte avec nos ennemis. ■ Nous avons conclu le colloque par un banquet. 7° *V de qqch que ind :* Je conclus de votre exposé que nous sommes dans l'erreur. 8° *V de qqch à qqch :* Je conclus de votre exposé à une défaillance des experts. **2. Se conclure** – Le pacte s'est conclu à 3 h. **3. Etre conclu** – 1° Le pacte a été conclu (par les délégations) à 3 h. 2° IMPERS ■ *V N* Il a été conclu un bon accord. ■ *V que ind* Il a été conclu que nous voterions pour toi. ■ *V à N :* Il a été conclu à un suicide.

condition 46

1. N – 1° C'est une condition nécessaire, mais non suffisante. 2° Voici les conditions de l'accord. **2. LOC ADV** –

1° Je veux bien, mais à une condition (c'est que vous m'aidiez.) 2° Vous m'aiderez ? *Dans ces conditions* je suis d'accord. *(Dans ce cas.)* 3° Je l'ai fait sans condition, sous condition. **3. LOC PREP – A condition de** + *inf :* Je veux bien, *à (la) condition* d'être aidé. *(Sous réserve de. Sous condition de.)* **4. LOC CONJ – A condition que** – 1° [*subj*] *:* Je veux bien essayer, à *(la) condition* que vous m'aidiez. *(Sous réserve que. Pourvu que.)* 2° [+ *ind futur*] Je veux bien essayer, à condition que vous m'aiderez.

conduire   47
1. 1° *V :* Tais-toi et conduis. 2° *V N :* Tu conduiras ta mère (à la gare). 3° *V à N :* Où cette route conduit-elle ? – Au village. 4° *V qqn* à *N :* Je l'ai conduit à cette conclusion logique. 5° *V qqn* à *inf :* On conduira l'enfant à exercer son jugement. **2. Se conduire** – 1° *V :* Cette voiture peut se conduire (facilement). 2° *V adv :* Il s'est très mal conduit (envers ma mère). 3° *V prép att :* Il s'est conduit *en* goujat envers moi. *(Comme un. A la manière d'un.)*

confier   48
1. 1° *V N* (à qqn) : J'ai confié mon secret (à votre ami). 2° *V* (à qqn) que *ind :* Je (leur) ai confié que le président était malade. 3° *V* (à qqn) *interr :* Je (vous) confie pourquoi on l'a arrêté. **2. Se confier** – 1° *V N :* Nous pouvons nous confier (mutuellement) nos malheurs. 2° *V à qqn :* Je me confierais volontiers à lui. 3° *V en qqch :* Je me confie en sa générosité.

confirmer   49
1. 1° *V qqch* (à qqn) : La concierge a confirmé la nouvelle (aux journalistes). 2° *V qqn* (à qqn) : J'ai confirmé mon adjoint (dans ses fonctions). 3° *V* (à qqn) que *ind :* La famille a confirmé (à la police) qu'elle avait reçu un coup de téléphone. **2. Se confirmer** – 1° *V :* Les résultats du sondage ne se sont pas confirmés. 2° *V comme att :*

Le cycliste s'est confirmé comme un champion. 3° IMPERS que *ind :* Il se confirme que l'hiver sera rude.

confondre   50
1. 1° *V (N) :* Vous devez confondre (les deux personnages). 2° *V qqn :* Le procureur a confondu l'accusé. 3° *V N et N :* Vous confondez Pierre et Paul. 4° *V N avec N :* Vous confondez la chanson avec la rengaine. 5° *V entre N et N :* Ne pas confondre entre lui et moi. **2. Se confondre** – 1° *V :* Le gris et le bleu se confondent. 2° *V en N :* Elle s'est confondue en excuses.

connaître   51
1. 1° *V N :* Je connais (bien) la maison, les invités (de vue). 2° *V de qqch :* [*Litt*] La justice connaît de ces questions-là. 3° *V N att :* Je l'ai connue élève au lycée. 4° *V N comme att :* Je l'ai connu comme délégué syndical. 5° *V qqch à qqn :* Je ne lui connaissais pas ce goût pour la musique. **2. Se connaître** – 1° *V :* Apprenez à vous connaître (vous-même). 2° *V à qqch :* Je me connais un peu à cela. 3° **S'y connaître** (en qqch) – Je m'y connais (un peu) (en mécanique). **3. Etre connu** – 1° *V* (de qqn) (par qqch) : Cet auteur est connu (de tous) (par ses écrits). Vous est-il connu ? 2° *V* (de qqn) pour : Cet auteur est connu (de nous) pour (avoir écrit) des poèmes.

conséquence   52
1. N – 1° Les conséquences d'une telle décision sont incalculables. 2° Il s'agit d'un événement lourd de conséquences. 3° Les conséquences pour nous et sur l'environnement sont considérables. **2. LOC ADJ** – C'est une affaire *sans conséquence.* (≠ *De conséquence.)* **3. LOC ADV et PREP – En conséquence (de)** – 1° Il a eu trois accidents : *En conséquence,* son permis lui sera retiré. *(Par conséquent. Ainsi. Donc.)* 2° Il a été puni *en conséquence de* ses actes. *(En raison de.)* **4. LOC VERB –**

1° ■ Cela aura pour conséquence d'attirer les touristes. ■ Cela aura pour conséquence que les touristes afflueront. 2° Votre geste ne prêtera pas à conséquence.

considérer 53

1. 1° *V N :* Je considérerai la question. 2° *V que ind :* Je considère que vous avez raison. 3° *V que subj :* Je ne considère pas que vous ayez tort. 4° *V inf :* Elle considère avoir échoué. 5° *V interr :* Considérez si vous avez le temps de venir ou non. 6° *V N* (comme) *att :* Je vous considère (comme) mon ami, (comme) perdu. **2. Se considérer** – *V comme att :* Je me considère comme (étant) en vacances. **3. Etre considéré** – 1° La question a été considérée par tous. 2° Jean est très considéré de ses proches. 3° IMPERS – Il est considéré comme superflu de prendre ses précautions. **4. Considérant** – 1° [+ qqch] *Considérant* la loi du 31 janvier 1901, nous décrétons ceci. *(Vu.)* 2° [+ que ind] *Considérant que* tout le monde a parlé, nous pouvons passer au vote. *(Vu que.)*

content 54

ADJ – **1.** [+ *de*] 1° [+ *N*] Nous sommes partis contents (de notre journée). 2° [+ *inf*] Je suis très content de vous voir. 3° **Non content de** + *inf :* Non content d'être en retard, il était venu de mauvaise humeur. **2.** [+ *que subj*] Je suis content que tu sois venu.

contraire 55

1° ADJ – C'est une action contraire à ses habitudes. 2° N – Il dit le contraire de ce qu'il pense. 3° LOC ADV – **Au contraire** – Ne sois pas égoïste, *(bien)* au contraire, montre-toi généreux. *(Tout.)* 4° LOC PREP – **Au contraire de** – *Au contraire de* ses camarades, il a réussi. *(A l'inverse de. Contrairement à.)*

contre 56

PREP – **1.** [+ *V*] 1° Je proteste contre la centralisation bureaucra-

tique. 2° J'échangerai mes pièces contre des timbres-postes. 3° Tu es pour ou contre le divorce ? – (Je suis) contre. 4° [*Lieu*] Le lit est contre le mur ; il est (tout) contre. **2.** [*N +*] C'est une vraie satire *contre* les militaires. *(Envers. A l'encontre de. A l'égard de.)* **3.** [*Adj ou adv +*] Pierre est furieux contre le règlement. **4. LOC ADV** – Ci-contre. Là contre. Contre toute attente. Envers et contre tout. En contre partie.

convenir 57

1. [*aux* Avoir] 1° V (à qqn) : Cette solution (me) convient. 2° *V qqch :* [*Fam*] Nous avons convenu un rendez-vous (avec lui). 3° *V de qqch :* Elle a convenu de son erreur. 4° IMPERS – ■ [de *inf*] Il convient d'être tranquille. ■ [que *subj*] Il ne convient pas que vous le dérangiez maintenant. ■ [à qqn de *inf*] Ça te convient de passer à 5 h ? ■ [à qqn que *subj*] Il conviendrait à ton frère que tu l'aides. **2.** [*aux* Avoir *ou* Etre] 1° *V de qqch :* Nous sommes convenus d'un rendez-vous. 2° *V que ind :* Nous avions convenu que nous nous retrouverions. 3° *V de inf :* Nous sommes convenus de nous retrouver à 5 h. **3. Etre convenu** – Cela a été convenu (entre nous) (avec vous).

côté 58

1. N – 1° Ce côté de l'appartement est toujours ensoleillé. 2° Ce garçon a des côtés bien sympathiques. **2. PREP** – [*Fam*] *Côté* bricolage, personne ne lui en remontre. *(Quant au. En ce qui concerne le. Pour le. Au sujet du.)* **3. A côté (de)** – LOC ADV et PREP – 1° J'habite (tout) à côté (du stade). *(Près.)* 2° Ta voiture ne vaut rien à côté (de la mienne). *(En comparaison de.)* 3° [*N +*] Tu n'as qu'à acheter un bifteck à la boucherie d'à côté. **4. Aux côtés de** – Je me suis battu aux côtés du sergent → A ses côtés. / Nous nous sommes battus côte à côte. **5. De côté** – LOC ADV – 1° Les crabes avancent *de côté.* *(De biais.)* 2° Il faut laisser ce problème de côté. **6.** 1° Faites ce que vous voulez ; *de mon côté,* je vote contre. *(Pour ma part. En ce qui me concerne.)* 2° Il habite de l'autre côté (de la colline). 3° *De tous (les) côtés* (de l'immeuble), les bombes sifflaient. *(De toutes parts.)* **7. Du côté de** – LOC PREP – Il habite *du côté de* Montmartre. *(Vers. Aux alentours de.)* **8.** 1° **D'un côté, de l'autre** – D'un côté elle me séduisait, de l'autre elle m'inquiétait. 2° **Par certains côtés** – Par certains côtés, je serais presque de votre avis. 3° **Sur le côté (de)** – Pose l'assiette sur le côté (de la table).

coup 59

1. N – 1° Buvons encore un coup (de cet excellent vin). 2° Les coups (de poing) pleuvaient dans la bagarre. **2. LOC ADV** – 1° **Sur le coup** – *Sur le coup* je n'ai pas compris ce qu'il voulait dire. *(Tout d'abord. A première vue. De prime abord.)* 2° **Tout à coup** – *Tout à coup* il se précipita sur son frère. *(Soudain. Subitement.)* 3° [Fam] *Un autre coup,* c'est préférable de m'appeler le soir. *(Une autre fois.)* 4° A tout coup. Après coup. Coup sur coup. Ce coup-ci. Ce coup-là. Du coup. Du premier coup. Du même coup. D'un coup. Pour le coup. Tout d'un coup. **3. LOC PREP** – 1° **A coups de** – On l'a tué à coup de pierres. 2° **D'un coup de** – D'un coup d'aile, il était là. 3° **Sous le coup de** – Il est encore *sous le coup de* la boisson. *(Sous l'influence de. Sous l'effet de.)* 4° **Sur le coup de** – Je viendrai *sur le coup de* 4 h. *(Vers.)* **4. LOC VERB** – 1° Tenir le coup. Marquer le coup. 2° Avoir le coup. Attraper le coup. Prendre le coup.

couper 60

1. 1° **V :** Attention, cette lame coupe (fort). 2° **V qqch :** Voulez-vous couper la tarte ? 3° **V à qqch :** Vous ne couperez pas à la sanction. 4° **V qqch à qqn :** On lui a coupé la jambe. 5° *V N* de *N :* On a coupé l'armée de ses bases. 6° *V N* en *N :* Vous couperez la tarte en huit. **2. Se couper** – Je

me suis coupé en faisant du bois. **3. Etre coupé** – Le village est coupé du reste du monde.

courant 61

1. ADJ – La toque est d'un usage courant ici (pour la saison). **2. N** – Le courant (du fleuve) est très rapide. **3. LOC PREP** – **Dans le courant de** – Je passerai vous voir *dans le courant de* la journée. *(Au cours de. Dans.)* **4. LOC VERB** – 1° Je suis au courant (de vos aventures). 2° On m'a mis au courant (de cette histoire).

courir 62

1. 1° **V :** La gazelle court (vite) dans les savanes. 2° **V qqch :** Tu cours un risque grave. – 3° **V qqn :** Il court les filles. 4° **V inf :** Courez acheter des fleurs. – J'y cours. 5° *V à N :* Tu cours à ta perte. 6° *V après N :* Elle court après le mariage. 7° **IMPERS** – *V qqch :* Il court ici des bruits étranges. **2. Etre couru** – [Fam] C'est couru d'avance ; il va perdre.

cours 63

1. N – On va régulariser le cours de la rivière. **2. LOC ADV et PREP** – 1° **Au cours de** – Je l'ai rencontré *au cours de* mon voyage. *(Durant. Pendant.)* 2° **En cours (de)** – C'est en cours (de réparation). **3. LOC VERB** – 1° Vos billets n'ont pas cours ici. 2° La vente des billets n'est pas encore en cours. 3° Donner libre cours à. Suivre son cours.

coûter 64

1. 1° **V N :** Cela coûte mille francs (*par* mois). *(le, du, au.)* 2° **V (N) à qqn :** Cet examen m'a coûté (un gros effort). **2. En coûter** – IMPERS – 1° **V N :** Il en coûte trois francs (pour entrer). 2° *V N à qqn :* Il m'en a coûté une caisse de champagne. 3° *V à qqn que subj :* Il m'en coûte que tu partes. 4° *V à qqn de inf :* Il lui en a coûté de partir.

craindre 65

1. 1° *V N :* Le docteur craint une pleurésie. 2° *V que subj :* ■ Le docteur craint que le malade ait contracté le typhus. ■ Je crains qu'il ne parte. / Je crains qu'il ne parte pas. ■ Je ne crains pas qu'il parte. / Je ne crains pas qu'il ne parte pas. 3° V de *inf* : Le docteur craint d'opérer maintenant. 4° V (qqch) pour N : Vous craignez (du mauvais temps) pour les cultures ? 5° V N *att* : La récolte, je la crains mauvaise. 6° V qqch de N : Je crains le pire de lui. **2. Etre à craindre** — 1° V n'est pas toujours à craindre. 2° IMPERS que *subj* : Il est à craindre que la maladie (n') empire.

crier 66

1° V : Les manifestants criaient (fort). 2° V *dN* : Ils criaient vengeance. 3° V N (à qqn) : Ils crièrent (au ministre) leur réprobation. 4° V P (à qqn) : Ils crièrent (au ministre) : « Démission ! Démission ! » 5° V (à qqn) que *ind* : Elles criaient (aux gens) qu'elles ne se laisseraient pas faire. 6° V (à qqn) que *subj* : Les ambulanciers criaient qu'on leur fasse de la place. 7° V (à qqn) de *inf* : Le général criait (aux soldats) de ne pas perdre courage. 8° V *prép* N : ■ V après qqn : La voisine criait après son mari. ■ V à qqch : Elle criait au scandale. ■ V de qqch : Elle criait de désespoir.

croire 67

1. 1° V : Elle n'est pas pratiquante, mais elle croit. 2° V N : Je crois ton père (quand il parle). 3° V que *ind* : Je crois qu'il a raison. 4° V que *subj* : Je ne crois pas qu'il faille dramatiser. 5° V *inf* : Je ne crois pas m'être trompé. 6° V à qqch : Je ne crois pas à sa traîtrise. 7° V en N : Je crois en ce cheval, en mon intuition. 8° V N *att* : ■ Je crois ce cheval capable de gagner. ■ C'est un garçon que je croyais pouvoir réussir. 9° V qqch à qqn : Je lui croyais plus de talent. 10° V qqch de qqn : Je ne crois pas cela de lui. **2. En croire** — 1° Je n'en crois pas mes yeux. 2° A en croire les journaux, tout va bien. **3. Se croire** — 1° V *att* : ■ Vous vous croyez seul ? ■ Vous vous croyez le maître ? 2° V N : Il se croyait du génie. 3° V *adj* : ■ Il se croit tout permis. ■ Il se croit permis de partir.

curieux 68

ADJ – 1° [+ de N] Je suis curieux de la manière dont vous allez vous y prendre. 2° [+ de *inf*] Je suis curieux de connaître votre histoire. 3° IMPERS [+ que *subj*] Il est curieux qu'il ne soit pas encore arrivé.

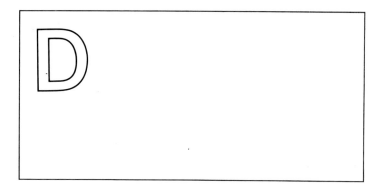

danger 1

1. N – 1° Vous vous exposez à un sérieux danger. 2° EXCLAM – Attention ! Danger (de mort). **2. LOC** – 1° *Il y a du danger à* skier en neige profonde. *(Il est dangereux de.)* 2° (Il n'y a) pas de danger que je vous suive ! 3° **En danger (de)** – Il se trouve en (grand) danger (d'être arrêté). 4° Être en danger. Mettre en danger. Courir un danger (à *inf*).

dans 2

PREP – **1.** [*V* +] 1° [*Lieu*] ■ J'habite dans les Ardennes, / en France. ■ J'habite *dans* Paris. *(A l'intérieur de)* / A Paris. ■ Les enfants jouent dans l'herbe. / Nous avons pique-niqué sur l'herbe. ■ Je voyage dans l'avion du chef de l'Etat, / en avion. ■ Pierre vit dans la facilité. 2° [*Temps*] ■ Je sais ce que je ferai dans ma vieillesse. ■ L'avion part dans une heure, / en une heure. ■ C'est à faire dans les huit jours, / dans huit jours. ■ On vivait plus heureux *dans le temps. (Autrefois.)* ■ Elle entre dans sa vingtième année. 3° Dans quelle intention a-t-il commis ce forfait ? 4° [*Approximation*] La malle pesait dans les 50 kilos. **2.** [*Adj* +] Elle est habile dans l'art du mensonge. **3.** [*N* +] Ma confiance dans son honnêteté est relative. **4.** [*Prép* +] C'est pour dans cinq jours.

date 3

1. N – 1° 1968 sera une date importante dans l'Histoire. 2° Indiquez-moi la date de la prochaine session. **2. LOC ADV** – **De longue date** – Je le connais *de longue date. (Depuis longtemps.)* **3. LOC PREP** – 1° **A la date de** – A quelle date est-ce prévu ? – A la date du 15 février. 2° **En date de** – Nous avons reçu une lettre en date du 15. **4. LOC VERB** – Prendre date. Faire date. Etre le premier en date.

davantage 4

ADV – **1.** [+ *N*] **Davantage de** – Pierre a *davantage de* chances (que toi). *(Plus de.)* **2.** [*avec adj*] Elle est gentille, mais son mari l'est *davantage. (Plus.)* **3.** [*avec V*] 1° Maintenant il parle (bien) *davantage* (encore) (qu'auparavant). *(Plus.)* 2° Ne vous attardez pas *davantage* ici. *(Plus longtemps.)*

de 5

PREP – **1.** [*V* de *N*] 1° [*Objet simple*] Tu te moques de moi. 2° [*Partitif*] Voulez-vous boire de ce vin ? 3° **De ce que** + *subj ;* Il se plaint de ce que je ne sois pas venu. 4° [*Objet second*]. ■ Excusez mon ami de son retard. ■ J'ai reçu de ton père un bon conseil. ■ On avait entouré la ville d'un rempart. ■ Il faut les sauver de la famine. 5° [*Attribut*] ■ Le ciel est d'un bleu ! ■ Si j'étais de mon père, je sais ce que je ferais. 6° [*Agent*] ■ Il est très apprécié *de* ses amis. *(Par.)* ■ Il sait se faire aimer de tout le monde. 7° [*Lieu*] ■ Le facteur revient de la poste. ■ Des feux d'artifices étaient tirés de toutes les collines. ■ J'ai appris sa nomination de source confidentielle. 8° [*Temps*] ■ [*avec nég*] Je ne l'ai pas vu *de* (toute) l'année. *(Durant.)* ■ Je reviendrai de bonne heure. ■ Nous avons roulé de nuit. ■ Je ne le reverrai pas de sitôt. 9° [*Autres circonstances*] ■ [*Manière*] Le coureur pédale de toutes ses forces. ■ [*Moyen*] L'aveugle touche le mur de sa canne. Nous vivons de presque rien. ■ [*Cause*] Il est mort de faim. ■ [*Mesure*] Abaissez le rideau de quelques centimètres. ■ [*Possession*] Cette histoire n'est pas de lui. ■ [*Distribution*] Elle gagne dix francs de l'heure. 10° ARTICLE ■ [*avec nég*] As-tu des livres ? – Non, je n'ai pas de livres. ■ Il a de jolies photos, / des photos magnifiques. **2.** [*V de inf*] 1° [*Objet simple*] J'ai oublié de téléphoner. 2° [*Objet second*] ■ Excusez-moi d'être en retard. ■ Je lui ai parlé de faire une sortie ensemble. 3° [*avec impers*] Ça t'intéresse de venir ? 4° D'être ainsi maltraité ne me plaisait guère. 5° Le titre était *De l'influence du climat*. **3.** [*Adj de N*] 1° Nous sommes très contents de votre visite. 2° Le prof était rouge de colère. 3° Elle est noire de cheveux. 4° Elle est originaire de Vienne. **4.** [*Adj de inf*] 1° Je suis content d'avoir assisté à ce spectacle. 2° Elle est folle de partir. 3° Je trouve ridicule de parler ainsi. 4° [*avec impers*] Il est très agréable pour moi de vous recevoir. **5.** [*Adv de N*] 1° L'ouvrier travaille loin de la ville. 2° Je gagne moins de deux mille francs. **6.** [*Pron de*] 1° [*Pron de pron*] Quelqu'un *de* vous a-t-il téléphoné ? *(D'entre.)* 2° [*Pron de adj*] ■ C'est vraiment quelque chose de beau. ■ Vous n'avez rien de cassé ? ■ Il n'y a que ça de vrai. ■ J'en ai eu un de démoli. 3° [*Pron de adv*] Encore un de plus à lire ! **7.** [*N de N*] 1° [*Possession*] ■ C'est le livre de Jacques, c'est son livre. ■ Quel est le prix de cette maison, quel est son prix ? 2° Nous avons mangé du saucisson de porc. 3° C'est un couteau de quel genre ?

Un couteau de cuisine. 4° Donnez-moi un verre d'eau, / un verre à eau. 5° Qui est membre du gouvernement ? 6° Ce livre représente un travail de plusieurs années. 7° A quelle heure part le train de Paris ? 8° La pensée de la mort l'occupe sans cesse. 9° Je voudrais pour dix francs de bonbons. 10° [*Apposition*] ■ La ville de Paris a-t-elle un maire ? ■ On emploie trop le mot de liberté. ■ Ce maladroit de Pierre a fait une nouvelle gaffe. ■ Quelle chienne de vie nous vivons ! **8.** [*N de adj*] Il reste dix places de libres. **9.** [*N de inf*] 1° Ils furent pris d'une envie d'aller en Italie. 2° L'idéal c'est d'être payé à rien faire. 3° Quelle audace de m'envoyer une pareille lettre ! 4° A Jean de distribuer les cartes. 5° Et Pierre de le laisser faire comme si de rien n'était ! **10.** [*V N de N ou de adj*] Je l'ai traité de voleur et d'incapable. **11.** [*V N de inf*] Je l'ai grondé d'avoir été en retard. **12.** [*de + prép*] 1° **De par** – De par la loi, je vous arrête. 2° **de... à** – ■ Nous voyagerons en couchette de Paris *à* Marseille. *(Jusqu'à.)* ■ Je vous recevrai de 2 à 3 heures. 3° **de... en** – ■ Elle va d'échec en échec. ■ Ce matin, j'ai appris à compter de cinq en cinq.

décider   6

1. 1° *V* : C'est à lui de décider. 2° *V qqch* : On a décidé son admission. 3° *V qqn* : On est parvenu à décider ton frère. 4° *V que ind* : Il a décidé qu'il viendrait. 5° *V que subj* : Il a décidé que l'on ne sache rien de cette affaire. 6° *V interr* : Décidez si vous restez ou non. 7° *V de N* : L'examen décidera de ma carrière. 8° *V de inf* : Elle a décidé de venir. 9° *V qqn à inf* : J'ai décidé mon frère à venir. **2. Se décider** – 1° *V :* ■ Allons, viens ! Décide-toi ! ■ Mon avenir se décide demain. 2° *V à inf* : Mon frère s'est décidé à venir. 3° *V pour N* : Je me suis décidé pour cette voiture. **3. Etre décidé** – 1° *V :* La grève a été décidée (par le conseil). 2° *V à inf* : Je suis décidé à partir. 3° IMPERS – Il a été décidé que tu passerais en jugement.

déclarer 7

1. 1° *V N :* Déclarez votre appareil (à la douane). 2° *V que ind :* Il a déclaré qu'il ne savait rien. 3° *V inf :* Elle a déclaré ignorer tout. 4° *V interr :* Il faudra déclarer si vous avez des marchandises. 5° *V N att :* Le tribunal a déclaré l'accusé coupable. 6° *V qqch à N :* Ils ont déclaré la guerre à la démocratie. **2. Se déclarer** – 1° *V :* L'épidémie s'est déclarée à l'automne. 2° *V att :* Il s'est déclaré partisan du mouvement. 3° *V qqch :* Les deux pays se sont déclaré la guerre. 4° *V à qqn :* Il s'est déclaré à Madeleine. 5° *V prép N :* Il s'est déclaré pour ou contre la peine de mort ?

dedans 8

1. ADV – 1° Ouvre l'écrin, la bague est *dedans. (A l'intérieur.)* 2° [*Fam*] Il n'a pas vu la chaise, il s'est cogné dedans. **2. N** – [*Fam*] N'oublie pas de nettoyer le dedans de la casserole. **3. LOC ADV** – 1° **De dedans** – On n'aperçoit rien *de dedans. (De l'intérieur.)* 2° **En dedans** – On se trouve comme prisonnier *en dedans. (A l'intérieur.)* 3° **Là-dedans** – Qu'est-ce que tu fais là-dedans ? **4. LOC PREP** – [*Fam*] **Au-dedans de** – Regarde *au-dedans* de la boîte. *(Dans. A l'intérieur de.)* **5. LOC VERB** – [*Fam*] Il s'est encore fichu dedans.

défaut 9

1. N – 1° Le principal défaut de mon père est l'avarice. 2° Nous nous ressentons du *défaut* d'exercice. *(Manque.)* **2. LOC ADV** – 1° **A défaut** – Je cherche un poste, ou *à défaut* un emploi à mi-temps. *(A la rigueur. Au moins.)* 2° **Par défaut** – Le pirate de l'air a été condamné par défaut. **3. LOC PREP** – **A défaut de** – 1° [+ *N*] *A défaut de* porto, buvons du vin cuit. *(Faute de.)* 2° [+ *inf*] A défaut de se voir, on peut toujours se téléphoner. **4. LOC VERB** – 1° Le courage lui fait vraiment défaut. 2° Etre, Prendre en défaut.

défendre 10

1. 1° *V N :* Le diplomate défend sa position (contre les calomnies). 2° *V que subj :* Le règlement défend qu'on sorte avant midi. 3° *V de inf :* Le règlement défend de sortir. 4° *V qqch à qqn :* Le médecin lui défend le tabac. 5° *V à qqn de inf :* Le médecin lui défend de fumer. 6° *V (qqn) prép N :* Ce manteau (vous) défend *de* la pluie. *(Contre.)* **2. Se défendre** – 1° *V :* Il se défend bien (au bridge). Il s'y défend. 2° *V prép N :* Il se défend contre les intrigues. 3° *V de inf :* Il se défend d'avoir menti. **3. Etre défendu** – 1° *V :* Ce château est bien défendu (par les soldats) (contre les attaques). 2° IMPERS – Il est défendu (aux passagers) de fumer.

dégager 11

1. 1° *V :* L'arrière dégagea (en corner). 2° *V N (de N) :* Les sauveteurs dégagèrent la victime (du véhicule). **2. Se dégager** – 1° *V :* Le gaz se dégagea. 2° *V de N :* Une solution s'est dégagée de la discussion. 3° IMPERS – ▪ Il s'est dégagé une solution (de la discussion) ▪ Il s'est dégagé (de la discussion) qu'on pouvait s'entendre. **3. Etre dégagé** – 1° *V :* Le ciel est bien dégagé. 2° *V de N :* Il est dégagé de ses obligations militaires.

dehors 12

1. ADV – 1° Avec ce temps, nous pourrons coucher dehors. 2° [*Fam*] J'ai été mis dehors (de l'usine). **2. N** – [*Fam*] N'oublie pas de nettoyer le dehors (de la casserole). *(L'extérieur.)* **3. LOC ADV et PREP** – 1° **Au dehors (de)** – Je n'aime pas la France : Je voyage au dehors (de ce pays). 2° **En dehors (de)** – ▪ Il est interdit de se baigner *en dehors* (des limites). *(A l'extérieur.)* ▪ *En dehors de* la natation, je n'aime pas le sport. *(Hormis. Sauf. A part.)*

déjà 13

ADV – **1.** [*avec V*] 1° Il est *déjà* 8 heures ! *(≠ seulement).* 2° Ils sont déjà ivres. *(≠* Ils ne sont pas encore ivres.) 3° J'ai déjà vu cette pièce de Molière. 4° Elle se savait *déjà* condamnée. *(D'ores et déjà.)* 5° Cinq mille francs, c'est déjà un beau salaire ! **2.** [*avec P*] 1° Qu'est-ce qu'elle disait, déjà ? 2° [*Litt*] Déjà les nuées s'estompaient, le soleil revenait.

delà   14

LOC ADV et PREP – **1. Au-delà (de)** – 1° *Au-delà* (des barrières), le champ ne m'appartient pas. *(≠ En deçà.)* 2° Ne travaillez pas au-delà (de minuit). 3° [*prép +*] Il est revenu d'au-delà des frontières. **2. Par-delà** – Il voyage sans cesse par-delà les mers.

demain   15

ADV – **1.** 1° Je viendrai demain. / Je suis venu le lendemain (du jour de l'an). 2° *Demain* matin, *demain* soir, *demain* après-midi, *demain* à 4 h. *(Le lendemain.)* 3° Je viendrai *demain* en huit. *(Dans huit jours.)* 4° *Demain* en quinze. *(Dans quinze jours.)* **2.** [*Prép +*] 1° **Après-demain** – Je viendrai après-demain. / Je suis venu le surlendemain (du jour de l'an). 2° Au revoir ! *A demain ! (A après-demain.)* 3° Il ne faut pas remettre ce travail *à demain. (A après-demain. Au lendemain.)* 4° D'ici à *demain* je n'aurai pas le temps. *(Après-demain.)* 5° N'attendez-pas *jusqu'à demain. (Jusqu'à après-demain. Jusqu'au lendemain.)* 6° Les banques sont fermées *à partir de demain. (A partir d'après-demain. A partir du lendemain.)* 7° La naissance est attendue pour *demain. (Après-demain. Le lendemain.)*

demander   16

1. 1° *V N :* Le marchand demande un prix excessif. 2° *V que subj :* Je demande que vous l'écoutiez. 3° *V à ce que subj :* Je demande à ce que ça soit fait pour demain. 4° *V à inf :* Elle demande à être reçue. 5° *V interr :* Elle demande si quelqu'un veut bien l'aider. 6° *V après N :* [*Fam*] On a demandé après toi tout à l'heure.

7° *V qqch à qqn :* J'ai demandé l'autorisation à mon père. 8° *V qqch prép N :* J'ai demandé l'indulgence de la part du jury. 9° *V à qqn de inf :* Elle m'a demandé de l'aider. 10° *V qqn prép att :* Il l'a demandé *pour* épouse. *(Comme.)* **2. Se demander** – 1° *N :* Mon libraire dit que Flaubert se demande beaucoup. 2° *V N :* Je me demande la raison de son départ. 3° *V interr :* Je me demande ce qui se passe. **3.** 1° **Ne demander qu'à** + *inf :* Il ne demande qu'à se joindre à nous. 2° **Ne pas demander mieux que de** + *inf :* Je ne demande pas mieux que de vous croire.

demeurer   17

1. 1° *V :* Je demeure à Paris, sur la rive gauche. 2° *V att :* Elle est demeurée sourde à mes prières. 3° IMPERS – [*Litt*] Il demeure qu'il affiche son parti-pris. **2. Il n'en demeure pas moins que** + *ind :* Vous avez raison (mais) il n'en demeure pas moins que vous auriez pu l'aider.

demi   18

1. ADJ – 1° [*invar*] ■ Je voudrais une demi-douzaine d'œufs. Faites-le cuire une demi-heure. 2° **Et demi (e)** – ■ Je voudrais une douzaine et demie d'œufs. ■ Faites-le cuire trois minutes et demie. **2. ADV** – Donnez-moi une bouteille *demi*-pleine. *(A moitié.)* **3. A demi** – Je crois qu'il est *à demi* fou. *(A moitié.)*

dépendre   19

1. 1° *V de N :* Vous dépendez de vos supérieurs hiérarchiques (pour l'avancement). **2. Il dépend** – IMPERS – 1° *V de qqn que subj :* Il ne dépend pas de moi que vous obteniez votre mutation. 2° *V de qqn de inf :* Il dépend de vous d'améliorer votre situation. **3. Ca dépend** – IMPERS – 1° *V :* Est-ce que tu seras reçu ? – Ça dépend. *(Peut-être.)* 2° *V de N :* Ça dépend de la conjoncture. *(Tout dépend.)* 3° *V interr :* Ça dépend comment tu veux faire.

depuis 20

1. PREP – 1° [*Temps*] ■ Je t'attends depuis midi. ■ Depuis quand ? ■ Je t'attends depuis trois quarts d'heure. ■ Depuis combien de temps ? ■ [*adv*] Le pauvre souffre depuis *longtemps*. *(Lors. Toujours. Peu. Tout à l'heure.)* ■ C'est le plus grand pianiste de jazz depuis Ray Charles. 2° [*Lieu*] ■ J'ai roulé sans difficulté *depuis* Paris (jusqu'à Marseille). ■ On aperçoit le village *depuis* la colline. *(De. Du haut de.)* 3° ■ Ils montent tous depuis le premier jusqu'au dernier (en passant par les trois petits). ■ Nous avons dormi *depuis* Paris jusque Marseille. *(De.)* **2. LOC CONJ** – **Depuis que** – Elle a maigri depuis qu'elle fait du sport.

dernier 21

1. ADJ – 1° Je me suis installé à la *dernière* place. *(Avant-dernière.)* 2° [*Temps*] La semaine dernière. (= Il y a une semaine.) L'an dernier. L'année dernière. Le mois dernier. **2. LOC ADV** – Au dernier degré. Au dernier point. Au dernier moment. En dernier (lieu). **3. Ce dernier** – « Si vous voulez », répondit *ce dernier*. *(Celui-ci.)* **4. Le dernier** – 1° [+ *de N*] Le *dernier* des crétins comprendrait ce simple raisonnement. *(Le pire.)* 2° [+ à *inf*] Ce serait certainement le dernier à accepter pareille proposition. 3° [+ *rel ind*] Jean est le dernier que j'ai vu dans ces lieux. 4° [+ *rel subj*] C'est le dernier à qui je puisse confier ce secret.

derrière 22

1. ADV – 1° Les garçons étaient devant, les filles (loin) derrière. 2° [*avec prép*] Ils sont passés par derrière, par la porte de derrière. **2. PREP** – 1° ■ Le voleur était caché derrière le mur. ■ Pierre est classé (juste) *derrière* moi. *(≠ Devant.)* 2° [*avec prép*] ■ Passez par derrière l'immeuble. ■ C'est le jardin de derrière la maison. **3. N** – Le *derrière* (de la maison) est rarement ensoleillé. *(L'arrière.)*

dès 23

1. PREP – 1° Il s'est mis à pleuvoir *dès* 11 h. *(A partir de.)* 2° Cet enfant a été gâté *dès* son plus jeune âge. *(Depuis.)* **2. LOC ADV** – 1° *Dès à présent,* vous pouvez compter sur moi. *(Dès maintenant. A partir de maintenant.)* 2° *Dès ce moment,* il se mit à boire. *(A partir de.)* 3° **Dès lors** – Le coureur a crevé ; *dès lors* il ne pouvait plus gagner. *(Dès ce moment.)* **3. LOC CONJ** – 1° **Dès que** – *Dès qu*'il apparut sur l'estrade, la foule applaudit. *(Dès l'instant que. Aussitôt que.)* 2° **Dès lors que** – *Dès lors qu*'il avait crevé, il ne pouvait plus gagner. *(Dès l'instant que. A partir du moment où.)*

désormais 24

ADV – *Désormais* on ne travaillera plus le samedi. *(A l'avenir. Dorénavant. A partir de maintenant.)*

dessous 25

1. ADV – 1° La balle est sous le buffet ? – Oui, elle est dessous. 2° [*avec prép*] ■ Donne-moi la feuille de dessous. ■ En dessous. Par dessous. Là-dessous. Ci-dessous. **2. PREP** – 1° Mets la feuille dessus et non dessous la pile. 2° [*avec prép*] ■ Cache-toi par dessous la table, en dessous de la table. ■ Donne-moi la feuille de dessous la pile. **3. N** – 1° N'oublie pas d'essuyer le dessous de la casserole. 2° Les voisins du dessous sont très sympathiques. **4. Au-dessous (de)** – Qu'y a-t-il au-dessous (du buffet) ? **5. LOC VERB** – Avoir le dessous.

dessus 26

1. ADV – 1° Je pose le verre sur la table ? – Oui, pose-le dessus. 2° [*avec prép*] ■ Enlève le vase de dessus. ■ Par dessus. Ci-dessus. Là-dessus. ■ *Là-dessus,* il se mit dans une colère noire. *(Sur ce.)* **2. PREP** – 1° Prends-le non pas dessous, mais *dessus* la pile. *(Sur.)* 2° [*avec prép*] ■ Nous sommes passés par dessus les obstacles.

■ Donne-moi le livre de dessus la pile.
■ **Par dessus tout** – Je vous demande *par dessus tout* de garder le silence. *(Surtout.)* **3. N** – Pose ce vase sur le dessus de la cheminée. **4. Au-dessus (de)** – 1° Accroche le tableau au-dessus (du buffet). 2° Il s'estime au-dessus (de ces mesquineries). **5. LOC VERB** – Avoir, prendre le dessus (sur qqn).

devant 27

1. ADV et PREP – 1° Je mets le vélo devant la porte ? – Oui, laisse-le devant. 2° [*avec prép*] De devant. Par devant. **2. N** – Le devant de la maison est très ensoleillé. **3. Au-devant (de)** – 1° Nous irons au-devant (de vous). 2° Il va au-devant d'un échec. **4. LOC VERB** – Prendre les devants.

devoir 28

1. 1° *V* qqch : Elle doit beaucoup d'argent. 2° *V inf :* ■ Les contribuables doivent payer leurs impôts. ■ Elle doit (probablement) être en retard. ■ La truite devait peser (dans les) 4 livres. 3° *V* qqch à qqn : Je dois du respect à mon beau-père. Je lui dois beaucoup. 4° *V* à *N* de *inf :* ■ Il doit à sa petite taille de n'avoir pas fait de service militaire. ■ Je dois à mon professeur d'avoir été reçu. **2. Se devoir** – 1° *V* qqch : Noux nous devons (mutuellement) du respect. 2° *V* de *inf :* Vous vous devez d'être présent à cette cérémonie. **3. Etre dû** – 1° *V* (à qqn) : Cette somme (vous) est due (par l'administration). 2° *V* à *N :* L'accident est dû à un refus de priorité. **4. IMPERS** – *V inf* Aujourd'hui il doit se passer quelque chose d'important.

différent 29

ADJ – **1. QUALIFICATIF** – 1° Notre projet est (très) différent (de ce que tu dis). 2° Nous sommes différents de tempérament. 3° Nous sommes différents en tout. 4° On m'a présenté des projets *différents*. *(≠ Semblables.)*

2. INDEF – 1° On m'a présenté les différents projets (qui avaient été préparés). 2° On m'a présenté *différents* projets. *(Divers. Plusieurs.)*

dire 30

1. 1° *V :* Ce conteur a vraiment l'art de dire. 2° *V N* (à qqn) : Les gens disent des mensonges (à tout le monde). 3° *V* que *ind* (à qqn) : Les voisins ont dit (à l'inspecteur) que tu étais parti. 4° *V* que *subj* (à qqn) : Maman (te) dit que tu fasses vite. 5° *V inf* (à qqn) : Elle (me) dit avoir l'intention de se reposer. 6° *V interr* (à qqn) : Elle (vous) a dit pourquoi elle voulait venir. 7° *V* à qqn : Est-ce que ce plat te dit ? 8° *V* qqn *att :* On le dit fort compétent. 9° *V* à qqn de *inf :* Est-ce que cela vous dit d'aller au cinéma ? 10° *V* qqch de *N* (à qqn) : On (m') a dit beaucoup de bien de lui. **2. Se dire** – 1° *V :* Cela ne se dit pas. 2° *V att :* Il se dit amateur de sensations. 3° *V N :* Elles se disaient (mutuellement) des histoires drôles. 4° *V inf :* Elle se disait appartenir à une vieille famille. 5° *V* que *ind :* Je me disais que le résultat importait peu. 6° IMPERS – ■ *V N :* Il se dit des âneries dans cette assemblée. ■ *V* que *ind :* Il se dit partout que le ministre va démissionner. **3. On dirait** – 1° *V N :* On dirait un fantôme. 2° *V* que *ind :* On dirait qu'il va pleuvoir. **4. Dire que** + *ind :* Dire qu'il est mort ! **5. Dites** – INTERJ – Dites (-moi), vous avez l'heure ? **6. Disons** – Il est, *disons*, dix heures. *(A peu près. Environ.)* **7.** [*Incise*] Vous avez, dit-il, une jolie moustache. **6. Pour ainsi dire** – Elle n'a *pour ainsi dire* jamais quitté son village. *(En quelque sorte.)*

discuter 31

1. 1° *V :* Vous n'arrêtez pas de discuter. 2° *V* d*N :* Nous discutons politique. 3° *V* d*N :* Le conseil discute le programme. 4° *V* de *N :* La commission discute des problèmes commerciaux. 5° *V prép :* Je discute avec les ouvriers de leurs problèmes. **2. Se discuter** –

La question peut se discuter. **3. Etre discuté** – 1° Ces questions ont déjà été discutées. 2° IMPERS – *V de N :* Il a déjà été discuté de ce problème.

disposer 32

1. 1° *V :* Vous pouvez disposer. 2° *V N :* Les déménageurs disposent les meubles (dans la salle). 3° *V que ind :* Le jury a disposé que tout serait terminé dans une heure. 4° *V de N :* Vous disposez de ma personne, de cinq minutes. 5° *V qqn à inf :* J'ai disposé mes amis à me suivre. 6° *V (N) à inf :* Cela dispose (l'estomac) à bien digérer. **2. Se disposer** – *V à inf :* Je me disposais à partir. **3. Etre disposé** – *V à inf :* Je suis disposé à négocier.

disputer 33

1. 1° *V :* [*Litt*] Les intellectuels ont joliment disputé ce soir-là. 2° *V N :* Tous ces chevaux disputent la première course. 3° *V de N :* Nous avons disputé de l'opportunité d'y aller ou non. 4° *V qqch à qqn :* « Tête d'Or » a disputé la première place au favori. **2. Se disputer** – 1° *V :* ■ Les enfants se disputent. ■ Le match a pu se disputer. 2° *V qqch :* Les enfants se disputent la balle. 3° *V avec :* Il se dispute avec le chat.

distinguer 34

1. 1° *V N :* Parmi ces personnes, je distingue le Procureur. 2° *V N et N :* Sachez distinguer les bons et les méchants. 3° *V N de N :* Distinguez le vrai du faux. 4° *V N d'avec N :* Distinguez le vrai d'avec le faux. **2. Se distinguer** – 1° *V :* Pourquoi ce besoin de vous distinguer ? 2° *V prép :* Elle se distingue entre toutes, de toutes, d'avec ses aînées, par son savoir.

diviser 35

1. 1° *V qqch (en N) :* J'ai divisé l'appartement (en deux). 2° *V qqch (par N) :* J'ai divisé les résultats (par quatre). **2. Se diviser** – 1° *V N :* L'assemblée s'est divisé le travail. 2° *V prép :* ■ L'assemblée s'est divisée en deux groupes (sur la réforme). ■ L'assemblée s'est divisée entre partisans et réfractaires. **3. Etre divisé** – Les gens sont divisés sur ce problème.

dommage 36

1. N – 1° La grêle a causé de graves dommages aux récoltes. 2° Elle n'est pas venue ; *(c'est) dommage ! (Tant pis.)* **2. IMPERS** – **(Il est) dommage** – 1° [+ de *inf*] (Il est) dommage de devoir renoncer à sa patrie. 2° [+ que *subj*] (Il est) dommage qu'il soit si paresseux.

donc 37

CONJ COORD – **1.** [*avec P*] 1° Je pense, *donc* je suis. *(En conséquence. Par conséquent.)* 2° Je serai là à 5 h. Vous pourrez donc me téléphoner. **2.** [*avec éléments*] 1° Pierre est honnête donc incapable d'un tel acte. 2° [*Renforcement*] ■ Je disais donc qu'il n'est pas question de répondre favorablement. ■ A quoi donc peut bien servir cet outil ? ■ Allons donc ! Dites donc ! Adieu donc !

donner 38

1. 1° *V :* Les vendanges ont bien donné. 2° *V qqn (à N) :* Il a donné son complice (à la police). 3° *V qqch (à N) :* Je (lui) donnerai la mention bien. 4° *V ∅N (à N) :* Je (lui) donnerai réponse. 5° *V à inf (à N) :* ■ Cela donne à penser (aux incrédules). ■ Donne à manger au chat. 6° *V à qqn de inf :* Donnez-lui de montrer son savoir-faire. 7° *V N pour att (à qqn) :* Il (m')a donné cela pour argent comptant. **2. Se donner** – 1° *V :* quel film se donne ce soir ? 2° *V N :* Il se donne de bonnes excuses. 3° *V comme att :* Il s'est donné comme otage. 4° *V à N :* Il se donne à son travail. **3. Etre donné** – IMPERS – Il m'est donné ce soit de vous parler. **4. S'en donner** – 1° *V :* Il s'en donne à cœur joie. 2° *V N :* Il ne s'en est pas donné la peine. **5. Etant donné** – 1° LOC PREP ■ *Etant donné* deux droites, quelles chances ont-elles de se croiser ?

(Soit.) ■ [Cause] Etant donné les conditions atmosphériques, l'avion aura du retard. 2° **Etant donné que** – LOC CONJ – *Etant donné que* le film commence à 10 h, inutile de se presser. *(Vu que. Attendu que. Comme. Puisque.)*

dont   39

PRON REL – **1.** [c de N ou pr] 1° Regarde la maison dont les fenêtres sont ouvertes. 2° Il m'a donné un problème dont je ne comprends pas l'énoncé. / Dans l'énoncé duquel je me perds. 3° Il m'a donné des problèmes dont plusieurs sont insolubles. 4° J'ai lu quelques livres dont trois sont excellents. **2.** [c d'adj] Voilà le dessin dont il est fier. **3.** [c de V] 1° [Objet] ■ Il a accompli un exploit dont on parlera longtemps. ■ C'est un individu dont je sais qu'il est peu recommandable. 2° [Manière] La manière dont il m'a abordé était surprenante. 3° [Moyen] Le salaire dont il vit est dérisoire. 4° [Cause] On ignore la maladie dont il est mort. 5° [Origine] Le collège dont il sort est très renommé. 6° [Agent] Rappelez-vous la crise dont a été suivie son règne. **4.** [Relative sans V] Deux professeurs assistaient à la réunion dont M. Jef. **5.** [antécédent pr] 1° Tout le monde sait ce dont il s'agit. 2° C'est lui dont le père est Secrétaire d'Etat. 3° [subj] Ce n'est rien dont on doive se préoccuper.

doute   40

1. N – Pourquoi me laisser dans le doute ? **2. LOC ADJ** – **Hors de doute** – 1° Son honnêteté est *hors de doute. (Hors de question.)* 2° IMPERS – Il est hors de doute qu'il a menti. **3. LOC ADV – Sans doute –** 1° Elle prendra *sans doute* le train de 8 h *(Probablement.)* 2° C'est *sans doute* le meilleur roman de l'année. *(Sans aucun doute. Sans nul doute. Certainement.)* 3° [+ V S] Sans doute aura-t-elle déjeuné à l'hôtel. **4. LOC CONJ** – 1° **Sans doute que** – ■ [+ ind] Sans doute qu'ils ont présumé de leurs forces. *(Peut-être que.)* ■ (+ cond) Sans doute que nous aurions pu gagner. *(Peut-être que.)* 2° **Nul doute que** + subj : Nul doute que sa réaction (ne) soit exagérée. 3° **Il n'y a aucun doute que** + ind : Il n'y a aucun doute que l'aventure était risquée. **5. LOC VERB** – Etre dans le doute. Mettre en doute. Avoir un doute. Lever un doute. Tirer qqn d'un doute.

douter   41

1. 1° V : Il arrive que l'on doute sans raison. 2° V que ind : Je ne doute pas qu'il réussira. 3° V que subj : ■ Je doute que tu réussisses. ■ [avec nég] Je ne doute pas qu'il (n') obtienne le prix. 4° V de qqch : Elle doute de ta sincérité. 5° V de inf : Elle doute de réussir cet exercice. **2. Se douter** – 1° V de N : Je me doute des difficultés. 2° V que ind : Je me doute que ce sera difficile.

droit   42

1. ADJ – L'enfant fit une lance avec une branche droite. **2. ADV** – Tenez-vous droit. **3. N** – 1° Le droit aux loisirs devrait être garanti. 2° Il a usé de son droit de réponse. 3° M. René est docteur en droit. 4° Le droit de publier ce qu'on veut n'est pas effectif. **4. Qui de droit** – Renseignez-vous auprès de qui de droit. 5° **LOC ADV** – 1° Vous pouvez à bon droit vous plaindre. 2° Ils pouvaient de (plein) droit faire appel. **6. LOC VERB** – 1° J'ai le droit de prendre des vacances à Noël. 2° Nous avons droit à des égards particuliers. 3° Nous sommes en droit de protester. 4° Cela donne droit à une pension.

du   43

1. Cf. DE, LE. **2.** [avec nég] 1° Ce n'est pas du pain. 2° Je ne veux pas du chocolat mais du café. / Je ne veux pas de chocolat.

duquel   44

Cf. LEQUEL.

dur   45

ADJ : 1° C'est un ouvrier dur à la peine. 2° La voiture était dure à démarrer ce matin. 3° Pierre est un peu dur d'oreille. 4° Jeanne est dure *avec* moi. *(Envers.)* 5° IMPERS – Il est dur de se lever tôt le matin.

durant   46

PREP – **1.** [+ N] 1° *Durant* mon séjour, j'ai visité l'Acropole. *(Pendant. Lors de. Au cours de.)* 2° Nous fîmes, durant trois jours, de grands feux de paille. **2.** [N +] Nous sommes restés ensemble deux heures durant.

échapper 1

1. 1° *V* à *N :* Elle a échappé à un attentat. 2° [*Fam*] *V* de *N :* Elle a échappé des griffes du lion. 3° IMPERS − *V* à qqn que *ind :* Il m'a échappé que j'étais dans une église. **2. S'échapper** − 1° *V :* cachez-moi, je me suis échappé. 2° *V* de *N :* Je me suis échappé de prison.

écouter 2

1. 1° *V :* Ecoutez, le train arrive. 2° *V N :* Ecoutez les nouvelles (à la radio). 3° *V interr :* Ecoutez si le train arrive. 4° *V N inf :* Vous écouterez l'horloge sonner midi. **2. S'écouter** − 1° *V :* vous vous portez bien, mais vous vous écoutez trop. 2° *V inf :* Le chef d'état s'écoute reprocher son manque de fermeté.

écrire 3

1. 1° *V* (à qqn) : A ses heures, il écrit (à ses amis). 2° *V N* (à qqn) : A ses heures, il écrit des poèmes (à sa fiancée). 3° *V* (à qqn) que *ind :* Le major a écrit (à la direction) qu'il serait là demain. 4° *V* (à qqn) que *subj :* Le major nous a écrit que vous soyez là à son retour. 5° *V* à qqn de *inf :* Je lui ai écrit de venir me chercher. **2. S'écrire** − 1° *V (N) :* Les deux amis s'écrivent (régulièrement) (de longues lettres). 2° *V N* (à qqn) : Ces choses-là ne s'écrivent pas (à n'importe qui). **3. Etre écrit** − 1° Voilà ce qui a été écrit par Montesquieu. 2° IMPERS − *V* que : Il était écrit que je vous reverrais !

effet 4

1. N − Le docteur attend un effet rapide du médicament. **2. LOC ADV** − 1° **A cet effet** − Il doit dormir : *à cet effet,* vous lui donnerez un calmant. *(Dans ce but.)* 2° **En effet** − ■ [*avec V*] Je vous ai vu au théâtre. − J'y étais *en effet. (Effectivement.)* ■ [*avec P*] La route est coupée : *en effet* la rivière a débordé. *(Car. Parce que.)* **3. LOC PREP** − **Sous l'effet de** − *Sous l'effet du* coup, le boxeur chancela. *(A la suite de. Sous l'action de. Sous l'influence de.)* **4. LOC VERB** − 1° Le produit fait effet : les taches disparaissent. 2° Jean me fait l'effet d'un homme heureux. 3° Jean me fait l'effet de savoir ce qu'il veut. 4° Je ne bois pas d'alcool : ça me fait de l'effet.

égal 5

1. ADJ − 1° Distribuez des parts égales (en valeur). 2° La hauteur est égale à la largeur. **2. N** − 1° Je le considère comme un de mes égaux. 2° Nous avons l'habitude de parler d'égal à égal. **3. LOC ADV** − [*Fam*] **C'est égal** − Il est parti ; *c'est égal,* il aurait pu prévenir. *(Quand même. Tout de même.)* **4. LOC PREP** − **A l'égal de** − Il joue du violon *à l'égal des* plus grands maîtres. *(Comme les.)* **5. LOC VERB** − **Ca m'est égal** − 1° J'ai perdu, mais ça m'est (bien) égal. 2° Ça lui est égal d'avoir perdu ou gagné. 3° Ça nous est égal que tu aies perdu. 4° Ça leur est égal si tu perds.

également 6

ADV – 1° [avec N] Jacques est faible en Maths, Jean également. (Aussi.) 2° [avec V] J'aime également le théâtre et le cinéma. (Autant.)

égard 7

1. N – 1° On me traite sans (aucun) égard (pour ma santé). 2° Le président est reçu avec (tous) les égards. **2. LOC ADV** – 1° A cet égard – Ne vous faites aucun souci à cet égard. (Relativement à cela. A ce sujet.) 2° A tous égards. A certains égards. A aucun égard. **3. LOC PREP** – 1° A l'égard de – ■ Les adultes sont injustes à l'égard des enfants. (A l'encontre de. Envers. Vis à vis de.) ■ Je n'aime pas ton attitude à mon égard. 2° Par égard pour – Faites silence, par égard pour son grand âge. 3° Eu égard à [Litt]. Eu égard aux circonstances, la fermeté s'impose. (Compte-tenu de. En considération de.)

élever 8

1. 1° V N : Ma tante élève quelques poules. 2° V N à N : On l'a élevé au grade de colonel. **2. S'élever** – 1° V : L'avion s'élève et disparaît à l'horizon. 2° V à N : Les frais s'élèvent à 100 francs. 3° V contre N : Je m'élève contre la censure. **3. Etre élevé** – 1° Le monument est élevé (sur une butte). 2° L'enfant est bien (mal) élevé (par son tuteur). 3° Le niveau a été élevé (de quelques centimètres).

elle, elles 9

PRON PERS – **1.** [Sujet atone] Elle ne viendra pas. **2.** [Sujet tonique] 1° Tout le monde savait la nouvelle ; elle l'ignorait. 2° [avec adv] Tout le monde avait peur, elle aussi. 3° [avec inf] ■ Elle, oser me parler sur ce ton ! ■ Oser me parler sur ce ton, elle ! 4° [avec adj ou ppé] Elle absente, la soirée perdait tout son charme. 5° [Renforcement] Elle seule le savait. (Même. Aussi. Non plus.) 6° [Reprise] ■ Odile, elle (,) ne viendra pas. ■ Odile ne viendra pas, elle. ■ Elle, elle ne viendra pas. ■ Elle ne viendra pas,

elle. **3.** [Cod] 1° [avec ne... que] Je n'aime qu'elle. 2° [reprise de pron] Je la connais bien, elle. Elle, je la connais bien. 3° [pr réfléchi] Elle se félicite elle-même de son succès. **4.** [cos] 1° Je les enverrai directement à elle. / Je les lui enverrai. 2° Je l'ai offert à elle, pas à toi. **5.** [coi] 1° M. Durant songeait à elle depuis longtemps. 2° [Réfléchi] Elle pense à elle (même) avant de penser aux autres. **6.** [C.cir] Asseyez-vous auprès d'elle. **7.** [c d'adj] 1° Je suis très différent d'elle. 2° Je suis plus grand qu'elle. **8.** [avec ni] Ni elle ni moi n'y étions pour quelque chose. **9.** [avec adv] Pourquoi elle et pas moi ? **10.** [avec C'est] C'est elle (la directrice).

empêcher 10

1. V N : Il faut empêcher cette manifestation. 2° V que ind : Cela n'empêche pas que tu es en retard. 3° V que subj : ■ Veuillez empêcher qu'on sorte par cette porte. ■ Il ne faut pas empêcher qu'on sorte. 4° V de inf : Le bruit empêche de travailler. 5° V qqn de inf : Vous devez empêcher ces gens de passer. **2. S'empêcher** – V de inf : On ne peut s'empêcher de rêver. **3. Etre empêché** – 1° Il ne viendra pas, il est empêché. 2° J'en ai été empêché par la tempête. **4. Il n'empêche que** – J'étais chaudement vêtu, (il) n'empêche que j'ai eu très froid. (Pourtant.)

employer 11

1. 1° V N : Vous employez mal vos économies. 2° V qqn à N : Le commerçant emploie deux commis au déballage. 3° V qqn à inf : Le commerçant emploie deux commis à déballer les paquets. 4° V N comme att : Nous employons notre ancien chauffeur comme jardinier. **2. S'employer** – 1° V : Cette expression ne s'emploie pas. 2° V comme att : L'été, les étudiants s'emploient comme facteurs. 3° V à N : Les deux pays s'emploient à l'amélioration de leurs relations. 4° V à ce que subj : Les deux pays s'emploient à ce que leurs relations s'améliorent. 5° *V à inf* : Les deux pays s'emploient à améliorer leurs relations. 6° *V pour N* : N'ayez crainte, on s'emploie pour vous.

emporter 12

1° *V N* : J'emporte mes affaires (avec moi) (à la campagne). 2° **L'emporter** – *V* (sur *N*) : La danseuse russe l'a emporté (sur sa rivale). 3° **S'emporter** – *V* (contre *N*) : Le chef d'orchestre s'emporte (contre les musiciens).

en 13

PREP – **1.** [*V* en *dN*] 1° [*Lieu*] ■ Je me rends en ville deux fois par semaine. ■ Elle est en prison. ■ En Amérique. En Ouganda. En Provence. En Corse. En Moselle. En Avignon. 2° [*Temps*] ■ Il fait froid en hiver. ■ Napoléon III a été vaincu à Sedan en 1870. ■ Il viendra en dix minutes,/ dans dix minutes. 3° [*Moyen*] Je viendrai en avion, / dans l'avion du président. 4° [*Manière*] ■ Je viendrai à l'université en voiture, / à bicyclette. ■ Vous êtes en bonne santé ? ■ La France est en paix avec ses voisins. 5° [*Att*] ■ Elle parle en amateur éclairé de la peinture. ■ L'acteur se déguise en empereur. ■ **En tant que** – Il a parlé en tant que ministre. **2.** [*V* en *dN*] 1° Il a signé un nom et au mien. 2° [*Lieu*] ■ Fixez-lui un rendez-vous en un lieu de votre choix. ■ En l'air / Dans l'air / En la matière. 3° [*Temps*] ■ En l'année 1920. En ce temps-là. ■ Ça n'a pas été fait en un jour, en quelques minutes. ■ En quelles circonstances l'avez-vous rencontré ? Dans les circonstances que vous savez. 4° [*coi*] Nous croyons en Dieu, en sa capacité. **3.** [+ *ppt*] 1° En agissant ainsi, tu te trompe (ra) s. 2° Le forgeron siffle en travaillant. 3° LOC CONJ – **En attendant que** + subj : peux-tu commencer en attendant que je vienne ? **4.** [*adj ou adv* en *N*] Le Koweit est riche en pétrole. **5.** [*N* en *N*] 1° Elle a une jolie montre en or.

2° J'ai croisé un homme en chapeau. **6.** [*V N* en *N*] Le touriste change ses dollars en francs. **7.** [*De... en*] 1° Le vagabond va de village en village. 2° Il va d'échec en échec. 3° Il y a de moins en moins de monde. 4° L'enfant progresse de jour en jour.

en 14

PRON ADV – **1.** [*remplace* N] 1° As-tu des feuilles blanches ? Oui, j'en ai. 2° [*adv*] Tu reviens de là-bas ? – Oui, j'en reviens. 3° [*Remplace* P] ■ Je suis sûr qu'il a raison. – Moi aussi j'en suis sûr. ■ Vous vous souvenez de ce qu'on a dit ? – Oui, je m'en souviens. **2.** [*Fonction*] 1° *C de V* ■ [*cod*] Des feuilles ? j'en ai. Un stylo ? j'en ai un. ■ [*Partitif*] Veux-tu du pain ? Oui, j'en veux bien. ■ [*Agent*] Les prés sont couverts de givre. Les jardins en sont couverts aussi. ■ [*coi*] Jean parle de ses exploits. Il en parle. ■ [*Lieu*] J'étais chez le coiffeur. J'en reviens. ■ [*Cause*] Il travaille trop, il en tombera malade. ■ [*Moyen*] Le jardinier prit un seau d'eau et en arrosa les fleurs. 2° [*avec impers*] Des fleurs, il en arrive de Nice et de Grasse. 3° [*c de N*] Elle n'a pas les vertus de ses aïeuls. Elle n'en a pas les vertus. 4° [*c d'adj*] L'élève est fier de ses résultats. Il en est fier. 5° [*c d'adv*] Des perdrix ? On n'en voit pas beaucoup. 6° [*Renforcement*] Vous en avez de la chance. 7° LOC VERB – Finissons-en. J'en ai assez... **3.** [*Place*] 1° Je t'en dissuaderai. 2° [*avec réfléchi*] Vous vous en souvenez ? 3° Nous lui en donnerons. 4° Il y en a deux. 5° [*avec nég*] ■ Vous n'en avez rien su ? ■ [*avec inf*] On lui a dit de ne pas en parler. 6° [*avec impératif*] ■ Prends-en. Va t'en. Allez-vous en. ■ [*avec nég*] Ne vous en allez pas. 7° [*avec interr*] – En voulez-vous ? – Est-ce que vous en voulez ? – N'en voulez-vous pas ?

encore 15

1. ADV – 1° [+ *N*] Encore une tasse de thé, s'il vous plaît. 2° [*avec compar*] C'est encore *plus* beau que je ne pensais. *(Moins.)* 3° [*avec V*]

■ Les invités sont *encore* là. *(Toujours.)* ■ Elle a *encore* perdu au jeu. *(Encore une fois. A nouveau.)* ■ Sébastien a *encore* déchiré son tablier. *(Une fois de plus.)* ■ Jean a fait encore une bêtise. 4° [*avec nég*] ■ L'athlète n'a pas encore retrouvé son souffle. ■ L'athlète n'a encore pas retrouvé son souffle. ■ Tu es prêt ? — Pas encore. 5° [+ *P*] On peut l'aider : Encore faut-il qu'il le veuille bien. **2. LOC** — 1° **Et encore** — Il gagne juste de quoi manger, et encore ! 2° **Mais encore** — Il est triste. — Mais encore ? — Sa femme divorce. 3° **Si encore** — *Si encore* je gagnais plus ! *(Si seulement !)* 4° **Si... encore** — *S'*il cherchait du travail *encore* ! *(Si... au moins.)* 5° **Encore que** — LOC CONJ + *subj* : [*Litt*] Le patronat devrait investir, *encore que* la situation ne soit guère favorable. *(Bien que. Quoique.)*

enfin 16

ADV — **1.** [*Temps*] 1° On a *enfin* découvert un médicament contre le cancer. *(Finalement. En fin de compte.)* **2.** [*Coordination*] 1° Voici l'Allemagne, l'Italie, la Belgique et enfin la France. 2° Il a perdu son argent, sa maison, enfin toute sa fortune. 3° Ils viennent de Marseille... ou de Nice... *enfin* du Midi. *(Bref.)* **3.** [*avec P*] 1° Enfin, puisque vous le voulez ainsi, nous nous quittons. 2° Il y a beaucoup de candidats ; *enfin,* tentez votre chance. *(Quoi qu'il en soit. Néanmoins.)* 3° Mais enfin vous m'agacez !

engager 17

1. 1° *V* : Un joueur de l'équipe engage. 2° *V N* : J'ai dû engager une autre secrétaire. 3° *V qqn à N* : Tu devrais engager ton ami à plus de modestie. 4° *V qqn à inf* : Tu devrais engager ton ami à être plus modeste. 5° *V qqn comme att* : Nous avons engagé un ancien militaire comme gardien. 6° *V qqch prép* : Engagez la clef dans la serrure. **2. S'engager** — 1° *V* : La partie s'engage maintenant. 2° *V comme att* : Elle s'est engagée comme serveuse. 3° *V à N* : Les trois pays se sont engagés au respect du traité. 4° *V à inf* : Les trois pays se sont engagés à respecter le traité. 5° *V à ce que subj* : Les trois pays se sont engagés à ce que le traité soit respecté. 6° *V prép* : ■ La voiture s'engage sur une voie étroite. ■ Le jeune homme s'engage dans l'armée de l'air.

ennuyer 18

1. 1° *V (N)* : Ce roman ennuiera (tout lecteur). 2° IMPERS ■ *V qqn de inf* : Ça ennuie d'avoir de mauvaises notes. ■ *V qqn que subj* : Ça ennuie les femmes qu'on leur demande leur âge. **2. S'ennuyer** — 1° *V* : Quand il est loin de chez lui, il s'ennuie. 2° *V à N* : Tu t'ennuies encore *à* ces sottises ? *(Avec.)* 3° *V à inf* : Tu t'ennuies encore à repriser les chaussettes ? 4° [*Fam*] *V de N* : Il s'ennuie beaucoup de sa terre natale.

ensemble 19

1. ADV — 1° Allons (tous) ensemble nous promener. 2° Les deux livres sont sortis *ensemble*. *(En même temps.)* 3° LOC VERB ■ Nous sommes bien ensemble. Je suis bien avec elle. ■ Ton chemisier et ta jupe vont bien ensemble. **2. N** — 1° L'ensemble des gens était d'accord. *(La totalité.)* 2° Donnez-moi une vue d'ensemble de ces problèmes. 3° LOC ADV — **Dans l'ensemble** — *Dans l'ensemble,* ils étaient d'accord. *(Dans leur ensemble. En gros.)*

ensuite 20

1° ADV — Nous avons d'abord dîné ; *ensuite,* nous sommes passés au salon. *(Puis. Après. Plus tard. Par la suite.)* 2° **Ensuite de quoi** — [*Fam*] Remplissez ce formulaire ; *ensuite de quoi* vous passerez au guichet 2. *(Après quoi.)*

entendre 21

1. 1° *V :* ■ Ce vieillard entend mal. ■ Taisez-vous, vous entendez ! 2° *V N :* J'entends un murmure. 3° *V inf :* J'entends (bien) poursuivre mes études. 4° *V que ind :* ■ J'ai entendu que vous rentriez tard. ■ Vous entendez par là qu'on nous surveillait ? 5° *V que subj :* J'entends qu'on obéisse à mes ordres. 6° *V N inf :* J'entends le chien hurler. J'entends hurler le chien. 7° *V qqch à N :* Vous n'entendez rien au cubisme. **2. S'entendre** – 1° *V :* ■ Des coups de feu s'entendaient au loin. ■ Les deux époux s'entendaient bien. 2° *V P :* Le loyer s'entend charges comprises. 3° *V inf :* Il s'entendit vivement reprocher son attitude. 4° *V à qqch :* Notre ami s'entend admirablement à la peinture italienne. 5° *V à inf :* Le ministre s'entend à disculper ses collaborateurs. 6° *V prép N :* Je ne m'entends pas avec mes collègues sur les programmes. 7° **S'entend** – 1 000 F de loyer, sans les charges *s'entend*. *(Evidemment. Bien sûr.)* 8° EXPR – Il s'en est entendu dire ce pauvre type. 9° **S'y entendre** (en qqch) – Vous vous y entendez (en mécanique) ? **3. Entendu** – 1° La cause est entendue. 2° A trois heures à l'aéroport ? – *(C'est) entendu*, j'y serai. *(D'accord. O.K.)* 3° **Bien entendu** – ■ Alors, tu l'épouses ? – *Bien entendu*. *(Certes. Bien sûr. Evidemment.)* ■ *(Comme de) bien entendu*, c'est vous qui décidez. *(Comme de juste.)* 4° **C'est entendu** – Il avait des diplômes, *c'est entendu*, mais aucune expérience. *(C'est vrai. Certes.)*

entre 22

PREP – **1. [***V* entre *N***]** 1° Il faut se décider à choisir *entre* ces solutions. *(Parmi.)* 2° [*Lieu*] ■ Le jardinier trace une allée *entre* deux rangées d'arbres. ■ Assieds-toi *entre* ton frère et ta sœur. ■ Le passager tenait un sac *entre* ses mains. *(Dans.)* ■ [*+ ∅N*] Mettez cette expression *entre* parenthèses. 3° [*Temps*] ■ Je pourrai vous recevoir *entre* deux réunions. ■ Je pourrai vous recevoir *entre* deux (heures) et trois heures. **2. [***V* entre *pron***]** 1° Ils se disputent toujours (*entre* eux). 2° Ils se déchirent *entre* eux. Ils s'entre-déchirent. **3. [***pron* d'entre *N ou pron***]** 1° Lequel *d'entre* vous a posé cette question ? 2° *La plupart d'entre* ces messieurs ignore tout. *(Beaucoup.)* **4. [***N* entre *N***]** 1° Quelle ressemblance *entre* le père et le fils ? 2° Il y a eu accord *entre* la France et l'Allemagne.

envers 23

1. PREP – 1° [*V +*] Tu as mal agi *envers* tes camarades. *(A l'égard de.)* 2° [*adj +*] Tu es injuste *envers* moi. Tu es injuste à mon égard. 3° [*N +*] Il a proféré des insultes *envers* son pays. **2. LOC ADV** – J'irai jusqu'au bout, *envers* et contre tout.

envie 24

1. N – 1° Sa réussite a suscité l'*envie* de ses collègues. 2° Il a été pris d'une *envie* de voyager. 3° L'*envie* qu'il vienne ne me manque pas. **2. LOC VERB** – 1° Cette voiture faisait *envie* à mon frère. 2° Avoir *envie* (de/que). Mourir d'*envie* (de/que). Donner *envie* (à qqn de).

environ 25

1. ADV – 1° La truite pesait *environ* trois livres. *(A peu près.)* 2° La truite pesait trois livres *environ*. 3° Il vous reste *environ* trois kilomètres à parcourir. 4° Le voyage durera trois mois *environ*. **2. N** – Il habite dans les *environs* (de la ville). *(Alentours.)* **3. LOC PREP** – **Aux environs de** – 1° Nous habitons *aux environs* (de Lyon). *(Du côté de. Près de.)* 2° Repassez *aux environs de* midi. *(Vers.)* 3° La caisse pèse *aux environs de* 100 kilos. *(Dans les. Près de.)*

envoyer 26

1. 1° *V N :* Envoyez les couleurs. 2° *V qqch à qqn :* Tu devrais envoyer une carte à Monsieur Dubois. 3° *V qqch prép :* J'ai envoyé une lettre en Afrique. ■ Il a été envoyé comme représentant. ■ J'ai envoyé ma montre à réparer. 4° *V N inf :* Le père envoya son fils étudier en Angleterre. **2. S'envoyer** — *V* qqch : 1° Les deux amis s'envoient souvent des lettres. 2° [*Fam*] Il s'est envoyé deux litres de bière.

espèce 27

1. **N** — 1° Certaines espèces (de plantes) ont complètement disparu. 2° Les travaux de cette *espèce* sont délicats. *(Sorte. Genre.)* 3° Les individus de son espèce ne sont pas faciles. 4° Son livre est une *espèce* de biographie. *(Genre. Sorte.* [*Litt*] *Manière.)* 5° INTERJ [*Fam*] Espèce d'imbécile ! **2. LOC ADV** — **En l'espèce** — *En l'espèce,* il aurait du se montrer aimable. *(En la circonstance. En l'occurrence.)*

espérer 28

1° *V :* Tant qu'il y a de la vie, on espère toujours. 2° *V N :* Les industriels espèrent une reprise des affaires. 3° *V que ind :* Les industriels espèrent que la négociation va aboutir. 4° *V que subj :* N'espérez pas que ça aille mieux demain. 5° *V inf :* Les industriels espèrent trouver une solution. 6° *V prép :* J'espère en votre loyauté. 7° *V N att :* Votre fille, je l'espère heureuse. 8° *V qqch de N :* J'espère une réponse (de la part) de Jeanne.

essayer 29

1. 1° *V :* Tu vas y arriver, essaye encore. 2° *V N :* Essayez ce manteau. 3° *V que subj :* J'essaierai qu'on ne soit pas trop sévère avec vous. 4° *V interr :* Essayez si ça marche. 5° *V de inf :* Essayez de soulever cette caisse. 6° *V qqch à qqn :* Votre costume est terminé, je vais vous l'essayer. 7° *V qqch sur qqn :* Il essaie ses talents de comique sur ses invités. **2. S'essayer** — 1° *V :* Une voiture d'occasion, ça s'essaye d'abord. 2° *V à N :* Je me suis essayé sans succès à la peinture à l'huile. 3° *V à inf :* Il s'essaie à faire démarrer sa voiture. 4° *V prép N :*

C'est un comédien qui s'essaye dans la chanson.

estimer 30

1. 1° *V N :* C'est une personne que j'estime. 2° *V que ind :* J'estime que je fais mon devoir. 3° *V que subj :* Je n'estime pas qu'il doive recommencer. 4° *V inf :* J'estime faire mon devoir. 5° *V N att :* J'estime Georges incapable de remplir cette fonction. 6° *V N (à) :* Le bijoutier a estimé mon émeraude (à) 5 000 F. 7° *V adj de inf :* J'estime indispensable de partir. 8° *V adj que subj :* J'estime indispensable qu'il parte. **2. S'estimer** — 1° *V :* Les deux amis s'estiment beaucoup. 2° *V adj :* Nous nous estimons satisfaits du résultat.

et 31

CONJ COORD — **1.** 1° [*N avec N*] La ville possède un cloître et une église du XVIIIᵉ. 2° [*pr avec pr*] Les uns et les autres se trompent. 3° [*N avec pr*] Toi et ton frère montez les valises au premier. 4° [*adj avec adj*] Michel est timide et sensible. 5° [*avec rel*] Ce sont des gens sympathiques et qui savent vivre. 6° [*avec prép*] Rendez-moi une copie bien écrite et sans tache. 7° [*num avec num*] ■ Quarante et un. ■ Deux heures et demie. ■ Il est deux heures *et* quart. *(Un.)* ■ Trois et trois font six. 8° [*adv avec adv*] L'acteur parle fort et distinctement. 9° [*V avec V*] ■ Michel sait démonter une roue et réparer un pneu. ■ [*nég*] Elle ne mange plus et ne dort plus. 10° [*P avec P*] Vous ouvrirez la porte et vous le ferez entrer. 11° [*avec subord*] Elle avait un chien qui gardait la maison et qui lui tenait compagnie. **2.** [*Valeurs*] 1° [*Enumération*] ■ Nous prendrons une entrée, une viande et un dessert. ■ Le prestidigitateur sortait tout : et des rubans, et des cartes, et des foulards. 2° [*Opposition*] Tu as vingt ans et tu te conduis comme un enfant. 3° Il y a gruyère et gruyère. 4° [*Renforcement*] ■ Plus il grandit (et) plus il devient sage. ■ Il me l'a dit, et plus d'une fois !

[*Exclam*] ■ Quel vent ! Et la pluie qui
s'en mêle. ■ Il fallait payer, et moi qui
n'avais pas un sou ! 6° [*Interr*] ■ Et
moi ? Qu'est-ce que je fais ? ■ Il est
entré. – Et alors ?

établir   32

1. 1° *V* qqch : J'ai établi votre facture.
2° *V* qqn : Les parents ont établi chacun de leurs enfants. 3° *V* que *ind :*
L'expert a établi que vous pouvez être
remboursé. 4° *V* qqn *att :* Les parents
ont établi leur fils médecin. 5° IMPERS
– Il est maintenant établi que les
sorties sont interdites. **2. S'établir** –
1° *V prép :* Je m'établirai à Paris. En
province. Dans le Jura. 2° *V* comme
att : Je m'établirai (à Paris), comme
notaire. 3° IMPERS – *V* qqch : Il s'est
établi une mauvaise ambiance dans
votre établissement. **3. Etre établi** –
Le règlement a été établi équi-
tablement.

état   33

1. N – 1° L'état des finances s'est
aggravé. 2° Etat de santé. Etat d'âme.
Etat de paix. **2. LOC** – 1° **A l'état de** –
Il vit pratiquement à l'état de clochard.
2° **En état (de)** – ■ [+ *N*] Le moteur
est en (bon) état (de marche). En
quel état est-il ? ■ [+ *inf*] Le malade
n'est pas en état de se lever. 3° **En
l'état (où)** – Vous me le rendrez en
l'état (où vous l'avez trouvé). 4° **Hors
d'état (de)** – ■ [+ *N*] J'ai trouvé la
machine hors d'état (de fonctionnement). ■ [+ *inf*] Il faut mettre la son-
nerie hors d'état de fonctionner.
5° **En tout état de cause** – *En tout
état de cause,* je veux une réponse
demain. *(Quoi qu'il en soit.)*

étonner   34

1. 1° *V :* Une telle indifférence, voilà
qui étonne ! 2° *V* qqn : La hauteur
de la grotte étonne les touristes
3° IMPERS – ■ *V* qqn de *inf :* Ça
m'étonne de vous voir partir. ■ *V* qqn
que *subj :* Ça m'étonne que vous partiez. ■ *V* qqn si *ind :* Ça ne m'étonne
pas si votre usine ne marche pas.

2. S'étonner – 1° *V :* On le dit tous
les jours et vous vous étonnez encore ?
2° *V* de *N :* Je me suis étonné de votre
absence. 3° *V* de *inf :* Il s'étonne de
voir sa propre image. 4° *V* de ce que
subj : Je m'étonne de ce que vous
n'ayez pas téléphoné. 5° *V* de ce que
ind : Je m'étonne de ce qu'on ne nous
a pas téléphoné. 6° *V* que *subj :* Jean
s'étonnait que personne n'ait répondu.

être   35

1. 1° *V :* [*Litt*] Je pense donc je suis.
2° *V att :* ■ [*N*] Le chauffeur est une
femme. ■ [*adj*] Mon père est riche.
■ [*P*] Votre avenir sera ce que vous
en ferez. ■ [+ pour *N*] Sa tante est
une mère pour lui. 3° *V* à *N :* ■ Les
écoliers sont tout à leur tâche. ■ [*Possession*] Le crayon est à lui. C'est son
crayon. 4° *V* à *inf :* Tout est à faire.
5° *V prép N :* ■ Je suis avec vous, sans
le sou. ■ [*Lieu*] Vous êtes à Paris.
6° *V prép inf :* Vous êtes près de réussir.
Elle est pour partir. **2. Il est** –
IMPERS – 1° *V N :* ■ [*Litt*] Dans un
pays lointain, il était un oiseau merveilleux... (qui...). ■ [*Temps*] Il est
minuit, trois heures et quart. 2° *V adv :*
Il est trop tôt. Il est tard. 3° *V adj* de
inf : Il est agréable de se promener au
crépuscule. 4° *V adj* que *subj :* Il est
nécessaire que vous connaissiez la
géographie. 5° *V* de *N* de *inf :* Il est
de votre devoir de partir. 6° **Il
n'est pas jusqu'à** + *N rel subj :* Il
n'est pas jusqu'au plus misérable qui
ne voulût l'aider. 7° **Il n'est que
de** + *inf :* Il n'est que de vouloir
pour réussir. 8° **Toujours est-il
que** + *ind :* Vous deviez arriver ; toujours est-il qu'on ne vous a pas vu.
3. En être – 1° *V :* Vous partez en
ville ? J'en suis. 2° *V* à *N :* Cet auteur
n'en est pas à ses débuts. 3° *V* à *inf :*
Ils en sont à regretter d'être partis.
4. [*Auxiliaire*] 1° [*V intrans*] Victor Hugo est né à Besançon. 2° [*V
pronomin tps composé*] Les enfants
se sont endormis. 3° [*V passif*] Les
blés ont été moissonnés. **5. C'est** –
Cf. C'EST. **6. Soit** – *Cf.* SOIT.

eux 36

PRON PERS [tonique] — **1.** [*Sujet*]
1° Eux sont polis au moins. / Ils sont
polis. 2° [*avec adv*] Tout le monde
avait peur ; eux aussi. 3° [*coord*]
Eux et leurs parents (ils) partent en
vacances. 4° [*avec inf*] ■ Eux, oser
me parler sur ce ton ! ■ Oser me parler sur ce ton, eux ! 5° [*avec rel*]
Eux qui ont horreur de cela ! 6° [+ *adj
ou ppé*] Eux partis, la maison semblait
vide. 7° [*avec renforcement*] Eux
seuls le savaient. (Aussi. Deux. Trois.
Mêmes.) 8° [*Reprise*] ■ Les Durand,
eux, auraient accepté. ■ Les Durand
auraient accepté, eux. ■ Eux, ils
auraient accepté. Ils auraient accepté,
eux. **2.** [*cod*] 1° [*avec ne... que*]
(Les Dupont), elle ne connaissait
qu'eux. / Elle les connaissait. 2° [*reprise de pron*] Je les aime bien, eux.
Eux, je les aime bien. 3° [*pron réfléchi*]
Ils se félicitent eux-mêmes. **3.** [*cos*]
1° Je les enverrai directement à
eux. / Je les leur enverrai. 2° Je l'ai
offert à eux, pas à toi. **4.** [*coi*] 1° Pourquoi se moque-t-elle d'eux ? 2° [*réfléchi*]. Ils ne pensent qu'à eux, ces
égoïstes. **5.** [*c circ*] J'étais arrivé
avant eux. **6.** [*N +*] C'est une idée
à eux. **7.** [*adj +*] 1° Je suis différent
d'eux. 2° Je suis plus grand qu'eux.
8. [*avec ni*] Ni eux ni leurs parents
n'y peuvent rien. **9.** [*avec adv*]
Encore eux. Toujours eux. Pourquoi
(pas) eux ? **10.** [*avec c'est*] 1° Ils
arrivent, c'est eux. C'est bien eux.
2° Ce sont eux les principaux
responsables.

évidemment 37

1. ADV — 1° C'est vous qui avez fait
ce coup ? — Evidemment (non).
2° *Evidemment* il est encore en
retard. (Bien sûr. Naturellement.)
3° *Evidemment* je seais bien venu,
mais je n'ai pas pu. (Certes.) 4° Il a
évidemment manqué son train. (D'évi-
dence. Assurément.) **2. Evidemment
que** — *Evidemment que* je viendrai !
(Bien sûr que.)

éviter 38

1. 1° *V N :* Evitez cet homme. 2° *V* que
subj : Evitez qu'on (ne) vous voie.
3° *V* de *inf :* Evitez de me parler sur ce
ton. 4° *V qqch à qqn :* J'ai évité un
accident à cet automobiliste. 5° *V* à
qqn de *inf :* En disant cela vous
m'évitez de le dire moi-même.
2. S'éviter — 1° *V :* Depuis quelque
temps, elles s'évitent. 2° *V qqch :*
Evitez-vous tout surmenage.

excepté 39

1. PREP — 1° [+ *N*] J'aime bien le
vin blanc, *excepté* le vin d'Alsace.
(Sauf. A part. A l'exception de.)
2° [+ *adv ou prép*] Vous pouvez me
téléphoner demain, excepté vers 5 h.
2. LOC CONJ — 1° **Excepté que** —
Ça s'est bien passé, *excepté qu*'on est
tombé en panne. (Sauf que. Sinon
que.) 2° **Excepté si** — Ne tirez pas,
excepté si je vous en donne l'ordre.
(Sauf si.) 3° Excepté quand. Excepté
pour.

excuser 40

1. 1° *V N :* Veuillez excuser le directeur ; son absence. 2° *V* que *subj :*
Votre père excusera qu'on soit en
retard. 3° *V qqch à qqn :* Il faut lui
excuser sa mauvaise humeur. 4° *V
qqn de qqch :* Excusez-le de son
étourderie. 5° *V qqn de ind :* Excusez
mon camarade de ne pas s'être présenté. 6° *V qqn si :* Excusez-moi si
je vous dérange. **2. S'excuser** — 1° *V :*
Il pourrait au moins s'excuser. 2° *V* de
N : Je m'excuse de mon ignorance.
3° *V* de *inf :* Je m'excuse de vous inter-
rompre. 4° *V prép N :* L'enfant s'excuse
auprès du proviseur.

exemple 41

1. N — 1° Il ne faut pas toujours suivre
l'exemple de ses parents. 2° Je voudrais un exemple de cette règle de
grammaire. 3° J'ai fait cette citation
pour l'exemple. **2. LOC ADV** — **Par
exemple** — 1° Il n'est pas poli ; par
exemple il se mouche bruyamment.
2° EXCLAM — (Ah ça) *par exemple !*

Quelle surprise ! *(Alors.)* 3° [*Opposition*] Ce devoir est bon ; *(mais) par exemple* il manque de citations. *(Seulement.)* **3. LOC PREP** – **A l'exemple de** – Elle n'agit pas toujours *à l'exemple des* meilleurs. *(A l'imitation des.)*

exiger 42

1° *V N :* Le règlement exige notre participation. 2° *V que subj :* L'inspecteur exige que les fiches soient à jour. 3° *V de inf :* Mon tailleur exige d'être payé tout de suite. 4° *V N att :* La facture, on l'exige signée par l'acheteur. 5° *V qqch de qqn :* Cette préparation exige des efforts de votre part. 6° *V de qqn que subj :* Nous exigeons de vous que vous fassiez paraître un rectificatif.

expliquer 43

1. 1° *V N* (à qqn) : Expliquez (-moi) ce résultat. 2° *V* (à qqn) que *ind :* Il (m') a expliqué qu'il s'était trompé. 3° *V que subj :* Les risques d'explosion expliquent qu'on fasse évacuer la salle. 4° *V interr* (à qqn) : J'aimerais que vous (m') expliquiez comment il

faut s'y prendre. 5° *V qqch comme att* (à qqn) : Il (m') a expliqué sa nomination comme le produit du hasard. **2. S'expliquer** – 1° *V :* ■ Maintenant, expliquez-vous (sur ce point) (avec la concierge). ■ Cette erreur s'explique (facilement). ■ Son style est lourd ; *je m'explique,* ses phrases sont trop longues. *(C'est-à-dire que.)* 2° *V qqch :* Je m'explique (mal) sa colère. 3° *V que subj :* Comment t'expliques-tu que la fenêtre soit ouverte. 4° *V interr :* On s'explique mal pourquoi il a agi ainsi.

exprès 44

1. ADV – 1° Je voulais le silence. *Exprès* il se mit à crier. *(Volontairement. A dessein.)* 2° [+ *conj*] Il est parti *exprès* pour qu'on ne le voie pas. *(Juste.)* **2. LOC VERB** – Il a fait exprès (de casser le vase).

extrêmement 45

ADV – 1° [*V +*] Ce tableau me plaît *extrêmement. (Beaucoup.)* 2° [+ *adj ou adv*] Elle est toujours *extrêmement* gaie. *(Fort. Très. Infiniment. Extraordinairement.)*

face 1

1. N — Nous avons trouvé une statuette à face *humaine. (D'homme.)*
2. LOC ADV — 1° **De face** — Placez-vous de face, pas de profil. 2° **En face** — ■ A droite, l'église Saint-Jean, en face la statue de Jeanne d'Arc. ■ N'hésitez pas à lui dire la vérité en face. 3° **Face à face** — ■ Les deux rivaux se trouvaient enfin face à face. ■ Il luttait face à face avec l'angoisse
3. LOC PREP — 1° **En face de** — ■ Elle est assise *en face* de son mari. *(Vis à vis.)* ■ Ils sont assis en face l'un (de) l'autre. ■ Les deux joueurs sont assis l'un en face de l'autre. 2° **Face à** — Que faire *face à* tant de mécontentement ? *(En face de.)* 3° **A la face de** — Je crierai ma haine à la face de l'humanité. **4. LOC VERB** — Il faut faire face à l'adversité.

facile 2

ADJ — 1° Jean a la répartie facile. 2° Le projet est facile à réaliser. 3° Cette rue n'est pas facile d'accès. Cette rue n'est pas d'un accès facile. 4° Le proviseur n'était pas facile avec ses collègues. 5° Cet exercice lui sera facile. 5° IMPERS ■ Il n'est pas facile de venir à bout de ce projet. ■ Il est pourtant facile qu'il prenne le premier train.

façon 3

1. N — 1° Quelle drôle de *façon* de marcher. *(Manière.)* 2° Vous vous exprimez *de façon* singulière. *(De manière.)* 3° La façon dont il s'exprime est singulière. 4° Je sais *de quelle façon* on peut gagner. *(Comment. De quelle manière.)* **2. LOC ADV** — **De toute façon** — Je l'ai prévenu, mais *de toute façon,* il n'en fait qu'à sa tête. *(De toute manière. En tout cas. En tout état de cause.)* **3. LOC PREP** — 1° **A la façon de** — ■ Il dit les poèmes *à la façon d'*un enfant *(à la manière de).* ■ Il préfère vivre à sa façon. *(A sa guise.)* 2° **De façon à** — ■ Je me dépêche de façon à être prêt pour 8 h. ■ Je me dépêche de façon à ce que on ne m'attende pas. **4. LOC CONJ** — **De (telle) façon que** ■ [+ *ind*] Il agit de telle façon qu'on dit du mal de lui. ■ [+ *subj*] Il agit *de (telle) façon qu'*on dise du mal de lui. *(En sorte que.)*

faillir 4

1° *V inf :* Vous avez failli tomber. 2° *V à N :* Ce soldat a failli à l'honneur de sa patrie. 3° IMPERS : *V inf à N :* Il a failli vous arriver des ennuis.

faire 5

1. 1° *V :* Vous voulez passer ? Eh bien faites. 2° *V att [adj] :* Tu fais jeune (dans ce costume). 3° *V att [N] :* Elle fait petite fille. / Elle fait la petite fille. 4° *V N [inanimé] :* Il fait une maison, un livre, le ménage, ses études (à Paris), une farce, la moisson, les vitrines, de pain, de la gymnastique, de la tension... 5° *V N [quantité] :* ■ Il fait 100 km (par jour). ■ Deux fois

deux font quatre. 6° *V N* [*animé*] :
■ La chienne fait ses petits. ■ Cet
acteur faisait Harpagon. ■ Elle fait
(maintenant) une bonne secrétaire.
■ L'habit ne fait pas le moine. 7° *V
inf :* ■ Sa remarque fait sourire. ■ [*avec
ne... que*] : Vous ne faites que parler,
agissez donc. 8° *V adv :* ■ Je croyais
bien faire. ■ Il fait plus pour ses amis
que pour ses parents. 9° *V que ind :*
Les circonstances font qu'il n'a pas
pu se présenter. 10° *V que subj :*
Faites que mes vœux soient exaucés.
11° *V N att :* On l'a fait empereur. J'ai
fait mien ce principe. 12° *V inf N :*
■ Le maître fait lire ses élèves. ■ Le
maître fait lire Robinson Crusoé.
13° *Il ne fait que de* sortir. (*Il vient de.*)
14° *V qqch à qqn :* Elle aime faire des
blagues à ses amis. 15° *V qqn à qqch :*
Il a fait sa femme à sa nouvelle situation. 16° *V qqn à qqn :* Il lui fait un
enfant tous les ans. 17° *V qqn à
qqn :* Nous ferons de toi une grande
comédienne. 18° *V qqch de qqch :*
Qu'est-ce que tu as fait de ton parapluie ? 19° *V inf qqch à qqn :* Le
maître fait lire Robinson Crusoé à ses
élèves. 20° [*Incise*] Je m'en doutais,
fit-il. (Dit-il.) 21° Essayez de sauter
comme elle fait. (Comme elle saute.)
2. LOC VERB – 1° **Bien faire** (de
inf) : Il a bien fait de venir. 2° **Faire
bien** (de *inf*) : Vous feriez bien de
rentrer. 3° **Faire mieux** (de *inf*) :
Vous feriez mieux de vous taire.
4° **Faire en sorte que** + *subj :* Nous
ferons en sorte que cela ne se repro-
duise pas. 5° **Ne pouvoir faire
que** + *subj :* Nous ne pouvons pas
faire qu'il soit là. **3. Se faire** – 1° *V
circ :* ■ Cet homme s'est fait à force de
volonté. ■ Le velours se faisait cet
hiver. 2° *V att :* Madame Dubois se
fait vieille. 3° *V N :* ■ Vous devez vous
faire une raison, des amis. du souci.
■ [*fam*] Un ingénieur se fait 10 000 par
mois. 4° *V inf :* ■ Pierre se fait boyscu-
ler dans le métro. ■ Se faire donner la
Légion d'Honneur. 5° *V à N :* Il
n'arrive pas à se faire à ses nouvelles
fonctions. **4. IMPERS** – 1° **Il fait** –
■ *V adj :* Il fait chaud, froid... ■ *V dN :* Il

fait jour, soleil, nuit... ■ *V dN :* Il fait du
brouillard, du vent. Il fait un temps !
Un froid ! 2° **Il se fait** ■ *V adv :* Il
se fait tard. ■ *V que ind :* Comment se
fait-il qu'elle est en retard ? ■ *V que
subj :* Comment se fait-il qu'elle soit
en retard ? 3° **Faire bon** – *V inf :* Il
fait bon se promener au clair de lune.
4° **Ca fait** – ■ *V N :* Quelques plumes
et ça fait un beau chapeau. ■ *V N*
[*quant*] : Ils sont partis *ça fait*
huit jours. *Ça fait* huit jours qu'ils sont
partis. *(Il y a.)* ■ EXPR – Qu'est-ce
que ça fait (que je n'aie pas de cravate) ? **5. S'en faire** – Ne t'en fais
pas, ça ira mieux demain. **6. Ce faisant** – Vous roulez sans phares, *ce
faisant* vous risquez un accident.
(Ainsi.) **7. Etre fait** – 1° Il est fait
pour vous plaire. 2° C'en est fait de
moi.

fait · 6

1. N – 1° Considérez les faits et non
votre imagination. 2° [+ *de inf*] Le
fait d'annoncer sa visite est une
preuve de savoir-vivre. 3° [+ *que
ind*] Le fait que le chauffeur avait trop
bu explique l'accident. 4° [+ *que
subj*] ■ Le fait qu'il me dise où il va
me rassure. ■ C'est un fait excep-
tionnel qu'il pleuve ici en juillet.
5° J'ignore s'il est fâché, mais *le fait
est qu'*il ne me salue plus. *(C'est un
fait que. En tout cas.)* **2. LOC ADV** –
1° **Au fait** – *Au fait,* avez-vous lu ce
roman ? *(A propos.)* 2° **De ce fait** –
Ce jeune homme manque d'expérience ; il est *de ce fait* maladroit.
(Par là même.) 3° **De fait** – On la
disait jolie ; *de fait,* elle est ravissante.
(En effet.) 4° **En fait** – Il devait être
là à 6 h ; *en fait* il est arrivé à 8 h. *(En
réalité.)* 5° **Tout à fait** – *Cf.* TOUT.
3. LOC PREP – 1° **En fait de** –
■ *En fait de* sport, il fait une heure de
boxe par semaine. *(En matière de.
Comme.)* ■ *En fait* de dinde, on nous
a servi du poulet. *(En guise.)* 2° **Du
fait de** – La consommation diminue,
du fait de l'augmentation des prix.
(De par. A cause de.) **4. LOC CONJ** –
Du fait que – La consommation

diminue *du fait que* les prix augmentent. *(Comme. Puisque.)* **5. LOC VERB** – Etre au fait de qqch. Etre le fait de. Mettre qqn au fait de qqch. Prendre fait et cause pour qqn.

falloir 7

IMPERS – **1. Il faut** – 1° *V N :* Il faut un homme d'expérience. 2° *V inf :* Il faut suivre les poteaux indicateurs. 3° *V que subj :* Il faut que vous sachiez votre rôle. 4° *V N* à *N :* Il vous faut un remplaçant. 5° *V inf* à *N :* Il vous faut vous marier. 6° *V* (à *N*) *att :* Il (me) le faut très grand. 7° *V* à *N prép att :* Il lui faut un brave homme *pour* époux. *(Comme.)* **2. S'en falloir** – 1° *V* de *N* que *subj :* ■ Il s'en est fallu d'un cheveu qu'il ne soit écrasé. ■ Il s'en est fallu de peu qu'il ne périsse. 2° **Peu s'en faut que** + *subj :* Peu s'en est fallu qu'il ne périsse. 3° **Il s'en faut** – ■ Elle n'a pas quarante ans, *il s'en faut (de beaucoup)*. *(Tant s'en faut.)* ■ Il s'en faut qu'il ait été reçu.

faute 8

1. N – 1° Cet accident est de la faute du chauffeur. 2° *[Fam]* C'est pas la faute au chauffeur. 3° Ce n'est pas (de) ma faute (si je suis en retard). 4° C'est arrivé par la faute du chauffeur. 5° Ce n'est pas une simple faute d'orthographe, c'est une faute contre l'orthographe. 6° Vous avez commis la faute d'arriver trop tard. 7° C'est une faute que vous soyez arrivés si tard. 8° C'est une faute d'arriver si tard. **2. LOC ADV – Sans faute** – Soyez sans faute au rendez-vous. **3. LOC PREP – Faute de** – 1° *Faute de* bus, j'ai dû rentrer à pied. *(Par manque de.)* 2° Faute de parler allemand je n'ai pu l'avertir. **4. LOC VERB** – 1° Le courage leur a fait *faute. (Défaut.)* 2° Ils ne se sont pas fait faute de vous dénoncer.

faveur 9

1. N – 1° Ils ne m'ont jamais fait une seule faveur. 2° J'espère avoir la faveur du nouveau directeur. 3° Faites-moi la faveur de me croire. **2. LOC PREP** – 1° **A la faveur de** – Nous regagnâmes la maison *à la faveur* d'une éclaircie. *(Grâce à.)* 2° **En faveur de** – C'est un spectacle (donné) *en faveur des* handicapés. *(Au profit de. Au bénéfice de.)*

figurer 10

1. 1° *V N :* La statue figurait un cow-boy. 2° *V prép :* Vous figurez au tableau d'honneur. **2. Se figurer** – 1° *V N* – Figurez-vous le tableau. 2° *V inf :* Il se figurait être un savant. 3° *V que ind :* Ne vous figurez pas que ça va se passer comme ça. 4° *V que subj :* Ne vous figurez pas que ça soit terminé. 5° *V interr :* Vous ne pouvez pas vous figurer quelle fut sa réaction. 6° *V qqn comme att :* Il se figurait son voisin comme un dangereux malfaiteur.

fin 11

1. N – Nous sommes sortis avant la fin du film. **2. LOC ADV – A la fin** – 1° Je ne l'aimais pas, mais *à la fin* nous sommes devenus amis. *(En fin de compte. En définitive. Finalement.)* 2° Vous m'agacez, à la fin ! **3. LOC PREP** – 1° **Fin** – Fin avril, les arbres étaient en fleurs. 2° **En fin de** – ■ Le coureur a fléchi en fin de course. ■ Passez me voir en fin de journée. 3° **A la fin de** – *A la fin du* règne de Louis XIV, la France était ruinée. *(A l'issue de. Aux termes de.* ≠ *Au début de. Au commencement de.)* 4° **A seule fin de** – J'ai accepté de le revoir, *à seule fin* de vous satisfaire. *(Afin de. Dans le but de.)* **4. LOC CONJ – A seule fin que** + *subj :* Je suis venu *à seule fin* que vous me donniez votre accord. *(Pour.)*

finir 12

1. 1° *V :* Les beaux jours finissent. 2° *V att [N] :* Il a fini chauffeur dans une petite entreprise. 3° *V att [adj] :* Il a fini misérable. 4° *V N :* Vous avez déjà fini votre lecture ? 5° *V de inf :* On finit de déjeuner et on vous rejoint.

6° *V* en *N :* La conservation finit en règlement de compte. 7° *V* par *N :* La conversation finit par une rigolade générale. 8° *V* par *inf :* Elle a fini par arriver. 9° *V* qqch à qqn : Je vous ai fini votre manteau. **2. Se finir** – Le film se finit à 5 heures. **3. En finir** – 1° *V :* Maintenant cela a assez duré. Finissons-en. 2° *V* avec *N :* Nous en aurons bientôt fini avec cette affaire. 3° **N'en pas finir de** + *inf :* Georges n'en finit pas de dire des sottises.

fois 13

1. N – 1° Je lui ai écrit plusieurs fois (l'an) – 2° [*Fam*] Tu te rappelles la fois *que* j'étais venu déguisé? *(Où.)* 3° [*avec num*] Deux fois deux font quatre. 4° [*avec compar*] Il est deux fois plus grand que je ne croyais. 5° Je reviendrai *une autre fois. (Un autre jour.)* 6° Je pense que, cette fois, il aura compris. 7° Une bonne fois. Une fois pour toutes. Encore une fois. **2. A la fois** – 1° Il lit et écoute de la musique *(tout) à la fois. (Simultané-ment. En même temps.)* 2° C'est un devoir à la fois excellent et contes-table. **3.** [*avec num*] 1° A la troi-sième fois (que je sonnai), il se décida à ouvrir. 2° Je ne peux pas tout faire *en une fois. (D'un seul coup.)* 3° Par deux fois, j'ai été obligé de le mettre à la porte. **4. Une fois** – 1° *Une fois,* je me suis perdu dans la forêt. *(Un jour.)* 2° [+ *ppé*] Une fois parti, il ne pensera plus à nous. 3° [+ *N* + *ppé*] Une fois ton lit fait, tu m'aideras à faire la vaisselle. 4° [+ *prép*] Une fois chez le notaire, téléphone-moi. 5° Pour une fois (qu') il est à l'heure. 6° **Une fois que** – *Une fois que* tu seras arrivé chez le notaire, téléphone-moi. *(Au moment où. Dès que.)* **5. Toutes les fois que** – *Toutes les fois qu'*on me parle du Mexique, je pense à vous *([à] chaque fois que).* **6. Des fois** – 1° [*Fam*] *Des fois,* on joue aux cartes. *(Parfois. Quelque-fois.)* 2° **Des fois que** – [*Fam*] Planque-toi, *des fois qu'*il arrive. *(Si jamais.)* 3° **Non mais des fois** –

[*Fam*] Non mais des fois, où vous croyez-vous?

fonction 14

1. N – 1° Il occupe une fonction de direction dans son entreprise. 2° Il occupe les fonctions de directeur. 3° LOC VERB – Il fait fonction de directeur à la place du titulaire. **2. En fonction** – 1° LOC ADV – La situa-tion est nouvelle; nous agirons en fonction. 2° LOC ADJ – C'est le directeur en fonction. 3° LOC VERB – Il est entré récemment en fonction. 4° LOC PREP – **En fonction de** – C'est *en fonction de* ses qualités que nous l'avons choisi. *(En raison de. A cause de.)*

fond 15

1. N – On aperçoit le fond de l'eau. **2. LOC ADJ** – **De fond** – Donnez-moi un argument de fond. **3. LOC ADV** – 1° **A fond** – Il a toujours fait son travail *à fond. (Parfaitement.)* 2° **Au fond** – *Au fond,* il s'ennuie avec vous. *(Dans le fond. En fin de compte. En réalité.)* 3° **De fond en comble** – Il faut changer le système de fond en comble. **4. LOC PREP** – **Au fond de** – Vous verrez une porte au fond du couloir.

fondre 16

1. 1° *V :* Le plomb fond (à 327°). 2° *V N :* On fond le métal (dans un creuset). 3° *V* en *N :* Elle fondit en larmes. 4° *V* sur *N :* L'animal fondit sur sa proie. 5° *V* qqch avec qqch : On obtient du laiton en fondant du cuivre avec le zinc. 6° *V N* en *N :* Essayez de fondre vos deux personnages en un seul. **2. Se fondre** – 1° *V :* Dans ce tableau, le bleu et le rose se fondent. 2° *V* avec *N :* Le bleu se fond avec le rose. 3° *V* dans *N :* L'homme se fondit dans la foule et disparut. 4° *V* en *N :* Paysages et personnages se fondent en un tout harmonieux.

force 17

1. N – Je n'ai pas la force de conti-nuer. **2. LOC ADV** – 1° **A force** –

Je le répète sans cesse. A force, on finira par le savoir. 2° **A toute force** – Mon père veut *à toute force* que je mange des épinards. *(A tout prix.)* 3° **De force** – On lui fera prendre sa pilule *de force. (De gré ou de force.)* 4° **En force** – Les manifestants se sont rassemblés *en force. (En nombre.)* 5° **Par force** – Par force on est monté par l'escalier; l'ascenseur était en panne. **3. LOC PREP – A force de** – 1° L'athlète s'améliore à force d'entraînement. 2° A force de prendre des risques, il finira par se tuer. **4. LOC VERB** – [*Litt*] Force lui sera de m'attendre puisque je ne serai pas arrivé.

forcément   18

ADV – Il va *forcément* faire faillite. *(Obligatoirement. Nécessairement. Fatalement. Inévitablement.)*

forcer   19

1. 1° *V :* Ne force pas au 1er tour de piste. 2° *V N :* S'ils n'ouvrent pas, nous forcerons la porte. 3° *V à N :* Son attitude force au respect. 4° *V qqn à N :* Il faut le forcer au silence. 5° *V qqn à inf :* Je le forcerai à s'expliquer. **2. Se forcer** – 1° *V :* Tu peux rire, mais ne te force pas. 2° *V à*

N : Il se force à une prudente discrétion. 3° *V à inf :* Je me suis forcé à garder mon calme. **3. Etre forcé** – 1° *V à N :* Nous sommes forcés au silence. 2° *V de inf :* Nous sommes forcés de reconnaître la valeur de vos arguments.

fort   20

1. ADJ – 1° Je n'aime pas les liqueurs trop fortes. 2° Il est très fort en Maths. 3° Mon maître est fort d'une longue expérience. 4° Fort de son bon droit, il a parlé avec véhémence. **2. ADV** – 1° [*avec V*] ■ Vous parlez très *fort* au téléphone. *(Fortement.)* ■ [*Litt*] Je doute *fort* qu'il arrive à l'heure. *(Beaucoup.)* 2° [*avec adj*] J'ai été *fort* malade cet hiver. *(Très.)* **3. LOC VERB** – 1° Il se fait fort de traverser l'Atlantique en voilier. 2° Tu y vas fort. *(Tu exagères.)* **4. N** – l'honnêteté n'est pas son fort.

foule   21

1. N – La police repoussait la foule (des badauds). **2. LOC ADV** – 1° **En foule** – Les gens viennent *en foule* aux funérailles. *(En masse.)* 2° **Une foule de** – (Toute) *une foule* de souvenirs lui revenaient. *(Une quantité de.)*

gagner 1

1. 1° *V* : Que le meilleur gagne. 2° *V adv* : [*Fam*] Dans ce métier, on gagne bien. 3° *V N* : ■ L'ouvrier gagne péniblement sa vie. ■ Il m'a gagné (aux échecs). ■ L'ouvrier gagne la ville prochaine à pied. ■ L'ouvrier gagne 15 francs de l'heure. 3° *V à N* : Je gagne au change. 4° *V à inf* : Tu gagnerais à partir tout de suite. 5° *V à ce que subj* : Elle gagne à ce qu'on la connaisse. 6° *V en N* : Avec du cognac, votre gâteau gagnerait en saveur. 7° *V sur* : Le camion gagne sur nous. 8° *V qqn à qqch* : J'ai gagné mes confrères à mon point de vue. 9° *V qqch à qqn* : J'ai gagné deux parties à mon partenaire. **2. Se gagner** – *V N* : Je me suis gagné des amis dans ce milieu. **3. Y gagner** – 1° *N à inf* – [*Fam*] Tu y gagnes à partir plus tôt. 2° *N de inf* : Le professeur y a gagné d'être chahuté.

garantir 2

1. 1° *V N* : L'assurance garantit tous les risques. 2° *V que ind* : Le docteur garantit que nous ne risquons rien. 3° *V qqch att* : Je garantis authentique ce certificat. 4° *V qqch à qqn* : Je vous garantis de belles émotions. 5° *V à qqn que ind* : Je vous garantis que vous ne risquez rien. 6° *V qqn prép N* : Ce manteau vous garantira du froid, contre le froid. **2. Se garantir** – *V prép* : Je veux me garantir contre les risques d'incendie.

garder 3

1. 1° *V N* : Le chien garde la maison. 2° *V qqch à qqn* : Je lui garde une rancune profonde. **2. Se garder** – 1° *V* : Ce fromage ne se garde pas longtemps. 2° *V N* : Les deux frères se gardent une haine féroce. 3° *V que subj* : [*Litt*] Gardez-vous qu'il ne pleuve. 4° *V de N* : Gardez-vous de l'orage. 5° *V de inf* : Je me garderai bien de revenir à ce garage.

geler 4

1. 1° *V* : Le lac a gelé cette nuit. 2° *V qqch* : Le gouvernement gèle les prix. 3° IMPERS – *V* : Il gèle souvent en Sibérie. **2. Se geler** – 1° *V* [*Fam*] Allons, viens, je me gèle ! 2° *V N* : Il s'est gelé les pieds dans l'ascension. **3. Etre gelé** – 1° *V* : Ce matin, tout est gelé. 2° Les fleurs ont été gelées ce printemps.

général 5

1. ADJ – Le numéro 8 arriva le premier à la surprise *générale*. (De tous.) **2. N** – Les philosophes partent du général pour arriver au particulier. **3. LOC ADV** – **En général** – 1° *En général*, il vaut mieux se taire que trop parler. (*Ordinairement. Souvent. Généralement. D'ordinaire.*) 2° Je ne parle pas seulement de Paris mais des villes *en général*. (≠ *En particulier*.)

grâce 6

1. N – Cette jeune personne ne manque pas de grâce. **2. INTERJ** –

[Litt] Grâce (pour mon père!) (Pitié!) **3. LOC ADV** – 1° Elle a accompli ce travail de bonne grâce. (≠ De mauvaise grâce. De bon gré.) 2° **De grâce** – [Litt] Epargnez mon fils, de grâce! (Par pitié!) **4. LOC PREP** – **Grâce à** – Grâce aux pompiers, le pire a été évité. (≠ Par la faute de.) **5. LOC VERB** – 1° Je vous fais grâce de vos discours. 2° [Litt] Faites-moi la grâce d'un sourire. 3° Vous me ferez la grâce de venir demain après-midi. 4° Demander grâce.

grand 7

1. ADJ – 1° Le chauffeur faisait de grands gestes. 2° Un grand homme. Un homme grand. 3° [ADV + adj] Cette manie de laisser les fenêtres grandes ouvertes! **2. LOC ADV** – 1° **En grand** – Ne soyez pas mesquin, faites les choses en grand. 2° Au grand jamais. Au grand jour. De grand matin. A grand peine. **3. LOC VERB** – 1° Voilà un industriel qui voit grand. 2° Il est (grand) temps d'aller se coucher. **4. Grand chose** – PRON INDEF – Il ne faudrait pas grand-chose pour qu'il en sorte.

gré 8

1. LOC ADV – 1° Je veux partir tout de suite. – A ton gré. (A ta guise. Comme tu veux.) 2° Bon gré, mal gré, il faudra se lever tôt. (Qu'on le veuille ou non.) 3° Elle se prêta de bon gré à l'expérience. (De bonne grâce. ≠ De mauvais gré.) 4° Il a agi de (son) plein gré. (≠ Contraint. Malgré lui.) 5° Je lui ferai manger sa soupe de gré ou de force. **2. LOC PREP** –

1° **Au gré de** ▪ [Litt] La barque flotte au gré du courant. (Au fil de.) ▪ La couleur est trop vive au gré du directeur. (Selon. Au dire de.) ▪ Elle est trop vive à mon gré. (A mon avis.) 2° **Contre le gré de** – La manifestation a eu lieu contre le gré des autorités. (Contre l'avis de. Malgré les.) **3. LOC VERB** – [Litt] 1° Je vous sais gré de votre attitude. 2° Je sais gré à mes parents de m'autoriser à sortir.

guère 9

ADV – **1.** [Avec N] **Guère de** – 1° Il n'est venu guère de campeurs cette année. 2° Il n'est guère venu de campeurs cette année. **2.** [avec adj] ▪ Vous n'êtes guère gentil avec elle. ▪ Ce n'est guère mieux. **3.** [avec adv] 1° Il n'a guère agi aimablement. 2° [avec compar] Jacques ne travaille guère plus que l'année dernière. 3° [avec plus] La ville (ne) compte guère plus de 7 000 habitants. **4.** [avec V] 1° Vous ne lisez guère. (Pas beaucoup.) 2° Un peu de patience, vous n'attendrez guère. (Pas longtemps.) 3° [tps composé] il n'a guère plu, cette année.

guise 10

1. LOC ADV – 1° Vous partirez le premier. – A votre guise. (A votre gré. Comme vous voulez.) 2° Fais à ta guise. (A ta façon. A ton gré.) **2. LOC PREP** – **En guise de** – 1° On l'embauche en guise de chauffeur. (Comme. A titre de.) 2° Il prit un couteau en guise de tournevis. (Comme. A la place d'un.)

habitude   1

1. N – 1° (Comme) à *ton* habitude, tu as oublié d'acheter du pain. *(Mon, son...)*. 2° Je fais confiance à votre habitude du grand public. 3° L'habitude de jouer le perdra. **2. LOC ADV** – 1° **D'habitude.** *D'habitude, le dimanche, je reste au lit. (Ordinairement. Généralement. D'ordinaire. Habituellement.)* 2° **Par habitude** – J'avais rangé les stylos dans le tiroir par habitude. **3. LOC VERB** – Avoir, prendre, perdre l'habitude de.

haïr   2

1. 1° *V N :* Tu hais la pauvreté. 2° *V (de) inf :* [*Litt*] Elle hait (de) se retrouver seule. 3° *V que subj :* Elle hait qu'on la maltraite. 4° *V de inf :* Je vous hais de vouloir m'obliger à faire cela. 5° *V qqn de ce que :* Je vous hais de ce que vous m'obligiez à faire cela. 6° *V N att :* Cette villa, je la hais vide. 7° *V N de N :* Je hais les remarques de sa part. **2. Se haïr** – 1° *V :* Les deux époux se haïssaient. 2° *V de inf :* Je me hais de ne pas y avoir pensé plus tôt.

hasard   3

1. N – Le hasard (des rencontres) fait bien les choses. **2. LOC ADV** – 1° **Au hasard** – Il marcha *au hasard* dans les rues. *(A l'aventure.)* 2° **A tout hasard** – Je lui demandai à tout hasard s'il était pilote. 3° **Par hasard** – ■ Je l'ai rencontrée (tout à fait) par hasard Boulevard Saint-Michel. ■ *Si par hasard* vous le retrouvez, téléphonez-moi. *(Si d'aventure.)* ■ Il a plu hier, *comme par hasard. (Naturellement.)* **3. LOC PREP** – **Au hasard de** – Il aurait pu mourir vingt fois au hasard de ses aventures.

haut   4

1. ADJ – 1° De hautes cheminées crachaient une fumée épaisse. 2° Ici se dressera un bâtiment haut de 35 m. **2. ADV** – 1° [*avec V*] Les avions passent très haut dans le ciel. 2° [*avec ppé*] Une femme, fumait, haut perchée sur un tabouret de bar. **3. N** – 1° Tu aperçois le haut de la maison ? 2° L'armoire fait un mètre de haut. **4. LOC ADV** – 1° **En haut** – ■ Le village se dresse (tout) en haut (sur la colline). ■ [*avec prép*] D'en haut, par en haut, jusqu'en haut. 2° **Là-haut** – ■ Le cerf volant est resté accroché là-haut. ■ [*avec prép*] De là-haut, par là-haut, jusque là-haut. 3° De haut en bas. **5. LOC PREP** – 1° **En haut de** – La maison est tout *en haut de* la colline. ([*Litt*] *au haut de.*) 2° **Du haut de** – Le fleuve est à peine visible du haut du col. 3° De bas en haut de. Du haut en bas de.

heure   5

1. N – 1° En ce moment, je n'ai pas une heure *de libre. (De liberté.)* 2° Notre ouvrage vient à son heure. 3° Je suis arrivé (juste) avant l'heure.

4° Mon père est mort à 10 heures *(et quart). (Un quart. Et demie. Quinze.)* 5° Dijon est à trois heures de Paris. 6° Je suis arrivé un quart d'heure, une demi-heure avant la fin. 7° A quelle heure ? A cette heure ? **2. [***Avec* Il est**]** 1° Quelle heure est-il ? Il est dix heures (moins le quart). 2° Les enfants, il est l'heure de vous coucher ! 3° Malheureusement, il est l'heure que tu partes. **3. [***Avec* C'est**]** 1° A table ! C'est l'heure de la soupe. 2° C'est à peu près l'heure *où* je suis arrivé. *(A laquelle.)* 3° Ce n'est pas une heure à plaisanter. 4° Ce n'est pas une heure pour plaisanter. **4. A l'heure** – 1° La voiture roule à cent kilomètres (à l') heure. 2° Beaucoup d'ouvriers sont encore payés à l'heure. 3° Nous sommes arrivés *à l'heure* à la gare. *(A l'heure juste. Juste à l'heure.)* 4° Il y a souvent une bonne émission à l'heure du repas. 5° *A l'heure actuelle,* le gibier se fait rare. *(A notre époque. De nos jours.)* 6° A l'heure où les gens dorment, moi je travaille. 7° *A l'heure qu'il est,* Jean doit survoler l'Atlantique. *(A cette heure. Pour l'heure. Actuellement.)* 8° **A toute heure** – Le service du bar est assuré *à toute heure. (En permanence.)* 9° **Aux heures** – J'évite de sortir aux heures d'affluence. 10° Ma femme est musicienne à ses heures. **5. [***Avec* de**]** 1° **De l'heure** – Jeanne paye son jardinier vingt francs (de) l'heure. 2° **De bonne heure** – Le pêcheur se lève *de bonne heure. (Tôt.)* 3° **D'heure en heure** – L'état du malade s'aggrave d'heure en heure. 4° **D'une heure à l'autre** – Son humeur change d'une heure à l'autre. **6. Pour l'heure** – *Pour l'heure,* je ne suis pas d'accord. *(Pour le moment.)* **7. Sur l'heure** – L'employé fut renvoyé *sur l'heure. (Immédiatement. Sur le champ.)* **8. Tout à l'heure** – 1° Je vous rappellerai *tout à l'heure. (Un peu plus tard. Dans un moment.)* 2° Je vous ai téléphoné *tout à l'heure,* c'était occupé. *(Il y a un moment.)*

heureusement 6

1. ADV – 1° [*avec V*] [*Litt*] Voilà une phrase *heureusement* tournée. *(Bien.)* 2° [+ *pour*] Heureusement pour moi, le temps était assez clément. 3° [*avec P*] Un pneu éclata ; *(fort) heureusement* la route était déserte. *(Par chance. Par bonheur.)* **2. Heureusement que** – Heureusement (pour elle) que la pluie a cessé !

hier 7

1. ADV – 1° [+ *N*] Hier *matin,* j'ai eu la visite d'un représentant. *(Soir. Au soir. Après-midi.)* 2° L'accident a eu lieu hier. 3° [*de* +] Il n'a cessé de pleuvoir toute la journée d'hier. **2. Avant-hier** – 1° Mon mari est tombé malade *avant-hier. (L'avant-veille.)* 2° Mon mari a de la fièvre depuis *avant-hier matin. (L'avant-veille au matin.)*

honneur 8

1. N – 1° Son honneur lui importait plus que la vie. 2° C'est au préfet que revient l'honneur de couper le ruban. 3° Honneur aux héros ! **2. LOC ADV** – 1° **Pour l'honneur** – Je me bats pour l'honneur, pas pour l'argent. 2° **Sur l'honneur** – Il s'est engagé sur *l'honneur. (Son.)* **3. LOC PREP** – **En l'honneur de** – Le maire offre un banquet en l'honneur des invités. **4. LOC VERB** – Etre en honneur. Etre à l'honneur. Faire honneur. Mettre son honneur à. Avoir l'honneur de. Faire à qqn l'honneur de.

hors 9

1. PREP – 1° [*Litt*] *Hors* quelques Français, il ne fréquente personne. *(Sauf. Excepté. Hormis. A l'exclusion de.)* 2° Hors concours. Hors jeu. Hors série. **2. LOC PREP** – **Hors de** – 1° Monique a pris ses vacances hors de France. 2° Monique a pris ses vacances *hors de* la France. *(En dehors de.)* 3° Le lutteur est d'une force hors de la normale. 4° La colère l'a mis hors de *lui. (Moi. Toi...)* **3. LOC ADV** – Hors de prix. Hors d'affaire. Hors de propos.

ici 1

ADV – **1.** 1° Toi, reste ici ; vous, mettez-vous là ; et vous, là-bas. 2° Jean n'est pas *ici*. *(Là.)* 3° **Ici présent** – M. Martin, ici présent, vous parlera des aspects financiers. 4° Ici vivent encore des gens heureux. 5° Nous avons terminé la première partie ; ici une remarque s'impose. 6° Allo ! ici Jean-Pierre qui te parle de Hambourg. **2.** [*Avec prép*] 1° **D'ici** – ■ D'ici, on distingue clairement le Mont-Blanc. ■ D'ici à Paris, il y a 600 km. ■ D'ici à Dimanche tu auras le temps d'y réfléchir. ■ D'ici à ce qu'on sache la vérité, on attendra longtemps. ■ **D'ici là** – Je reviens dimanche, d'ici là, tu auras pris une décision. ■ **D'ici peu** – Ils partent en vacances ; nous les rejoindrons d'ici peu. 2° **Jusqu'ici** – ■ Paul est venu jusqu'ici pour te voir. ■ *Jusqu'ici* l'équipe brésilienne a dominé. *(Jusqu'à maintenant.)* 3° **Par ici** – ■ Passons par ici, c'est plus court. ■ C'est par ici que j'ai dû perdre mon sac. 4° A côté d'ici. Depuis ici. Hors d'ici. Loin d'ici. Près d'ici. **3. Ici et là** – On trouve encore quelques champignons *ici et là*. *(Çà et là.)* **4. Ici-bas** – Tout n'est que misère ici-bas.

idée 2

1. N – 1° L'idée de la mort le tourmentait sans cesse. 2° L'idée de nous aider ne l'a même pas traversé. 3° L'idée que j'étais désormais seul m'était insupportable. 4° L'idée que je puisse me retrouver seul m'était insupportable. **2. LOC PREP et CONJ – A l'idée** – 1° Je fus pris de panique à l'idée qu'il allait venir. 2° Je fus pris de panique à l'idée de sa venue. 3° Il ne m'écoute pas, il agit toujours à son idée. **3. LOC VERB** – 1° Vous avez eu l' (excellente) idée de venir. 2° As-tu une idée de ce qu'on pourrait faire ? 3° Je n'ai aucune idée à ce sujet, pas la moindre idée. 4° J'ai (dans) l'idée qu'il pourrait venir quand même.

ignorer 3

1. 1° *V N* : J'ignore ses chances de réussite. 2° *V inf* : Elle ignore être la responsable de l'accident. 3° *V que ind* : Le pauvre homme ignorait que l'arme était chargée. 4° *V que subj* : [*Litt*] Le pauvre ignorait que l'arme fût chargée. 5° *V interr* : ■ Ils ignorent si le train est déjà passé. ■ Ils ignorent où ils passeront leurs vacances et comment. 6° *V N att* : J'ignorais mon passeport périmé. **2. S'ignorer** – *V* : Les deux hommes s'ignoraient totalement.

il, ils 4

PRON PERS – **1.** [*Sujet*] 1° C'est Pierre ; Il veut te parler. 2° Ton frère a-t-il une voiture ? 3° Ils ont encore augmenté les impôts. **2.** [*Impersonnel*] 1° Il neige. Il s'agit d'une terrible nouvelle. 2° **Il est** – *Cf.* ETRE. 3° **Il y a** – *Cf.* IL Y A.

il y a 5

1. PRESENTATIF – 1° [*avec dN*] Il y a eu un accident. 2° [*avec dN*] ■ Il y aura augmentation du prix de l'essence. ■ Il y a café et café. 3° [*avec pron*] ■ (Du sucre), il y en a (encore). ■ [*avec indéf*] Il y a quelqu'un, il y a quelque chose. ■ [*avec num*] Il y a des souris, il y en a trois, quatre... ■ Il y en a quelques-uns, plusieurs... 4° Il y a là un point qui m'inquiète. 5° [+ à *inf*] Il y aurait (beaucoup) à dire. 6° [*avec P*] Il y a que j'en ai assez. 7° [*avec adj att*] Il y en a une (bien) mûre. 8° [*avec N + prép*] Il y a des cigarettes dans ma poche. 9° [*avec N + de*] Il y a quelque chose d'écrit sur la porte. 10° [*avec N à inf*] Il y a deux projets à étudier. 11° [*avec N pour N*] Il y a une place pour chaque chose. 12° [*avec N pour inf*] Il y a toujours des gens pour critiquer les autres. 13° [*avec rel*] ■ Il y a des gens qui ne lisent jamais de poésie. ■ Il y a des gens qu'on oublie. ■ *Il y a* trois mois que Suzanne est partie. *(Voilà.)* ■ Il y a des corvées dont on se passerait volontiers. ■ **Il y a de quoi** – Il y a de quoi se fâcher ; oui, il y a de quoi ! 14° [*avec aux*] Il doit y avoir une erreur. 15° [*avec ne... que*] ■ Il n'y a qu'à Paris qu'on assiste à ces scènes. ■ Il n'y avait que lui pour faire rire. ■ Il n'y a qu'à l'écouter. **2. PREP** – Le directeur est arrivé *il y a* cinq minutes. *(Voilà. Depuis.)* **3.** [*Interr*] 1° Y a-t-il un avion pour Lisbonne ? Est-ce qu'il y a un avion pour Lisbonne ? 2° Qu'y a-t-il ? Qu'est-ce qu'il y a ? 3° Combien y a-t-il de boutons à ta veste ?

imaginer 6

1. 1° *V* : A partir de là vous pouvez imaginer. 2° *V N* : Il a imaginé une voiture à eau. 4° *V que ind* : Il a imaginé qu'il était cosmonaute. 4° *V que subj* : Il n'arrive pas à imaginer qu'il soit de mauvaise foi. 5° *V interr ind* : Il a imaginé si on pouvait y vivre et comment. 6° *V de inf* : Il a imaginé de construire un prototype. 7° *V qqn att* : Je ne l'imaginais pas capable de faire cela.

2. S'imaginer – 1° *V N* : Je m'imaginais un monde merveilleux. 2° *V inf* : Il s'imagine avoir tout compris. 3° *V que ind* : Je m'imagine qu'un monde libre existe quelque part. 4° *V att* : Je m'imagine fuyant dans la savane.

importer 7

1. 1° *V* : Votre allure importe (pour votre situation). 2° *V à N* : Votre allure importe à Monsieur le Directeur. **2. IMPERS** – 1° *V de inf* : Il importe d'être prudent. 2° *V que subj* : Il importe que cette affaire soit réglée. 3° *V à qqn de inf* : Il importe à tous les citoyens de rester vigilants. 4° *V à qqn que subj* : Il importe à chacun que sa sécurité soit assurée. **3. Peu importe** – 1° *V* : Le magasin est fermé, mais peu importe. 2° *V N* : Peu importe son opinion. 3° *V que subj* : Peu importe qu'on soit nombreux. 4° *V à qqn que subj* : Peu importe aux patrons que la grève continue → Peu leur importe. **4. Qu'importe** – 1° *V* : Le magasin sera fermé, mais qu'importe. 2° *V N* : Qu'importent tes conseils. 3° *V à qqn N* : Que t'importent les conseils de ces voisins ! **5. N'importe** – 1° Voulez-vous vous asseoir ici ou là ? – *N'importe !* *(Peu importe.)* 2° Mon appareil est vieux, *n'importe,* il fonctionne bien. *(Peu importe.)* 3° [+ *adj*] N'importe quelle autre personne fera l'affaire. 4° [+ *adv*] Tu t'habilles n'importe *comment. (Quand. Où.)* 5° [+ *pr*] Demande-moi n'importe *quoi* mais pas ça. *(Qui. Lequel.)* 6° [*Prép +*] Elle sorte avec n'importe qui.

imposer 8

1. 1° *V N* : L'état a imposé un règlement draconien. 2° *V N à N* : Le favori a imposé un train d'enfer à ses concurrents. 3° *V à qqn de inf* : Nous avons imposé à Pierre de passer par ici. 4° *V à qqn que subj* : Nous avons imposé à Pierre qu'il passe par ici. 5° *V qqn de N* : Le percepteur m'a imposé de 4 000 francs. **2. S'imposer** – 1° *V* : La solution s'impose d'elle-même. 2° *V N* : Marie s'impose un régime très strict. 3° *V* de *N* : Je me suis imposé de ne jamais en parler. 4° *V* comme *att* : D'emblée il s'est imposé comme le chef. 5° IMPERS que *subj* : Il s'impose que nous agissions au plus vite. **3. En imposer** (à qqn) − Sa compétence nous en impose.

indiquer   9

1. 1° *V N* (à qqn) : L'ouvreuse indique le siège (au spectateur). 2° *V* (à qqn) que *ind* : L'ouvreuse (nous) indique qu'on peut s'asseoir. 3° *V interr ind* (à qqn) : L'ouvreuse (nous) indique comment le strapontin s'ouvre. 4° *V N* comme *att* (à qqn) : Je (leur) ai indiqué Madrid *comme* étape. *(Pour.)* **2. IMPERS** − 1° *V* de *inf* : Il n'est pas indiqué de sortir avec la fièvre. 2° *V* que *subj* : Il n'est pas indiqué que tu sortes avec la fièvre. **3. S'indiquer -** *V N* : Les participants du rallye s'indiquaient le chemin. **4. Etre indiqué** − *V* : Pour le rôle de Don Juan, vous êtes tout indiqué.

informer   10

1. 1° *V* : Le rôle de la presse c'est d'abord d'informer. 2° *V* que *ind* : La radio informe qu'une tempête approche. 3° *V* de *N* : La radio informe de l'arrivée du Président. 4° *V* qqn de qqch : La radio informe les auditeurs de la gravité de la situation. 5° *V* qqn que *ind* : La radio informe les auditeurs

que la situation est grave. 6° *V* qqn *prép* : Les journaux nous informent sur la guerre du vietnam. **2. S'informer** − 1° *V* : La population doit s'informer. 2° *V* de *N* : La population doit s'informer des mesures à prendre. 3° *V prép* : La population doit s'informer sur les problèmes de l'actualité.

inquiéter   11

1. 1° *V N* : N'inquiétez pas vos voisins (avec cette histoire). **2. S'inquiéter** − 1° *V* de *N* : Je m'inquiète de l'absence de nouvelles. 2° *V* que *subj* : Je m'inquiète qu'il ne soit pas déjà là. 3° *V* de ce que *subj* : Je m'inquiète de ce que tu sois sans nouvelles. 4° *V* de *inf* : Je m'inquiète de n'avoir pas de nouvelles. **3. Ca m'inquiète** − 1° *V* qqn que *subj* : Ça m'inquiète qu'on ne vous ait pas appelé. 2° *V* qqn de *inf* : Ça m'inquiète de penser à la suite.

interdire   12

1. 1° *V N* : Le préfet a interdit la manifestation. 2° *V* que *subj* : Le préfet a interdit qu'on manifeste. 3° *V* de *inf* : Le préfet a interdit de manifester. 4° *V N* à *N* : Je vous interdis le passage. 6° IMPERS − *V* de *inf* : Il est interdit de fumer. **2. S'interdire** − 1° *V N* : Je m'interdis la moindre infraction au régime. 2° *V* de *inf* : Je m'interdis de sacrifier mon régime. **3. Interdit de** *inf* : *Interdit* d'entrer. *(Défense.)*

jamais 1

1. [*sans* ne] 1° [*Discours*] ▪ Avez-vous déjà tourné un film ? – *Jamais. (Au grand jamais.)* ▪ Il était ivre ? – *Jamais (de la vie). (Pas du tout.)* 2° [*Interr*] [*Litt*] Nous reverrons-nous *jamais ? (Un jour.)* 3° [*avec coord*] Je travaille parfois le samedi mais jamais le dimanche. 4° C'est le moment où jamais de réclamer une augmentation. 5° [*avec ppé*] Venez assister messieurs-dames à un spectable *jamais* vu. (≠ *Déjà.*) 6° [*avec compar*] ▪ Il faut être prudent *plus que jamais. (Moins que jamais. Comme jamais.)* ▪ Il faut être plus prudent que jamais. 7° [*avec sup*] Elle a raconté l'histoire la plus drôle que j'aie jamais entendu. 8° **A jamais** – Ils sont *à (tout) jamais* réunis. *(Pour jamais. Pour toujours.)* 9° **Sans jamais** – ▪ [+ *N*] Il rentre à la maison sans jamais un mot tendre pour sa femme. ▪ [+ *inf*] Le professeur répond sans jamais se fâcher. 10° **Sans que jamais** + *subj :* Il a toujours agi ainsi sans que jamais personne ne proteste. 11° **Si jamais** – Si *jamais* vous le voyez, dites-lui de me téléphoner. *(D'aventure. Par hasard.)* 12° **Comme jamais** – On a couru comme jamais (on a couru). **2.** [*avec* ne] 1° [*avec V*] ▪ Elle ne rit jamais. ▪ Il n'a jamais eu de chance. 2° [*avec adv*] ▪ Elle ne rit plus jamais. ▪ Elle n'avait encore jamais vu un cirque. ▪ Elle ne viendra jamais plus. 3° [*avec indéf*] ▪ Nous ne lui avons jamais rien caché. ▪ Je ne rencontre jamais personne dans l'ascenseur. 4° [*avec ne... que*] ▪ Il n'a jamais dit que des sottises → Il a toujours dit des sottises. ▪ Le directeur n'a jamais dit là qu'une vérité banale → Il a seulement dit là une vérité banale. 5° EXPR – Je peux gagner le gros lot, *on ne sait* jamais. *(Sait-on.)*

je 2

PRON PERS – **1.** 1° Je dors. J'écris. 2° Je ne suis pas d'accord, dis-je. **2.** [*Interr*] 1° Dois-je vous répondre ? 2° Que chanterai-je ? Qu'est-ce que je chante ? Que fais-je ? 3° [*Litt*] Puisse-je réussir à cet examen ! **3.** [*Administratif*] Je, soussigné (Jacques Leconte), certifie l'authenticité de ce document.

jouer 3

1. 1° *V :* Les enfants jouent (dans la cour). 2° *V qqch :* Ton partenaire a joué l'as de cœur... et sa réputation. 3° *V qqn :* Il devait nous rembourser mais il est parti : il nous a joués. 4° *V à N :* Elle joue à la vedette au poker. 5° *V à inf :* Elle joue à faire des châteaux de sable → Elle y joue. 6° *V de N :* Ce mauvais garçon joue du couteau → Il en joue. 7° *V qqch à qqn :* Le pianiste joue une sonate à son auditoire. 8° *V N à qqch :* Il joue sa fortune à la roulette. 9° *V sur N :* Il joue sur la chance, sur les mots, sur le sept. 10° *V avec N :* Ne jouez pas avec votre santé. **2. Se jouer** – 1° *V :* Tu vas voir comment se joue ce coup. 2° *V N :* Elle se joue la comédie. 3° *V de N :* Le cavalier se joue des obstacles. 4° IMPERS – *V N :* Il s'est joué dans cet immeuble un drame épouvantable.

jour 4

N – **1.** [*Durée*] 1° Les jours passaient. Elle ne recevait aucune nouvelle. 2° Il s'est absenté cinq jours. 3° J'ai dû rester quelques jours au lit. 4° Je n'attendrai pas un jour de plus. 5° Nous sommes restés des jours sans nous parler. **2.** [*Date*] 1° [*avec art indéf*] ■ Fixons un rendez-vous un jour quelconque de la semaine. ■ **Un jour** – Un jour, j'irai en vacances en Turquie. Un de ces jours. ■ **Un jour ou l'autre** – Un jour ou l'autre, il aura un accident. 2° [*avec art déf*] ■ Ça s'est passé le jour de ses noces, le jour de l'an. ■ **Tous les jours** – Il fait sa promenade *tous les jours. (Chaque jour.)* ■ Je l'avais encore vue *le jour d'avant. (La veille.)* ■ Je pourrai vous voir le jour d'après. *(Le lendemain.)* 3° [*avec dém*] Ce jour-là personne n'est sorti. 4° [*avec poss*] C'est son jour de congé. 5° [*avec indéf*] *L'autre jour,* il m'est arrivé une mésaventure. *(Il y a quelques jours.)* **3. LOC** – 1° Il faut que je mette mon travail à jour. 2° Les gens pauvres vivent au jour le jour. 3° Les vieux amis nous quittent, jour après jour. 4° Le temps change d'un jour à l'autre. 5° Il est *de jour en jour* plus triste. *(Chaque jour.)* 6° Michel a cessé de fumer du jour au lendemain. 7° *De nos jours,* les parents n'ont plus d'autorité. *(A notre époque.)* 8° Ce sera l'affaire d'un jour pour arranger vos problèmes. 9° Il faut bien suivre la mode du jour. 10° Vous gagnerez 70 F par jour. 11° Il y a trois ans jour pour jour que nous sommes mariés. 12° La question se présente sous un jour favorable. 13° Au grand jour. En plein jour. De jour ($\neq$ de nuit). Il fait jour. Donner le jour. Se faire jour.

juger 5

1. 1° *V :* L'avenir seul jugera. 2° *V N :* Le public juge la pièce (à sa mise en scène) (sur l'apparence). 3° *V que ind :* Le public juge que la pièce est bonne. 4° *nég V que subj :* Il ne juge pas que la pièce soit bonne. 5° *V interr :* Le public juge si la pièce est bonne et pourquoi. 6° *V de N :* Le public juge de la qualité de la pièce. 7° *V qqn att :* Il vous a jugé capable de réussir. 8° *V att* [*adj*] *de inf :* Elle juge urgent de poser sa candidature. **2. Se juger** – *V adj* [*att*] *:* Je me juge capable de faire cet effort.

jurer 6

1. 1° *V :* Ces deux couleurs jurent (entre elles). 2° *V N :* Jurez la vérité ! 3° *V inf :* Vous jurez n'avoir participé à aucun complot ? – Je le jure. 4° *V que ind :* Jurez que vous êtes innocent ! 5° *V de inf :* Jurez de dire la vérité ! 6° *V avec N :* Le bleu jure avec le vert. 7° *V par N :* Il ne jure que par Spinoza. 8° *V qqn att :* Je le jugerais coupable du meurtre. 9° *V qqch que ind :* Il jure ses grands dieux qu'il est innocent. 10° *V qqch à N :* Je jure fidélité à ma patrie. 11° *V à qqn de inf :* Je jure au procureur de se venger. 12° *V à qqn que ind :* Je vous jure que je n'ai rien fait. **2. Se jurer** – 1° *V qqch :* Elles se sont juré amitié 2° *V que ind :* Elles se sont juré qu'elles seraient amies. 3° *V de inf :* Elles se sont juré de ne rien faire.

jusque 7

PREP – **1.** [*+ adv*] Avance jusque *là. (Ici.)* **2. Jusqu'à** – 1° [*+ interr*] *Jusqu'à quand* protesterez-vous ainsi ? *([Litt) Jusques à quand.)* 2° [*+ adv*] Jusqu'à maintenant, la situation est calme. 3° [*+ N*] ■ Nous attendons jusqu'à la semaine prochaine. ■ Il faut aller jusqu'au village voisin. 4° [*+ inf*] J'irai jusqu'à lui offrir de l'argent. **3.** [*+ autre prép*] Il y a des fourmis jusque *dans* les placards. *(Sur. En. Vers. Sous. Chez.)* **4. LOC CONJ** – 1° **Jusqu'à ce que** + *subj :* Je le répèterai jusqu'à ce que tu le saches.

2° **Jusqu'à tant que** + *subj :* [*Fam*] Attends jusqu'à tant que je revienne. 3° **Jusqu'au moment où** — On l'a suivi jusqu'au moment où il est entré dans le magasin. **5. ADV** — 1° On lui a pris *jusqu'à* ses vêtements. *(Même.)* 2° [*Litt*] Il n'est pas jusqu'au plus pauvre qui ne voulût donner son obole.

justement   8

ADV — **1.** [*avec adj*] C'est fort justement écrit. **2.** [*avec V*] Il a été puni justement. **3.** [*avec P*] 1° Ah ! C'est vous ! J'allais *justement* vous téléphoner. *(Précisément.)* 2° Je ne sais pas quoi faire. — Justement, il ne faut rien faire.

L

là
1

1. ADV – 1° Toi reste ici ; toi mets-toi
là, et toi vas là-bas. 2° [+ V S] Là
passent encore des vols de canards ;
là des vols de canards passent encore.
3° Jean n'est pas là. 4° Il lut les trois
premiers chapitres ; là l'histoire se
compliquait. 5° Je ne vois *là* aucun
obstacle. *(A cela.)* 6° Vous faites là un
sale métier. 7° EXPR – En arriver là.
S'en tenir là. En être là. En venir là.
Tout est là. Halte-là. Qui va là ? **2. De
là** – 1° De là, on domine toute la vallée. 2° A quelques semaines de là, un
homme étrange se présenta. 3° Il est
belge, *de là (vient)* son accent particulier. *(D'où.)* 4° Elle suit un régime ;
de là vient qu'elle maigrit. 5° [+ à N]
De là au village, il y a près de sept kilomètres. 6° [+ à inf] Il se lève mais de
là à croire qu'il est guéri, je ne le pense
pas. **3. D'ici là** – Je ne reviens que le
mois prochain mais d'ici là, je vous
écrirai. **4. Par là** – 1° Suivez-moi, la
sortie est *par là. (De ce côté-là.)*
2° Où avez-vous laissé vos affaires ?
– *Par là. (A peu près ici.)* 3° Adieu. Je
veux dire par là qu'on ne se reverra
plus. 4° **Par là-même** – Vous êtes
étranger, *par là-même* vous ne risquez
rien. *(De ce fait.)* **5. Loin de là** – Il
n'est pas très compétent, *loin de là.
(Il s'en faut.)* **6. Jusque-là** – 1° Tu
marches jusque-là puis tu t'arrêtes.
2° Jusque-là, tout va bien. *(Jusqu'à
maintenant.)* 3° Jusque-là tout allait
bien. *(Jusqu'alors.)* 4° Près de là.

A côté de là. A partir de là. **7. Là où** –
1° Les pompiers sont toujours là où
l'on a besoin d'eux. 2° Le malade
recourt au guérisseur *là où* le médecin
ne peut plus rien. *(Quand. Lorsque.)*
3° Je retrouve un jardin là où il n'y
avait que des friches. **8.** [*avec* c'est]
1° C'est là le point faible de l'argu-
mentation. 2° C'est là où je ne vous
suis pas. 3° C'est là que l'affaire se
complique. **9. LOC ADV** – 1° **Çà et
là** – Ça et là, on retrouvait encore des
débris de l'appareil. 2° **De-ci de-là** –
[*Litt*] De-ci de-là quelques touristes
erraient parmi les ruines. 3° **Ici et là** –
Ici et là s'ouvraient quelques pâque-
rettes. 4° **Par-ci par-là** – Déjà par-ci
par-là des fenêtres s'ouvraient. 5° **Là-
bas** – *Là-bas* de l'autre côté de la vallée, c'est l'Italie. *(Là-haut.)* 6° **Là-
dessus** – ■ Ne monte pas là-dessus ;
tu vas tomber. ■ Mon père gronda
l'enfant. *Là-dessus*, il éclata de rire.
(Sur ce.) 7° **Là-dessous** – ■ J'ai
rangé tes valises là-dessous. ■ Il y a
quelque chose de louche là-dessous.
8° [*autres*] Là-haut. Là-contre. Là-
dedans... **10. PARTICULE** – 1° [*avec
dem* + N] Ce jour-là, il neigeait.
2° EXPR – A ce compte-là. A cette
époque-là. En ce temps-là... 3° [*avec
ci*] Cette poire-ci ou cette orange-là ?
4° [*avec pr*] Tu choisis celle-ci ou
celle-là ? **11. INTERJ** – 1° Oh là là !
Quelle aventure ! 2° Hé là ! du calme,
mon gaillard !

laisser 2

1. 1° *V :* Ne t'occupe pas de ça, laisse donc. 2° *V N :* Est-ce que tu vas laisser ton manteau ? 3° *V à* inf : Ce travail laisse à désirer. 4° *V de* inf : [*Litt*] Son travail ne laisse pas de nous décevoir. 5° *V* qqch à qqn : Le locataire laisse une fortune à sa concierge. 6° *V* qqn à *N* : Laisse-le à son désespoir. 7° *V N* inf : Le patron laisse les employés s'organiser. 8° *V N att* : Est-ce que tu vas me laisser tranquille ? 9° *V* qqch *prép N* : Ils ont laissé l'appartement dans un état déplorable. 10° *V* qqn pour *att* : Les bandits l'ont laissé pour mort dans la rue. 11° *V inf N à N* : Je laisse lire Robinson Crusoé aux élèves. 12° *V* qqn à *inf* : Je vous laisse à penser ce qui arriverait. **2. Se laisser** – *V inf :* Vous vous laissez enfermer (dans vos contradictions).

le, la, les 3

ART – **1.** [*Forme*] 1° [+ N masc] Le cheval – Le hibou – L'éléphant – L'héritage – 2° [+ N fem] La planche – La hargne – L'arête – L'humeur. 3° [+ N plur] Les chevaux – Les vitrines – Les buttes. 4° [à + le, les] Je t'emmène aux champs. 5° [de + le, les] Il revient des Tropiques. **2.** [+ *N commun*] 1° La baleine est un mammifère. [*Espèce.*] 2° J'ai la fièvre, / une forte fièvre. 3° Le soleil, la lune. 4° A Avignon, tu verras le pont → Le pont d'Avignon / un pont quelconque. 5° Va chez le boucher (habituel). **3.** [*par référence*] 1° Une voiture passe. Le véhicule tourna au coin de la rue. 2° Je connais l'ambition de mon frère, / son ambition. 3° L'océan Atlantique, / un océan. 4° [+ *superl*] C'est le plus beau jour de ma vie. 5° Les quelques étrangers que j'ai connus parlaient français. 6° Je ne suis pas orfèvre en la matière. (Cette.) 7° Le jour de mon mariage, ma sœur était malade. → Ce jour-là. 8° Il revint enfin, le visage grave, le front soucieux. 9° La jambe droite me fait mal. → Ma jambe. 10° Il revient trois fois la semaine. (Par.) 11° Les

carottes sont à 3 F le kilo. (Par.) 12° L'imbécile (que voilà) ! **4.** [+ *N propre*] 1° J'ai invité (les) Dupont à manger. 2° Avez-vous été à l'opéra entendre La Callas ? 3° Le grand Racine / Racine. 4° Les Belges. Les Français. 5° [*Fam*] Eh ! la Marie, tu viens faire un tour ? 6° Le Pérou. Le « Nouvel Observateur ». 7° J'aime Paris, / le Paris des surréalistes. 8° J'ai acheté la Renault de mon cousin, / une Renault. **5.** [+ *adj*] Vous imaginez le piquant de la situation... **6.** [+ *inf*] Apportez le boire et le manger... **7.** [+ *P*] Le « va te faire voir » de Jacques m'a choqué. **8.** [*Répétition*] 1° Le professeur et les élèves sont sortis de classe. 2° Le grand, le gigantesque, l'hugolien Père Hugo. 3° Distinguez les bons et les mauvais acteurs. 4° Les entreprises publiques et les privées sont en grève. 5° Lisez les nombreuses et précieuses observations de Valéry. 6° Nous avons invité tous les oncles et tantes de Jean.

le, la, les 4

PRON PERS – **1.** [*cod*] 1° Tu vois cette fille ? – Oui, je la vois et même je l'admire. 2° Tu le connais, ce pays. 3° Je croyais qu'elle était au foyer. – Je le croyais aussi. 4° Tu veux venir ? – Oui, je le veux bien. 5° Je le lui permets ← Je lui permets de venir. **2.** [*att*] 1° Généreux, il l'est incontestablement. 2° Es-tu satisfaite ? Oui, je le suis ! 3° Est-il étudiant ? Oui, il l'est encore. / Est-ce un étudiant ? Oui c'en est un. **3. LOC VERB** – 1° Tu l'as échappé belle. 2° Le disputer à qqn – Se le tenir pour dit... – L'emporter sur qqn – La trouver mauvaise...

lequel, laquelle 5

1. PRON INTERR – 1° [*Dir*] Voici des fruits. Lequel veux-tu ? 2° [*Indir*] Voici des fruits. Je ne sais lequel prendre. 3° Faites un métier, n'importe lequel. 4° [+ de *N*] Lequel de ces fruits préfères-tu ? (Parmi. Entre.) 5° [*prép +*] ■ Il y a deux candidats. Je ne sais pour lequel voter. ■ Il y a deux candidates. A laquelle donner ma voix ? ■ Il y a deux candidats. Auquel donner ma voix ? ■ Voilà les deux questions. De laquelle parlons-nous ? ■ Voilà les deux problèmes. Duquel parlons-nous ? **2. PRON REL** – 1° C'est l'oncle de Benjamin, *lequel* est le cousin de Victor. *(Qui.)* 2° C'est la fille du peintre, laquelle j'ai connue personnellement. (C'est la fille que j'ai connue.) 3° *[prép +]* ■ L'équipe à laquelle je collaborais n'existe plus. ■ Le projet auquel je collaborais n'a pas abouti. ■ L'entreprise pour laquelle je travaillais a fait faillite. ■ Voi ;i les personnes *entre* lesquelles il faut choisir. *(Parmi.)* ■ Vive la collaboratrice à la santé de *laquelle* nous buvons. *(Qui.)* ■ Vive le collaborateur à la santé *duquel* nous buvons. *(De qui.)* **3. ADJ REL** – **Auquel cas** – Vous pouvez refuser de signer, auquel cas je porte l'affaire en justice.

leur, leurs   6
POSSESSIF – 1° ADJ – *Cf.* MON. 2° PR – *Cf.* MIEN. 3° PR PERS – *Cf.* LUI [atone].

lieu   7
1. N – 1° Connaissez-vous le lieu de son domicile ? 2° A peine l'accident survenu, la police était sur les lieux. 3° Ce n'est pas ici le lieu d'évoquer vos problèmes. **2. LOC ADV** – *En premier lieu,* vous dites une bêtise ; *en deuxième lieu,* ce n'est pas à vous de parler ; *en dernier lieu,* vous n'avez rien à faire ici. *(D'abord... Ensuite... Enfin.)* **3. LOC PREP** – **Au lieu de** – 1° *[+ N]* Prenez le bus *au lieu du* métro. *(A la place de.)* 2° *[+ inf]* Sortez donc *au lieu de* vous ennuyer ici. *(Plutôt que de.)* **4. LOC CONJ** – **Au lieu que** – 1° *[+ ind]* Il méritait qu'on l'aide, *au lieu qu'*on a tout fait pour le décourager. *(Alors que.)* 2° *[+ subj]* Réfléchissez donc vous-même, au lieu qu'on fasse votre travail. **5. LOC VERB** – 1° Le bal aura lieu (à la salle des fêtes). 2° Nous n'avons

pas lieu de nous plaindre de sa conduite. 3° La vente du vin donne lieu à une grande fête annuelle. 4° Les résultats donnent lieu de penser que nous avons réussi. 5° Il y a lieu de croire que la monnaie sera dévaluée. 6° Ce bâton lui tient lieu de canne.

loin   8
1. ADV – 1° Nous ne sommes pas *loin* du but *(≠ Près.)* 2° Il n'y a pas si *loin,* il était encore parmi nous. *(Longtemps.)* 3° Il y a loin de l'aéroport au centre ville. **2. LOC ADV** – 1° **Au loin** – Au loin, une rangée d'arbres barrait l'horizon. 2° **De loin** – ■ On apercevait la cathédrale de (très) loin. ■ C'est, *de loin,* le meilleur élève de la classe. *(De beaucoup.)* 3° **De loin en loin** – On apercevait des sentinelles de loin en loin. 4° **Loin de là** – Ce n'est pas une personne patiente, *loin de là ! (Il s'en faut. Au contraire.)* **3. LOC PREP** – **Loin de** – 1° *Loin de* la ville, on retrouve enfin le silence. *(≠ Près de.)* 2° Nous étions encore loin du jour fixé. 3° En vacances nous sommes loin des soucis quotidiens. 4° Loin de moi cette pensée ! 5° *[+ inf]* ■ Nous étions (bien) loin de croire sa dernière heure arrivée. ■ Loin de le croire, nous étions (au contraire) très méfiants. **4. LOC CONJ** – 1° **D'aussi loin que** – ■ *[+ ind]* Je lui fis signe d'aussi loin que je pus. ■ *[+ subj]* D'aussi loin que je me souvienne, je n'ai jamais vu pleurer mon père. 2° **(Bien) loin que** + *subj :* (Bien) loin qu'il mette en colère, il accepte les remarques avec compréhension.

long   9
1. ADJ – 1° Elle porte des cheveux longs (de 20 cm). 2° Elle passa une longue nuit à son chevet. 3° Sa réponse à ma lettre était longue à venir. **2. ADV** – 1° Elle a l'habitude de s'habiller long. 2° J'aimerais en savoir plus long sur cette affaire. **3. N** – Le buffet fait plus de 2 m de long. **4. LOC** – 1° **A la longue** – *A la*

longue, je finirai par me lasser. *(A la fin.)* 2° **En long** – Il n'y a qu'à scier la planche en long. 3° Il s'étala de tout son long dans la flaque d'eau. 4° **Au long (de)** – Il a fait preuve de la même fermeté (tout) au long (de sa carrière). 5° Cette pièce se lit tout du long sans que l'intérêt se relâche. 6° Il marchait de long en large dans les couloirs. 7° **Le long de** – ■ Le jardinier a planté des rosiers *le long de* la haie. *(Au long de.)* ■ Le peuple le respecta *(tout) le long de* son règne. *(Tout au long de. Durant. Pendant.)*

longtemps 10
ADV – **1.** *[avec V]* 1° Ce film dure trop *longtemps.* *(≠ Peu de temps.)* 2° J'ai *longtemps* pensé que je pourrais m'habituer. *(Souvent. Beaucoup.)* **2.** *[+ prép]* Longtemps *après* l'accident, il souffrait encore des yeux. *(Avant.)* **3.** *[prép +]* 1° On resta sans nouvelles de lui *pendant* longtemps. *(Durant.)* 2° Il ne reviendra pas *avant* longtemps. *(D'ici longtemps.)* 3° On ne l'a pas vu depuis longtemps. 4° Il est parti pour longtemps. **4.** *[présentatif +]* 1° C'est arrivé *il y a* longtemps. *(Voici. Voilà. Ça fait.)* 2° Il y a longtemps qu'on s'attendait à sa démission. *(Voici. Voilà. Ça fait.)*

lors 11
1. Depuis lors – Il s'engagea sur le glacier ; depuis (lors) nul ne l'a revu. **2. Pour lors** – Cessons ces bavardages et pour lors passons aux choses sérieuses. **3. Dès lors** – 1° Il eut un accident et renonça dès lors à sa carrière. 2° On ne retrouva aucune preuve : dès lors il devait être libéré. 3° **Dès lors que** – Dès lors qu'on n'avait trouvé aucune preuve, on devait le libérer. *(A partir du moment où.)* **4. Lors de** – Lors de son voyage en Italie, il s'arrêta à Venise. *(A l'occasion de. Au cours de.)* **5. Lors même que** – Lors même qu'on me promettrait tout l'or du monde, je ne trahirais pas mon pays. *(Alors même que. Même au cas où. Quand.)*

lorsque 12
CONJ – 1° *Lorsque* je serai prêt, je vous avertirai. *(Quand.)* 2° Lorsqu'il téléphona, j'étais absent.

louer 13
1. 1° *V N :* Elle loue son appartement. 2° *V N :* Je loue un studio 450 francs *par* mois. *(Du, au, le.)* 3° *V qqch à* qqn : Je loue un studio à mon collègue. 4° *V qqn de inf :* Il a loué son collègue de n'avoir rien dit. 5° *V qqn prép N :* Il l'a loué pour son courage. **2. Se louer** – 1° *V comme att* (à qqn) : Il se loue comme expert (à de grandes sociétés). 2° *V prép N :* Les outils se louent (à la journée, au mois, sur place). 3° *V de N* (à qqn) : Je me louais de votre réussite (à votre père). 4° *V que subj :* Je me louais que vous ayez réussi.

lui 14
PRON PERS – **1.** *[sujet tonique]* 1° *Lui* est poli au moins / *Il* est poli. *(Elle.)* 2° *[avec adv]* Tout le monde connaissait la nouvelle, lui aussi 3° *[coord]* Jeanne et lui vont se marier. → Ils vont se marier. 4° *[avec inf]* ■ Lui, me faire ça ! ■ Oser me faire ça, lui ! 5° *[+ adj ou ppé]* Lui parti, j'étais libre. 6° *[Antécédent]* Lui qui a horreur de cela ! 7° *[Renforcé]* Lui *seul* le savait. *(Même.)* 8° *[Reprise]* ■ Pierre, lui, a déjà préparé ses valises. ■ Pierre a déjà préparé ses valises, lui. ■ Lui, il sait choisir. Il sait choisir, lui. **2.** *[cod tonique]* 1° *[avec Ne... que]* (Pierre), elle ne connaissait que lui. 2° *[Reprise de pr]* Je l'aime bien, lui. Lui, je l'aime bien. 3° PR REFL – Il s'est puni lui-même. **3.** *[cos tonique]* 1° Je les enverrai directement à lui. 2° Je l'ai offert à lui, pas à toi. 3° *[avec impératif]* Adressez-vous à lui. Ne vous adressez pas à lui. **4.** *[cos atone]* 1° Je lui ai offert ce bouquet. 2° Je lui sais beaucoup de jugement. **5.** *[coi tonique]* 1° Nous avons songé à lui pour ce travail. 2° Vous vous souvenez de lui ? 3° REFL – Il ne pense qu'à lui (-même) cet égoïste. **6.** *[c circ]*

[*prép* +] 1° Asseyez-vous auprès de lui. 2° C'est une idée *de* lui. *(A.)* **7.** [*c d'adj*] 1° [*tonique*] ■ Je suis très différent de lui. ■ Tu es plus doué que lui. 2° [*atone*] Il lui est très pénible de penser à cela. **8.** [*avec* ni] [*tonique*] Ni lui ni sa femme n'y peuvent rien. **9.** [*avec adv*] [*tonique*] Encore lui. Toujours lui. Pourquoi (pas) lui ? **10.** [*avec* C'est] 1° C'est lui, je le reconnais. 2° C'est lui le directeur. **11.** [*possession*] [*atone*] Je lui ai cassé le bras. **12.** [*avec prop inf*] Je *lui* ai laissé payer l'addition. (L'.)

maint *1*

1. ADJ INDEF – + *N :* 1° Elle a fait *maintes* expériences enrichissantes. *(Plus d'une. De nombreuses.)* 2° Je l'ai *maintes fois* rencontré sur le Boul'Mich. *(Plus d'une fois. Souvent. A maintes reprises. Maintes et maintes fois.)* **2. PRON INDEF** *Maints* s'y sont essayés sans y parvenir. *(Plus d'un.)*

maintenant *2*

1. ADV – 1° [*avec N*] Les gens *de maintenant* ne savent plus s'amuser. *(D'aujourd'hui.)* 2° [*avec V*] ■ Il est *maintenant* l'heure de passer à table. *(Actuellement. Présentement. A présent.)* ■ *Maintenant* il ne pourra plus protester. *(A partir de maintenant. Désormais. Dorénavant.)* 3° [*avec prép*] ■ *Dès maintenant* vous pouvez compter sur moi. *(Dès à présent.)* ■ Il n'est pas d'accord pour maintenant, jusqu'à maintenant. 4° [*avec P*] Voilà ce que j'en pense ; *maintenant*, vous ferez ce que vous voudrez. *(Ceci dit.)* **2. Maintenant que** – *Maintenant que* tu as joué, il faut travailler un peu. *(A présent que.)*

mais *3*

CONJ COORD – **1.** [*Opposition*] 1° Elle est petite (certes), *mais* (elle est) charmante. *(Et pourtant. Mais néanmoins.)* 2° Non seulement il ne me salue pas, mais *encore* il m'insulte. *(Aussi. Même. En outre. En plus.)*

2. [*Renforcement*] 1° Mais oui. Mais non. Mais bien sûr. Mais bien entendu. Mais évidemment. 2° [*Fam*] Non mais (des fois) pour qui te prends-tu ? 3° Mais enfin, vous y croyez, vous ? 4° Mais au fait, quand partez-vous en vacances ? 5° Ah mais ! tu exagères !

mal *4*

1. ADJ – 1° [*att*] C'est mal d'agir ainsi. 2° [*épith*] Tu as fait là quelque chose de mal. 3° [*avec nég*] Cette photo n'est pas mal. / Cette photo est mauvaise. **2. N** – 1° Je ne vois aucun mal à cela. 2° Ces maux de tête sont insupportables. 3° J'ai le mal de mer / le mal des montagnes, / le mal du pays. 4° Le mal de devoir y aller à pied lui a été épargné. **3. LOC VERB** – 1° J'ai eu beaucoup de mal à comprendre. 2° Faire du mal à qqn. Vouloir du mal à qqn. Dire du mal de qqn. 3° J'ai mal à la tête et aux reins. 4° ■ La piqûre (lui) a fait mal. ■ Ça (me) fait mal (de rester). 5° Tourner mal. Aller mal. Se trouver mal. Finir mal. Songer à mal. 6° Prendre mal qqch. Mettre à mal *N*. **4. ADV** – Ce devoir est (très) mal écrit. **5. Pas mal** – 1° Ce devoir (n') est *pas mal* écrit. / Ce devoir n'est pas mal écrit, mais ne vaut rien pour le fond. *(Assez bien.)* 2° Durant son séjour en Allemagne il a *pas mal* appris. *(Assez. Beaucoup.)* 3° **Pas mal de** – Durant mon voyage, j'ai fait *pas mal de* rencontres. *(Beaucoup de.)* **6. De mal**

en pis – Mon grand-père va *de mal en pis*. *(De plus en plus mal.)*

malgré 5

1. PREP – 1° [+ qqch] Nous avons campé *malgré* le mauvais temps. *(En dépit de.)* 2° [+ qqn] J'y suis allé *malgré* mon professeur. *(Contre le gré de.)* 3° J'ai agi malgré moi. **2. LOC ADV** – **Malgré tout** – 1° Il a beaucoup travaillé ; *malgré tout* il a échoué. *(Néanmoins.* [Fam] *Malgré ça.)* 2° Il n'était pas bête *malgré tout*. *(Pourtant. Tout compte fait.)* **3. LOC CONJ** – **Malgré que** + *subj* – 1° [Fam] Il a échoué *malgré qu'*il ait beaucoup travaillé. *(Bien que. Quoique.)* 2° [Litt] Il dut s'exécuter, malgré qu'il en eût.

manière 6

1. N – 1° Il a vraiment des manières bizarres. 2° Ses manières de dandy m'agacent. 3° Sa *manière* de se prendre pour un génie m'agace. *(Façon.)* 4° [Litt] La statue qu'ils ont trouvée est une *manière* de sphinx. *(Sorte. Espèce.)* 5° Tu as réagi d'une *manière* stupide. *(Façon.)* 6° Nous agirons de la *manière* que vous avez proposée. *(Façon.)* 7° D'accord, nous agirons *de cette manière*. *(Ainsi. De cette façon.)* 8° D'une *manière* générale je suis sceptique. *(Façon.)* 9° Je ne vous approuve *en aucune manière*. *(Aucunement. En aucune façon. Nullement.)* 10° Il a dit cela en manière de plaisanterie. **2. LOC PREP** – 1° **A la manière (de)** – ■ C'est un récit à la manière antique. ■ Il écrit *à la manière de* Balzac. *(Comme.)* 2° **De manière à** + *inf* : Il parle fort *de manière à* se faire entendre. *(Afin de. Pour.)* **3. LOC CONJ** – 1° **De manière à ce que** + *subj* : Il parle fort *de manière à ce qu'*on l'entende. *(Afin que.)* 2° **De manière que** + *subj* : Il parle fort *de manière qu'*on l'entende. *(Afin que.)* 3° **De telle manière que** + *ind* : Il parle fort, *de telle manière qu'*on l'entend. *(De telle sorte que.)*

manque 7

1° **N** – Le manque d'oxygène lui a été fatal. 2° **LOC PREP** – **Par manque de** – Il a échoué *par manque de* chance. *(Faute de.)*

manquer 8

1. 1° **V** : Les pommes de terre manqueront cet hiver. 2° **V N** : Pierre a manqué l'école. 3° **V (de)** *inf* : Pierre a manqué (de) se noyer. 4° **V à qqch** : Ce fonctionnaire a manqué à tous ses devoirs. 5° **V à qqn** : Les vacances me manquent vraiment. 6° **V de N** : Nous avons manqué de chance. 7° **Ne pas manquer de** + *inf* : Je ne manquerai pas de vous téléphoner. **2. IMPERS** – 1° **V N** (à N) : Il manque un bouton (à ta veste). 2° **V de** *inf* : Il a manqué de pleuvoir. 3° **V à qqn de** *inf* : Il me manque de connaître l'Afrique. 4° **Il ne manque plus que cela** (que *subj*) – Il ne manquait plus que cela (que tu sois absent). **3. Se manquer** – **V** : Nous nous sommes manqués hier malgré notre rendez-vous.

marier 9

1. 1° **V N** : Le peintre marie les couleurs (entre elles). 2° **V qqn (à qqn)** : Il a marié sa fille (à un colonel). 3° **V qqch et qqch** : La façade marie la brique et le béton. **2. Se marier** – 1° **V** : Ma fille se marie demain. 2° **V à qqn** : Elle s'est mariée à un colonel. 3° **V avec qqn** : Elle s'est mariée avec un colonel. **3. Etre marié** – 1° **V à N** : Elle est mariée au châtelain du village. 2° **V (avec qqn)** : Elle est mariée (avec le châtelain).

matière 10

1. N – 1° La matière de ce discours n'est pas très riche. 2° Il y a matière à réflexion. 3° Il y a matière à réfléchir. **2. En matière** – 1° [+ *adj*] Il s'y connaît en matière financière. 2° [+ de N] Il s'y connaît *en matière de* finances. *(En ce qui concerne les.)* **3. LOC VERB** – Ce discours pourrait donner matière à plaisanterie.

me *11*

PRON PERS [*atone*] – **1.** [*c de V*]
1° [*cod*] ■ Ne me laisse pas seul.
■ Son attitude m'agace. me hérisse.
2° [*cos*] Ils m'ont avoué leurs fautes.
3° [*pronomin*] Je me suis blessé en
ouvrant cette boîte. 4° [*Possession*]
Les larmes m'en ont jailli des yeux.
2. [*c d'adj*] Ton affection m'est indispensable. **3.** [*c d'att*] Ton affection
m'est un réconfort. **4.** [*avec prop
infin*] Tu me laisseras essayer ta bicyclette ? **5.** [*avec présentatif*] Me voici
(riche). **6.** [*Fam*] Tu me le fais, ce
devoir ?

meilleur *12*

ADJ – **1. COMPAR** – 1° La soupe
est bonne, elle est *meilleure* (que celle
d'hier). (≠ *Pire*.) 2° La soupe est
meilleure que je n'aurais cru. / Elle est
plus bonne que recherchée. 3° Avec
ce soleil il fait meilleur (qu'hier).
2. SUPERL 1° Pierre est le meilleur
ami qu'on puisse trouver. 2° C'est
mon meilleur ami. 3° Paul est le meilleur *d'entre nous*. (De nous.) **3. LOC
VERB** – 1° Elle a donné le meilleur
d'elle-même. 2° Il a pris le meilleur
sur son concurrent. **4. EXPR** – [*Fam*]
J'en passe, et des meilleures.

même *13*

1. ADJ – 1° *d* même *N :* J'ai les
mêmes professeurs (que lui) ; tu n'as
pas les mêmes. 2° NOMINAL – ■ Ce
sont toujours les mêmes qui ont de
la chance. ■ Cela revient au même.
■ [*Fam*] C'est du pareil au même.
3° *d* N *même :* ■ Elle est la bonté
même. / C'est De Gaulle *lui-même*.
(*En personne*.) ■ Les savants mêmes
n'ont rien compris. ■ Le jour même de
son permis, il a eu un accident. ■ Il a
atterri à cet endroit même. **2. ADV** –
1° [+ *dN*] Même les morts ont voté.
2° [+ *pr*] Même lui (il) est venu.
3° [*dN* +] Les savants mêmes n'ont
rien compris. 4° [*avec adj*] ■ Pierre
est un homme courageux, et même
téméraire. ■ Pierre est un homme courageux, téméraire même. 5° [*avec adv*]
■ Tu as agi maladroitement, et même

stupidement. ■ Tu as agi maladroitement, stupidement même. 6° [*avec V*]
■ Il parle trop et même il radote.
■ Il parle trop, il radote même. 7° [*avec
sub*] ■ Il nage même (là) où on n'a
pas pied. ■ Je ne ferai aucun effort,
même pour qu'il ne vienne pas.
8° **Même quand** – Même quand tu
me donnerais ta parole, je ne te croirais pas. 9° **Quand (bien) même** –
Quand (bien) même tu me donnerais
ta parole, je ne te croirais pas.
10° **Même si** – Même si tu me don-
nais ta parole, je ne te croirais pas.
3. LOC PREP – **A même** – 1° [+ *N*]
J'ai pris l'habitude de boire à même
la bouteille. 2° [+ de *inf*] Il est *à même
de* vous répondre exactement. (*En
mesure de*.) **4. LOC ADV** – 1° **Quand
même** – ■ Il pleut : nous sortirons
quand même. (*Malgré tout. Tout de
même. Néanmoins*.) ■ *Quand même*
tu exagères. (*Tout de même*.) 2° **De
même** – ■ Nous insistons, faites *de
même*. (*La même chose. Pareil*.)
■ Nous insistons ; insistez *de même*.
(*Aussi. Egalement*.) 3° **De même
que** – Les ouvriers *de même que* les
cadres sont en grève. (*Ainsi que*.)
5. LOC CONJ – 1° **De même que** –
De même que tu pars, (de même) je
reste. 2° **Même que** – [*Fam*] Je lui
ai envoyé une lettre ; *même qu'*il m'a
répondu. (*La preuve en est que*.)

merci *14*

1. INTERJ – 1° (Non) merci (bien).
(*Beaucoup. Mille fois. Infiniment*.)
2° Merci de votre venue. 3° Merci
pour votre cadeau. 4° Merci d'être
venu. **2. N** – **LOC** – 1° Ce fut une
lutte sans *merci*. (*Pitié*.) 2° **A la
merci de** – Je suis à la merci d'une
décision arbitraire.

mesure *15*

1. N – 1° Vérifiez les mesures de la
pièce. 2° Il n'a pas encore donné la
mesure de son talent. **2. LOC ADV** –
1° **A mesure** – La pente devenait
(*au fur et*) à *mesure* plus rapide.
(*Progressivement. Petit à petit*.)

2° **Outre mesure** – Ne vous fatiguez pas *outre mesure*. *(Trop. Excessivement.)* 3° Faites-le *dans la mesure du possible*. *(Si possible. Autant que possible.)* **3. LOC PREP** – 1° **A mesure de** – (Au fur et) à mesure de la montée, les difficultés augmentaient. 2° **A la mesure de** – Cette tâche n'est pas *à la mesure* de ses moyens. *(A l'échelle.)* **4. LOC CONJ** – 1° **Dans la mesure (où)** – ■ Ce sera fait, dans la mesure du possible. ■ Essayez, dans la mesure où vous pouvez. ■ *Dans la mesure où vous n'étiez pas là, vous n'êtes pas responsable. (Comme. Etant donné que.)* 2° **A mesure que** – (Au fur et) à mesure que nous montions, les difficultés augmentaient. **5. LOC VERB** – 1° Le Directeur n'est pas en mesure de vous recevoir. 2° Faire bonne mesure. Donner la mesure de.

mettre   16

1. 1° *V N :* Jacques met la table. 2° *V que ind :* **Mettons que** – Mettons que vous n'avez pu venir. 3° *V que subj :* **Mettons que** – Mettons qu'il fasse beau, nous sortirons. 4° *V N à N :* Il a mis une plume à son chapeau. 5° *V N att :* Il a mis les élèves debout. 6° *V qqch à inf :* ■ Peux-tu mettre le lait à bouillir ? ■ J'ai mis du temps à le convaincre. 7° *V qqch prép N :* Mets la bouteille sur la table. 8° *V qqch pour inf :* J'ai mis deux heures *pour* faire ce travail. *(A.)* **2. Se mettre** – 1° *V att :* Mettez-vous d'accord. 2° *V N :* Elle se met du parfum. 3° *V à N :* Il s'est mis à l'allemand. 4° *V à inf :* Il s'est mis à travailler. 5° *V prép :* Je me suis mis à la fenêtre.

(le) mien   17

POSSESSIF – **1. PRON** – 1° C'est le mien. ← C'est mon chien. 2° Voici la mienne. ← Voici ma moto. 3° Où sont les miens ? ← Où sont mes gants ? 4° Les miennes sont démodées. ← Mes cravates sont démodées. 5° Cette opinion n'est pas la mienne. 6° Ton destin est plus beau que le mien. 7° J'y ai mis *du mien. (De la bonne volonté.)* 8° Si je ne rentre pas, *les miens* vont s'inquiéter. *(Mes proches.)* 9° Vous êtes *des miens. (De mes amis.)* 10° A la mienne ! *(A ma santé.)* **2. ADJ** – 1° [att] Je revendique cette opinion comme mienne. 2° [épith] [Litt] C'est un mien neveu.

mieux   18

1. ADV – 1° COMPAR – ■ Le malade va (un peu) *mieux* (qu'hier). *(≠ Moins bien.)* ■ Jean dessine bien, mais sa sœur (dessine) (encore) mieux (que lui). 2° [Renforcement] Je l'ai avoué, *mieux* (même), en public. *(Qui plus est. Qui mieux est.)* 3° NOMINAL – ■ J'espérais mieux. ■ Elle a évolué en mieux. ■ Il a pourtant fait de son mieux. 4° SUPERL – ■ C'est avec cette sauce que j'apprécie *le mieux* le bœuf. *(≠ Le moins.)* ■ *Le mieux* qu'il puisse faire c'est de se taire. *(≠ Le pire.)* ■ Il travaille *le mieux* qu'il peut. *(Du mieux.)* ■ Le mieux est de ne rien dire. ■ Le mieux est que tu ne dises rien. **2. LOC ADV ou PREP** – 1° **Au mieux (de)** – Arrangez ça *au mieux* (de nos intérêts). *(Pour le mieux.)* 2° **De mieux en mieux** – Elle conduit *de mieux en mieux. (≠ De plus en plus mal. De mal en pis.)* 3° Tant mieux. A qui mieux mieux. *(= [Litt] A l'envie.)* Faute de mieux. **3. LOC CONJ** – Je le sais d'autant mieux (que j'y étais). **4. LOC VERB** – 1° J'aime mieux payer à crédit. *(Je préfère.)* 2° Vous feriez mieux de vous taire. 3° *Mieux vaut* se taire (plutôt) que (de) mentir. *(Il vaut mieux.)*

milieu   19

1. N – 1° Prenez la place du milieu. 2° Il faut savoir trouver le milieu entre deux extrêmes. 3° Le milieu dans lequel il vit n'est pas très reluisant. **2. LOC PREP et ADV** – **Au milieu (de)** – 1° Il est tombé *au (beau) milieu* (du lac). *(En plein milieu.)* 2° Pierre se débat *au milieu* des difficultés. *(Au centre.)*

moi 20

PRON PERS [*tonique*] – **1.** [*Sujet*]
1° Qui a fait cela ? – (C'est) moi.
2° [*avec adv*] Lui vous croit, moi
aussi. (Non plus.) 3° [*Coordin*] Jean
et moi (nous) allons nous marier.
4° [*avec inf*] ■ Moi, céder à ce chantage ! ■ Céder à ce chantage, moi !
5° [+ *adj ou ppé*] Moi parti, que
feras-tu ? 6° [+ *rel*] Moi qui ai horreur de cela (je ne puis accepter !)
7° [*Renforcé*] Moi *seul* (je) le savais.
(Même.) 8° [*Reprise*] ■ Moi, j'ai
déjà préparé mes valises. ■ J'ai déjà
préparé mes valises, moi. **2°** [*cod*]
1° [*avec* ne... que] Elle n'écoute que
toi. 2° [*avec impér positif*] Défends-
moi. / Ne me défends pas. 3° [*Reprise
de pron*] ■ Elle m'aime bien, moi.
■ Moi, elle m'aime bien. 4° [*Réfléchi*]
Je me suis puni moi-même. 5° [*Forme
m'*] Fais m'y penser. Délivre m'en.
3. [*cos*] 1° Il l'a donné directement
à moi. / Il me l'a donné. 2° [*avec
impér*] Adressez-le (à) moi. 3° [*Renforcement*] Il me l'a donné à moi.
4° [*Forme m'*] Donne-m'en. **4.** [*coi*]
1° Ils ont songé à moi pour ce travail.
2° Vous vous souvenez de moi ?
3° [*Réfléchi*] Je ne pense qu'à moi,
c'est vrai. **5.** [*c circ*] [*prép* +] Il l'a
appris par moi. Il vit avec moi. **6.** [*c de
N*] C'est une idée *de* moi. *(à.)*
7. [*c d'adj*] 1° Tu es très différente
de moi. 2° Tu es plus doué que moi.
8° [*avec ni*] Ni toi ni moi n'y pouvons
rien. **9.** [*avec adv*] Encore moi. Toujours moi. Pourquoi (pas) moi ?
10. [*avec* c'est] C'est moi le chef.

moindre 21

ADJ – **1. COMPAR** – Sa réussite est
moindre cette année. *(Plus petite.
Moins grande.)* **2. SUPERL** – 1° Si
j'avais le moindre doute, je vous le
dirais. 2° [*avec nég*] Je n'ai pas le
moindre verre à vous offrir.

moins 22

ADV – **1. COMPAR** – 1° [*avec N*]
Moins de – ■ [*avec num*] Cette
paire de chaussures vaut moins de
100 F. Je l'ai vu il y a moins d'une

semaine. ■ [*avec sg*] J'ai moins de
chance que toi. J'en ai moins. – J'ai
moins de chance que de ténacité.
■ [*Avec pl*] J'ai moins de jouets que
Jean-Paul. Il a moins de jouets que
de gadgets. 2° [*avec adj*] ■ Jean est
(bien) moins élégant (que moi). – Il
est moins élégant que maniéré.
3° [*avec adv*] Elle vient moins souvent (que lui). 4° [*avec V*] Depuis sa
maladie, il mange (beaucoup) moins
(qu'avant). 5° [*avec loc verb*] J'ai
moins l'habitude (que toi). 6° [*avec
nég*] ■ La situation n'est pas moins
grave. ■ La situation est *non moins*
grave. *(Aussi.)* ■ La situation est *rien
moins que* grave. *(Tout à fait.)*
■ Qu'il pleuve ou qu'il vente, je n'en
sortirai pas moins. 7° [*avec en*] ■ Il
est âgé ; il n'en court pas moins vite
(pour autant). **2. SUPERL** – 1° [*avec
N*] J'ai le moins de chance (qu'il est)
possible. 2° [*avec adj*] ■ C'est le club
le moins chic (de la ville). ■ C'est le
club le moins chic (que je connaisse).
■ C'est un roman des moins réussis.
3° [*avec adv*] ■ Il vient le moins
souvent possible. ■ Il vient le moins
souvent qu'il peut. 4° [*avec V*]
■ [+ *subj*] C'est le moins qu'il puisse
faire. ■ [+ *ind*] C'est le moins
qu'il pouvait faire. **3.** [*Soustraction*]
1° Trois moins un égale deux. 2°
[*Date*] ■ Il est (trois heures) moins
le quart. ■ Il est (trois heures) moins
deux (minutes). 3° Il fait moins cinq
(degrés au thermomètre). **4. LOC
ADV** – 1° **De moins** – Le voyageur
a cinq kilos de bagages de moins (que
prévu). 2° **En moins** – J'ai cinq kilos
en moins. 3° **Au moins** – ■ Il y avait
au moins mille spectateurs. *(Au minimum.)* ■ Il était en vacances ; au
moins il ne s'en faisait pas. ■ Si au
moins il avait réussi à prendre l'avion !
4° **Tout au moins** – La guerre va
éclater ; *tout au moins* c'est mon avis.
(Tout du moins.) 5° **Du moins** – Tu
peux le boire. Si du moins tu en as
envie. 6° **A tout le moins** – Vous
auriez pu à tout le moins faire voter
devoir. 7° **Pour le moins** – Sa décision est pour le moins précipitée.

8° **A moins** – Il a gagné un million ; on serait content à moins. 9° **Plus ou moins** – Ce vin est plus ou moins bon (selon les bouteilles). 10° **Ni plus ni moins** – Il (n') est ni plus ni moins bon (que d'habitude). 11° **De moins en moins** – ■ Elle travaille de moins en moins. ■ Il y a de moins en moins d'espaces verts. **5. LOC PREP – A moins de** – 1° [+ N] Le bétail périra à moins d'un miracle. 2° [+ inf] Le bétail périra à moins d'être nourri d'urgence. **6. LOC CONJ** – 1° **A moins que** + subj : Le bétail périra à moins qu'il ne pleuve. 2° **Moins... moins** – Moins tu travailleras, moins tu gagneras d'argent. 3° ■ Moins tu travailleras, plus tu seras pauvre. ■ Moins tu travailleras, pire sera ta situation. 4° **D'autant moins que** – J'hésite d'autant moins (à partir) que rien ne me retient. (≠ D'autant plus que.)

moitié   23

1. N – Donnez-moi la moitié de ce morceau. **2. LOC ADV** – 1° **A moitié** – ■ Remplissez le verre à moitié seulement, s'il vous plaît. ■ Donnez-moi un verre à moitié plein. ■ Vous le rencontrerez à moitié chemin. (A mi-chemin.) ■ Je l'ai acheté à moitié prix. – Elle est à moitié américaine, à moitié française. 2° **Pour moitié** – Je suis pour moitié responsable de cette situation.

moment   24

1. N – 1° Il y eut un moment de panique. 2° Le moment de partir est arrivé. **2. LOC ADV** – 1° **En ce moment** – Je ne suis pas très en forme en ce moment. (Actuellement. Pour l'instant. Pour le moment.) 2° **A ce moment** – A ce moment je fus abordé par un inconnu. (Alors. A cet instant.) 3° **A tout moment** – Je suis dérangé à tout moment par le téléphone. (A chaque instant.) 4° **D'un moment à l'autre** – Il va arriver d'un moment à l'autre. (Dans un instant.) 5° **Par moments** – Il lui arrive par moments d'être dans la lune. (Par instants.) 6° **Sur le moment** – Sur le moment je n'ai pas compris ce qui m'arrivait. (Sur le coup.) **3. LOC PREP – Au moment de** – 1° [+ N] Au moment de l'explosion j'étais à l'abri. (A l'instant de.) 2° [+ inf] Au moment de partir, on s'est aperçu qu'il pleuvait. (A l'instant de.) **4. LOC CONJ** – 1° **Au moment où** – Au moment où l'explosion s'est produite, j'étais à l'abri. (A l'instant où. Quand.) 2° **A partir du moment où** – ■ A partir du moment où il s'est mis à pleuvoir, on n'a plus rien vu. (Dès l'instant.) ■ A partir du moment où tu n'y connais rien, tu as intérêt à te taire. (Dès lors que.) 3° **Du moment que** – Je ne craignais rien, du moment que j'avais mes papiers. (Puisque. Dès l'instant que.)

mon, ma, mes   25

ADJ POSS – 1. [Forme] 1° J'ai perdu mon parapluie. 2° Je cultive mon ironie, mon habitude. 3° J'ai retrouvé ma jeunesse, ma hardiesse. 4° Elle a pris mes clefs. **2.** [Valeur] 1° [avec chose] ■ Mes cheveux sont secs./ Je me sèche les cheveux. ■ Je tiens à mon idée. ■ J'ai pris ma dose quotidienne de somnifère. ■ Je connais presque tous les gens de mon quartier. 2° [avec personne] ■ Ma tante nous a toujours bien reçus. ■ Je te présente mon collègue Jean Blanchard. ■ [Fam] Alors mon petit gars, on veut être marin ? ■ [Fam] Ben, ma vieille, tu y vas fort. ■ Mon cher Jean-Claude, je réponds à ta lettre du 27. ■ A vos ordres, mon capitaine. ■ Ah ! mon Dieu, qu'est-il arrivé ? 3° [Relation avec moi] ■ Ma nomination est imminente. ■ Mon ange gardien aura pitié de moi. ■ A mon avis. A mon intention. De mon temps. C'est de ma faute.

monter   26

1. [Aux être] 1° V : Le soldat est monté (en grade). 2° V inf : Mon père est monté travailler dans son bureau. 3° V à N : Les troupes montent à l'attaque. 4° V à N à qqn :

Le sang lui est monté à la tête.
2. [*Aux* avoir] 1° *V N :* Monter les escaliers, les bagages, une pièce de théâtre. 2° *V N* à qqn : Elle a monté la tête à son mari. 3° *V N* à *N :* Je monte les enchères à mille francs. 4° *V* qqn *prép :* On m'a monté en première ligne. **3. Se monter** – 1° *V :* Là se montent les moteurs. 2° *V N :* Il s'est monté la tête. 3° *V* à *N :* La somme se monte à 1 000 F.

montrer 27

1. 1° *V N :* Le cirque montre des ours. 2° *V* que *ind :* Cette lettre montre que nous avions raison. 3° *V N* (à qqn) : Montrez (-moi) vos papiers. 4° *V interr* (à qqn) : Montrez (-moi) si vous avez vos papiers. 5° *V* (à qqn) que *ind :* Montrez (-moi) que vous n'avez pas peur. 6° *V* à qqn à *inf :* Il m'a montré à monter à cheval. **2. Se montrer** – 1° *V :* Le soleil se montre (derrière la colline). 2° *V att :* Il s'est montré galant avec les dames. 3° *V prép :* Montre-toi plus souvent sur scène.

moyen 28

1. ADJ – 1° C'est un élève d'intelligence moyenne. 2° Mon fils est très moyen en mathématiques. **2. N** – Connaissez-vous un moyen de résoudre ce problème ? **3. LOC PREP** – **Au moyen de** – Il souleva la pierre *au moyen d'*un levier. (A l'aide de. Grâce à.)

naître 1

1° V : Je suis né le 1er mars. 2° V att [N] : Il est né capitaine. 3° V att [adj] : Il est né valeureux. 4° V à N : [Litt] C'est ainsi que je suis né à la vie. 5° V de N : L'enfant est né de parents pauvres.

nature 2

1. N – Il est dans la nature de l'homme d'avoir pitié. **2. LOC ADJ** – 1° On peut considérer l'égoïsme comme un vice contre nature. 2° On pouvait acheter des fruits de toute nature. 3° **De nature à** + inf : Sa candidature n'est pas de nature à simplifier les choses. (Propre à.) **3. LOC ADV** – 1° Par nature il a plutôt tendance à être timide. 2° N'ayant pas d'argent, il proposa de payer en nature. 3° Ils sont aimables de nature. **4. ADJ** – 1° [Fam] Garçon, un blanc nature s'il vous plait. 2° [Fam] C'est une fille très nature.

naturellement 3

1. ADV – 1° [avec adj] C'est un enfant naturellement inquiet. (Par nature.) 2° [avec V] En renvoyant la maison il pensa (tout) naturellement à sa grand-mère. 3° [avec P] ■ Naturellement tu as encore oublié les clefs. (Bien sûr. Evidemment. Forcément.) ■ Est-ce que tu as bien éteint la lumière ? – Naturellement. (Bien sûr. Evidemment.) **2. Naturellement que** – Naturellement que j'ai éteint la lumière. (Bien sûr que. Evidemment que.)

ne 4

ADV – **1.** [avec élément négatif suivant] 1° [avec adv nég] Pierre ne réfléchit pas. (Guère. Plus. Jamais. Point.) 2° [avec pr indéf] Michel ne croit rien. (Personne.) 3° [avec adj indéf] Les piétons ne prennent aucune précaution. (Nulle. Pas une.) 4° [avec prép] ■ Jean ne croit en rien. ■ Elle ne s'attendait à aucune remarque. 5° [avec ni] ■ Cet enfant n'aime pas le lait ni les œufs. ■ Cet enfant n'aime ni le lait ni les œufs. 6° [avec art indéf] L'acrobate ne prend pas de risque (s). / Il prend un risque, des risques. **2.** [avec élément négatif précédent] 1° [avec adv nég] Jamais ça ne sera possible. 2° [avec pr indéf] Personne ne peut me faire changer d'avis. (Nul. Aucun.) 3° [avec adj indéf] Pas un artisan ne voudra réparer ce meuble. (Aucun. Nul.) 4° [avec ni] Ni ses cris ni ses pleurs ne l'attendrirent. **3.** [éléments multiples] Personne ne parlera plus jamais de rien à personne. **4. ne... que** – 1° Les Anglais ne boivent que du thé. 2° Il n'est que de la voir pour se rendre compte. (Il suffit.) **5.** [Elément négatif facultatif] 1° Je devrais aller me présenter, mais je n'ose (pas) y aller. 2° Il n'y avait (pas) d'autre issue que celle-ci. 3° Peut-on concevoir une mère qui n'élève (pas) son enfant ? 4° Je ne sais (pas) quand il reviendra. 5° [avec si] ■ C'est bien Mme Dubois, si je ne me trompe (pas). ■ Si son mari ne me l'assurait (pas) je croirais rêver. ■ Si ce n'est (pas) toi, c'est donc ton frère. 6° Voilà deux ans que nous ne l'avons (pas) vu. **6.** [ne *seul*] 1° [*Litt*] Que ne suis-je roi, de France ! 2° [*Litt*] N'était son entêtement, nous aurions renoncé depuis longtemps. 3° N'importe : Cf. IMPORTER. 4° N'en déplaise à. Qu'à cela ne tienne. N'avoir garde de. N'avoir que faire de. **7.** [ne *explétif*] 1° [*avec V*] Je crains qu'il ne vienne. / Je ne crains pas qu'il vienne. / Je crains qu'il ne vienne pas. 2° [*avec V nég*] ■ Nous ne doutons pas que vous ne fassiez le nécessaire. ■ Il n'est pas de jour qu'il ne pleuve. ■ Je n'ai pas entendu un seul candidat qui ne réponde une bêtise. 3° [*avec V interr*] Désespéraient-ils que leurs amis n'y parviennent ? 4° [*avec express*] ■ Point de doute qu'il n'avertisse de son arrivée. — Non qu'il ne soit heureux d'en avoir terminé, mais il regrette un peu. 5° [*avec compar*] Il est plus usé qu'il n'en a l'air. 6° [*avec conj*] ■ Jacques prendra un taxi, *à moins que* Jean n'aille le chercher. *(Avant que. De crainte que. De peur que.)* ■ Je ne peux pas dire un mot qu'elle ne me contredise. ■ Il s'en faut que le chargement ne soit complet.

nécessaire   5

1. ADJ – 1° Un peu plus de patience (lui) serait nécessaire. 2° Il obtint l'argent nécessaire (à ses projets). 3° Un fort investissement paraît nécessaire pour relancer l'économie. 4° IMPERS – ■ [+ de *inf*] Il est nécessaire d'établir un programme. ■ [+ que *subj*] Il paraît nécessaire que la séance soit retardée. **2. N** – Elle manque même du strict nécessaire.

ni   6

ADV – **1.** [*avec sans*] 1° Ils sont restés sans chanter ni danser. 2° Sans foi ni loi. Sans tambour ni trompette. **2.** [*en corrél avec* ne (pas)] 1° Elle ne sait pas broder ni coudre. 2° Le sourd muet ne parle ni n'entend. **3. Ni... ni** – 1° [*avec V*] Elle ne sait ni cuisiner ni broder ni coudre. 2° [*avec N*] Ni Jean ni Pierre n'en *savent* rien. *(Sait)* / [*Litt*]. La bonté ni la générosité ne sont pas ses qualités premières. 3° [*avec pr*] Ni moi ni personne n'en savons rien. 4° [*avec adv*] Je ne suis ni plus ni moins responsable que l'autre chauffeur.

nier   7

1° *V :* Vous niez (encore) ? 2° *V N :* Je nie toute participation à ce complot. 3° *V inf :* Je nie avoir eu cette intention. 3° *V que ind :* Je ne nie pas que nous sommes objectivement complices. 5° *V que subj :* Je nie que tu sois le seul responsable.

nom   8

1. N – 1° Elle porte un drôle de nom (de jeune fille). 2° Je ne la connais que de nom. **2. LOC PREP** – **Au nom de** – 1° Je parlerai au nom de mes collègues. 2° Je parlerai en leur nom. 3° Je parlerai au nom de ce que nous aimons le plus. **3.** Nom de Dieu ! Nom d'une pipe !

nombre   9

1. N – 1° Le nombre sept porte bonheur. 2° Le nombre des victimes est très élevé. **2. Nombre de** – 1° *Nombre* d'entre vous ne méritent pas d'être reçus. *(Beaucoup.)* 2° Nombre d'élèves ne méritent pas d'être reçus. **3. Au nombre de** – Ils sont venus *au nombre de* quatre. *(A.)* **4.** Le commissariat a été assailli de plaintes *sans nombre. (Innombrables.)* **5. En nombre** – Les habitants vinrent *en nombre* à la fête. *(Nombreux.)* **6. LOC VERB** – Elle est du nombre de ceux qui ont ce privilège.

non   10

ADV – **1.** [*Réponse*] 1° Tu viens ce soir ? — Non (je ne viens pas). (≠ Oui.) 2° Tu ne viens pas ? — Non.

(≠ Si.) 3° [*Renforcement*] ■ *Certes non.* Bien sûr que non. Fichtre non. *(Sûrement pas. Certainement pas.)* ■ Mais non. Que non. Ma foi non. Comment non ? Eh bien non. Ah non alors. **2. INTERJ** – 1° Tu vas cesser, *non ?* *(Oui ?)* 2° Les Mac Laren sont en France. – *Non,* vraiment ? *(Pas possible. Pas vrai.)* 3° Non mais ! Non mais des fois ! Non sans blagues ! 4° Ça te plairait, *non,* d'aller passer huit jours au Maroc ? *(N'est-ce pas.)* **3.** [*c de V*] 1° Elle fait non de la tête. 2° Je t'ai déjà répondu non. 3° Je crois que non. / Je ne crois pas. 4° Je ne dis ni oui ni non. Je ne dis pas non. **4.** [*Porte sur un élémet*] 1° C'est ton opinion, *non* la mienne. *(Pas.)* 2° Sa femme est serviable, mais lui *non.* *(Pas.)* 3° Ça fait quinze francs, *non* compris le pourboire. *(≠ Y.)* 4° [*avec* sans] L'homme s'avançait non sans prudence. 5° [*avec* moins] Cet autre général est non moins célèbre. 6° [*avec* plus] ■ Il n'y est pas parvenu, non plus que moi. ■ **Non plus** – Claude n'était pas là, Jean non plus. Vous ne trouverez pas non plus. 7° **Non... mais** – Je voudrais non (point) des regrets, mais des excuses. 8° **Mais non** – De toi des excuses j'en accepte, mais *non* de lui. *(Pas.)* 9° **Et non** – Tu devrais écrire au stylo, et non au crayon. 10° **Ou non** – Vous le prenez (oui) ou non ? 11° **Non seulement** – Non seulement il y avait du brouillard, mais *encore* du verglas. *(Aussi.)* 12° **Non content de** + *inf :* Non content d'utiliser ma voiture, il m'emprunte (encore) 1 000 F. 13° **Non que** + *subj :* Nous ne le fréquentons pas, non (pas) qu'il soit antipathique, mais il est très occupé. **5. PREFIXE** – 1° [+ *adj*] C'est une liste non-exhaustive. 2° [+ *N*] Il s'est fait l'apôtre de la non-violence. **6. N** – 1° Votre non n'était pas justifié. 2° Elle se met en colère pour un oui pour un non.

notre, nos

ADJ POSS – 1° *Cf.* MON. 2° Notre homme se dirigea tout droit au poste de police.

(le) notre

POSS – *Cf.* MIEN.

nous

PRON PERS – **1.** [*Sujet*] Eux n'ont pas de lunette. *Toi et moi* nous en avons. *(Jean et moi. Lui et moi. Eux et moi. Nous.)* **2.** [*c*] 1° Tu nous regardes bizarrement. 2° Il nous a envoyé cette lettre. 3° [*Pronomin*] Nous nous sommes bien ennuyés. 4° [*avec prép*] Partage avec nous. **3.** [*Renforcé*] 1° Nous-*mêmes* n'y avons rien compris. *(Autres. Non plus.)* 2° [*avec num*] A nous deux que pouvons-nous faire ? **4.** [*Fam*] Alors, ma fille, nous l'avons fait ce devoir ?

nouveau   *14*

1. ADJ – Un habit nouveau. / Un nouvel habit. Le nouvel an. **2. N** – En politique intérieure, il y a du nouveau. **3. LOC ADV** – 1° **A nouveau** – Le Conseil d'administration se réunit à nouveau demain. 2° **De nouveau** – Elle souffrait de nouveau de violents maux de tête.

nul   *15*

1. ADJ QUAL – 1° [*Epith*] C'est un devoir presque nul. 2° [*Att*] La différence de poids est nulle. 3° J'ai toujours été nul en chimie. **2. ADJ INDEF** – 1° Je n'ai nulle envie de le revoir. 2° Nul autre (marin) n'aurait tenté cette traversée. 3° **Nul doute** – ■ Le coureur pourra sans *nul* doute rattraper son retard. *(Aucun.)* ■ [+ que *ind*] Nul doute qu'il arrivera en retard. ■ [+ que *subj*] Nul doute qu'il (ne) vienne. 4° **Nulle part** – Ce chemin ne mène nulle part. **3. PRON INDEF** – *Nul* ne le connaissait comme moi. *(Personne.)*

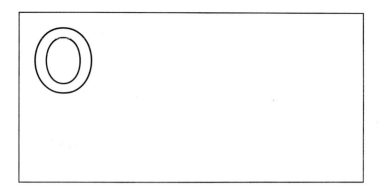

obliger   *1*
1. 1° *V :* Parfois nécessité oblige, jeunesse oblige. 2° *V qqn (si)* : Vous m'obligerez beaucoup (si vous acceptez mon invitation). 3° *V qqn (de inf)* : Vous m'obligerez beaucoup (d'accepter mon invitation). 4° *V qqn (en ppt)* : Vous m'obligerez beaucoup (en acceptant mon invitation). 5° *V qqn à inf :* Vous obligez le surveillant à vous gronder. 6° *V qqn à N :* Vous obligez le surveillant à la sévérité.
2. S'obliger – 1° *V :* Parfois, il faut savoir s'obliger un peu. 2° *V à N :* Oblige-toi à plus de retenue. 3° *V à inf :* Je m'oblige à me faire respecter.
3. Etre obligé – 1° *V de inf :* Je suis obligé de partir d'urgence. 2° *[Litt]* *V à qqn de inf :* Je vous serais très obligé de m'accorder un entretien.

observer   *2*
1. 1° *V :* Le savant sait observer. 2° *V N :* Il observe le silence. 3° *V que ind :* J'observe que tu as menti trois fois. 4° *V interr :* J'observe comment il s'y prend. **2. S'observer** – Les deux lutteurs s'observent d'abord.
3. Faire observer à qqn que *ind :* Je vous fais observer que je n'ai jamais donné mon accord.

obtenir   *3*
1. 1° *V N :* Il a obtenu une permission 2° *V que ind :* Il a obtenu qu'on lui donnerait des permissions. 3° *V que subj :* Il a obtenu qu'on le mette en liberté. 4° *V de inf :* Il a obtenu de sortir tous les huit jours. 5° *V qqch à qqn :* On lui a obtenu le poste qu'il voulait. 6° *V de inf à qqn :* On lui a obtenu de participer au concours. 7° *V que subj à qqn :* On lui a obtenu que sa détention soit assouplie. 8° *V qqch de qqn :* On a obtenu de lui tout ce qu'on voulait. 9° *V de qqn de inf :* J'ai obtenu de lui de pouvoir sortir. 10° *V de N que subj :* Il a obtenu du tribunal que justice soit rendue.
2. S'obtenir – *V :* Rien ne se donne, tout s'obtient.

occasion   *4*
1. N – 1° Les occasions de revanche ne manqueront pas. 2° Les occasions de se venger ne manqueront pas. 3° Je ne voudrais pas lui donner l'occasion qu'il puisse se venger.
2. LOC ADJ ou ADV – J'ai acheté un livre d'occasion (hier). **3. LOC ADV** – 1° A la *première* occasion, il l'invitera à danser. *(Prochaine.)* 2° Elle manifestait son désaccord en toute occasion. 3° Nous nous reverrons peut-être à *l'occasion. (Le cas échéant.)* **4. LOC PREP – A l'occasion de** – C'est à l'occasion de votre mariage que nous nous sommes rencontrés. **5. LOC VERB** – Si vous avez l'occasion, arrêtez-vous à la maison.

occuper 5

1. 1° *V :* Travailler occupe. 2° *V* qqn : Voici la question qui nous occupe aujourd'hui. 3° *V N* à *inf :* J'occupe toutes mes journées à lire. **2. S'occuper** – 1° *V :* Qu'est-ce que tu fais ? Je m'occupe. 2° *V* à *N :* Je m'occupe à mon travail. 3° *V* à *inf :* Je m'occupe à ratisser le jardin. 4° *V* de *N :* Je m'occupe de mes affaires. 5° *V* de *inf :* Je m'occupe de chercher la panne du moteur. **3. Etre occupé** – 1° *V :*
■ Fiche-moi la paix, je suis occupé.
■ A cette époque-là, la France était occupée (par l'Allemagne). 2° *V* à *inf :* Je suis occupé à travailler. 3° *V* à *N :* Je suis occupé *à* mon travail. *(Par.)*

offrir 6

1. 1° *V N* (à qqn) : Pierre offre sa maison (aux invités). 2° *V* que *subj :* Pierre offre qu'on reste chez lui. 3° *V* de *inf* (à qqn) : Pierre offre (aux invités) de loger. 4° *V* à *inf* (à qqn) : Pierre offre à boire à ses invités. 5° *V N* [*Quant*] *:* J'offre 2 000 francs (pour ce cheval) ; J'offre 2 000 francs (contre votre silence). **2. S'offrir** – 1° *V :* Cette occasion s'offre, saisis-la. 2° *V N :* Jean s'est offert des vacances en Italie. 3° *V* à *N :* Un paysage magnifique s'offrait à la vue. 4° *V* à *inf :* Jean s'est offert à rembourser mes dettes. 5° *V* en *att :* Jean s'est offert en otage. 6° *V prép N :* Je viens m'offrir pour ce travail.

(l') on 7

PRON PERS INDEF [SUJET] – 1° On doit travailler pour gagner sa vie. 2° On doit travailler pour soi. 3° [*Fam*] On a encore augmenté les impôts. 4° *On* frappe à la porte. *(Quelqu'un.)* 5° [*Nous*] [*Fam*] Nous, étudiants, on ne mange pas toujours à notre faim. 6° On baissa le rideau. (= Le rideau fut baissé.) 7° Alors Pierre, on est en vacances ? 8° On dit que la gauche gagnera les élections. 9° On dirait que vous êtes malade. 10° Elle est *on ne peut plus* sympathique. *(Très.)*

opposer 8

1. 1° *V N* (à *N*) : Il opposa des arguments convaincants (à ce discours). 2° *V* que *ind* (à *N*) : Il (nous) oppose qu'on aurait dû prévoir ce cas. 3° *V N* et *N :* Il oppose le bien et le mal. 4° *V N* à *N :* Il oppose de solides arguments à nos contradictions. **2. S'opposer** – 1° *V :* Vous n'arrêtez pas de vous opposer. 2° *V* à *N :* Il s'oppose à tous mes projets. 3° *V* à *inf :* Il s'oppose à rester ici. 4° *V* à ce que *subj :* Il s'oppose à ce que je parte **3. Etre opposé** – 1° *V* à *N :* Je suis opposé à cette nomination. 2° *V* à ce que *subj :* Je suis opposé à ce que ça se passe comme ça.

or 9

CONJ COORD – 1° Je t'avais prévenu ; or tu ne m'as pas écouté. *(Cependant.)* 2° A = B, or B = C, donc A = C.

ordinaire 10

1. ADJ – La télévision était son passe-temps ordinaire. **2. N** – Le chef servit des plats qui sortaient de l'ordinaire. **3. LOC ADV** – 1° **A l'ordinaire** – Après la messe il acheta des gâteaux comme *à l'ordinaire. (D'habitude.)* 2° **D'ordinaire** – *D'ordinaire,* il y avait moins de monde dans la salle. *(En général. D'habitude.)*

ordonner 11

1. 1° *V :* Ordonnez et vous serez obéi. 2° *V N :* Le gouvernement a ordonné l'exécution de la sentence. 3° *V* que *ind :* Le maître ordonne que les bottes seront laissées devant la porte. 4° *V* que *subj :* Le maître ordonne qu'on s'en aille rapidement. 5° *V* de *inf :* La ménagère ordonne de ne pas salir sa maison. 6° *V* qqch à qqn : Il nous a ordonné la soumission. 7° *V* à qqn de *inf :* Je vous ordonne de rester. 8° *V* que *subj* à *N :* Je vous ordonne que le travail soit rendu vendredi. 9° *V* qqn *att :* On l'a ordonné prêtre. **2. S'ordonner** – Les choses s'ordonneront d'elles-mêmes.

ou *12*

CONJ COORD – **1.** [*N avec N*] 1° On
va voir un film policier, (un dessin
animé) ou un film comique ? 2° C'est
du kummel, *ou* (encore) alcool parfumé au jasmin *(c'est-à-dire de l')*.
2. [*N avec pr*] On monte dans sa voiture ou dans la mienne ? **3.** [*pr avec
pr*] C'est l'un ou l'autre qui gagnera.
4. [*adj avec adj*] 1° Est-il rouge ou
orange ? 2° Tu prends ton wisky sec
ou à l'eau ? 3° [*Num*] ■ Prends des
oignons : trois ou quatre suffiront.
■ Combien étaient-ils ? Sept ou huit,
je ne sais pas exactement. **5.** [*adv
avec adv*] Tu préfères rouler vite ou
lentement ? **6.** [*P avec P*] 1° Tu pars
ou tu restes ? 2° Je me demande s'il
va accepter ou s'il va refuser. 3° Levez
les mains *ou* je tire. *(Sinon. Sans ça.)*
4° Qu'on me rende ma pipe *ou* je me
fâche. *(Sinon. Sans ça.)* **7. Ou...
ou** – *Ou* vous rapportez le livre *ou*
vous payez l'amende. *(Soit... soit.)*
8. Soit... ou – [*Litt*] Il prit l'autre
route soit par erreur ou par inat-
tention.

où *13*

1. ADV INTERR – 1° Où vas-tu ?
Où est-ce que tu vas ? 2° Où es-tu
caché ? 3° [*Prép +*] ■ Sais-tu d'où
il sort ? ■ Sais-tu par où il est parti ?
2. REL – 1° [*avec antécédent*]
■ N'entre pas dans la chambre où il
dort. ■ N'entre pas là où il dort.
■ Connais-tu le bureau où s'adresser ?
■ [*Fam*] Au prix où sont les places de
cinéma, on n'y va pas souvent. ■ Il
se couche à l'heure où les autres se
lèvent. 2° [*sans antécédent*] ■ On ne
peut pas aller où l'on veut. ■ Où je
suis pas d'accord, c'est quand tu
parles de révolution. ■ [*+ subj*]
Indique-moi un restaurant où on
puisse bien manger. ■ **Où que** + *subj* :
Où que j'aille, je m'ennuie. 3° [*antécédent prép* où] ■ Le collège *d'où* il
sort est renommé. *(Dont.)* ■ Je
n'ignore pas les compromissions par
où nous devrons passer. ■ Je ne me
souviens pas du village pour où il est
parti. 4° [*prép* où] ■ Il n'est pas venu
au rendez-vous ; *d'où* mon appréhen-
sion. *(De là.)* ■ D'où qu'il provienne,
ça ne change rien. ■ *Par* où qu'il
parte, ça m'est égal. *(Pour. Vers.)*
■ **N'importe où** – Il se promène
n'importe où. *(Partout.)*

oublier *14*

1. 1° *V :* Le temps a passé, elle a oublié.
2° *V N :* J'ai oublié ma promesse.
3° *V que ind :* J'ai oublié que je devais
téléphoner. 4° *V interr :* J'ai oublié si
je devais téléphoner ou non. 5° *V de
inf :* J'ai oublié de téléphoner. **2. S'oublier** – *V :* 1° Les connaissances
s'oublient vite. 2° Il s'est oublié ce
soir-là (au point de battre sa fille).

oui *15*

ADV – **1.** [*Réponse*] Tu m'accompagnes ? *Oui. (Entendu. Volontiers.
Sans aucun doute. D'accord. Comment donc. Certainement.)* / Tu ne
m'accompagnes pas ? *Si. (≠ non.)*
2. [*avec renforcement*] 1° Mais oui.
Certes oui. Mon Dieu oui. Dame oui.
Ça oui. Ma foi oui. Eh oui. Ah oui.
Ah oui alors. Eh bien oui. 2° Tu te
dépêches, oui ? 3° Je vous ai aperçu
hier – Ah oui ? Vraiment ? **3. C** – 1° On
m'a répondu *oui. (Affirmativement.)*
2° Il paraît que oui. 3° [*avec P*] En
sommes-nous capables ? Toi oui peut-
être. Mais moi, non. 4° [*avec Si*]
Aimes-tu les timbres hongrois ? *si oui,*
je t'en enverrai d'autres. *(≠ Sinon.)*
4. LOC – 1° **Oui ou non** – Enfin, oui
ou non, vas-tu me dire où tu étais ?
2° **Pour un oui ou pour un non** – Il
manque la classe pour un oui ou pour
un non. **5. N** – Elle prononça en sou-
riant le oui traditionnel.

outre *16*

1. PREP – *Outre* ses activités d'écri-
vain, il est cinéaste. *(En plus de.)*
2. PREFIXE – 1° Il travaille *outre-*
Rhin. *(Au-delà du.)* 2° Cet enfant ne
travaille pas *outre-mesure. (Trop.)*
3. LOC VERB – On lui a interdit de se
lever, mais il passe outre (à l'inter-
diction). **4. LOC ADV** – **En outre** –
Vous n'avez pas fait votre devoir ;

en outre vous mentez. *(Qui plus est. De plus.)*

ouvrir   17

1. 1° *V :* ■ Ouvrez immédiatement ! ■ Les bureaux ouvrent à 9 h. 2° *V* qqch : Ouvrez la porte. 3° *V* à qqn : Il a ouvert à ses amis. 4° *V* qqch à qqn : Il a ouvert la porte à ses amis. 5° *V* sur : Cette porte ouvre sur la terrasse. **2. S'ouvrir** — 1° *V :* Le paquet s'est ouvert (tout seul). 2° *V* à qqch : [*Litt*] Elle s'ouvrit brusquement à l'amour. 3° *V* à qqn (de qqch) : Il s'est ouvert à moi (de ses problèmes familiaux). 4° *V* (à qqn) de ce que : Il s'est ouvert à moi de ce qu'on l'ignorait chez lui. 5° *V* sur *N :* La porte s'ouvrit sur les personnalités annoncées.

par 1

PREP – **1.** [*V par N*] 1° [*Agent*] ■ Le voleur a été arrêté par la police. ■ Je l'ai fait arrêter par la police. 2° [*Lieu*] ■ La balle est passée par la fenêtre. ■ Nous sommes passés par des moments difficiles. ■ On dit par la ville que tu vas te marier. ■ Je suis allé en Yougoslavie *par* Venise. *(Via.)* 3° [*Temps*] ■ Par beau temps on aperçoit le Mont-Blanc. ■ Je l'ai rencontré par un beau soir d'été. 4° [*Moyen*] ■ C'est *par* Jacques que j'ai découvert votre nomination. *(Par l'intermédiaire de. Grâce à.)* ■ Je voyage ordinairement par le train. ■ Je l'ai su par le journal. ■ Elle a répondu par le mutisme. ■ Divisez 15 par 5. 5° [*Manière*] Sa fiancée le tenait par le bras. 6° [*Cause*] Il a échoué par paresse. 7° [*Distribution*] ■ Le repas coûte quinze francs par personne. – Il venait me voir trois fois par mois. ■ Il mangeait lentement, morceau par morceau. **2.** [*V par inf*] Elle finira par m'énerver. **3.** [*N par N*] La gestion des affaires courantes par la commission suffira. **4.** [*avec prép*] 1° **De par** – Il a agi *de par* son autorité. *(Du fait de.)* 2° **Par chez** – Il m'arrive de me promener *par chez* vous. *(Du côté de chez.)* **5.** [*avec adv*] 1° **Par trop** – Il est vraiment par trop insupportable. 2° Par ici ; par là. Par devant. Par dessus. Par où...

paraître 2

1. 1° *V :* Le soleil paraît à l'horizon. 2° *V att* (à qqn) : Cet enfant me *paraît* malade. *(Semble.)* 3° *V N* (à qqn) : Cette femme (me) paraît (avoir) quarante ans. 4° *V inf* (à qqn) : Cette femme me paraît somnoler. **2. IMPERS** – 1° *V :* ■ On t'a écrit, *il paraît. (A ce qu'il paraît. Paraît-il.)* ■ [*Litt*] Prenez vos affaires sans qu'il y paraisse et filez. 2° *V que ind :* Il paraît qu'on t'a écrit. 3° *neg V que subj :* Il ne paraît pas qu'il ait obtenu satisfaction. 4° *V att de inf :* Il paraît inutile d'insister. 5° *V att que subj :* Il paraît inutile que nous insistions là-dessus. 6° *V att à qqn de inf :* Il paraît inutile à nos partenaires d'insister là-dessus. 7° Il paraît inutile à nos partenaires que nous insistions là-dessus. 8° *V à qqn que ind :* Il me paraît que tu dois porter plainte. 9° *nég V que subj :* Il ne me paraît pas que tu doives porter plainte. **3.** [*auxiliaire*] 1° L'article est paru dans les journaux du soir. 2° L'article a paru il y a déjà longtemps.

parce que 3

LOC CONJ – 1° Il est arrivé en retard *parce qu'*il avait manqué son train. *(Car. Vu que.)* 2° Il est arrivé tout rouge, parce qu'il était essoufflé. 3° Pourquoi ne viens-tu pas avec nous ? – Parce que. 4° Vous partez ? – Non. – Parce que je serais parti avec vous.

pareil   4

1. ADJ – 1° Tous les hommes se ressemblent ; ils sont tous pareils. 2° Christiane est *pareille* (en tout) à sa sœur aînée. *(Semblable. Identique.)* 3° Avec un *pareil* livre, on apprend vite. *(Tel.)* 4° Que faites-vous encore ici à une heure pareille ? 5° En pareil *cas,* il vaut mieux s'abstenir. *(Circonstance.)* 6° *Pareil* comportement ne manque pas d'audace. *(Semblable. Un tel.)* **2. N** – **LOC** – 1° ■ Elle n'a pas sa pareille (pour réussir les tartes). ■ Jean n'a pas son pareil (pour la natation). 2° Il m'a giflé ; je lui ai rendu la pareille. 3° C'est un document *sans pareil. (Incomparable.)* 4° C'est *du pareil au même. (La même chose.)*

parier   5

1° *V :* Ce joueur parie sans cesse. 2° *V* que *ind :* Je parie que tu as raté le train. 3° *V N* (que *ind*) (à qqn) : Je (lui) ai parié un apéritif (que tu avais raté ton train). 4° *V (N)* de *inf* (à qqn) : Je (lui) ai parié (200 F) de tout boire d'un trait. 5° *V prép :* Je parie sur le 7, à 100 contre 1, contre toi, avec toi.

parler   6

1. 1° *V* (à qqn) : Vous parlez facilement (aux voisins), vous. 2° *V N* (à qqn) : ■ Les femmes parlaient chiffons (aux nouvelles venues). ■ Les hôtesses parlaient le français (aux congressistes). ■ Les délégués parlaient *français. (Le français.)* 3° *V* de qqn : Elle parle du problème (à son mari) → elle (lui) en parle. 4° *V* avec : Elle parle de lui avec son amie d'enfance. 5° *V* de *inf* (à qqn) : Elle parle de se révolter (à ses parents). 6° *V prép att :* Elle parle en tant que délégué du personnel. **2. Se parler** – 1° *V :* ■ Les vieux se parlent (entre eux) (de l'avant-guerre). ■ En Béarn, l'Occitan *se parle. (Est parlé.)* 2° IMPERS – *V* de *N :* Il s'est parlé d'un accord sur les armements nucléaires. **3. Parlant** – ADV – Votre théorie se tient, logiquement parlant. **4. Tu parles** –

Vivre avec lui ; vous parlez, c'est impossible ! **5. Sans parler de** – J'ai trouvé trois kilos de cèpes, sans parler des oranges !

parmi   7

PREP – **1.** [*avec V*] 1° La cabane était perdue *parmi* les arbres. *(Au milieu de.)* 2° Il disparut et s'enfuit *parmi* la foule. *(Dans.)* 3° La paix règne *parmi* nous. *(Entre.)* 4° *Parmi* tous ces maux, il faut choisir le moindre. *(Entre.)* **2.** [*avec pr*] Beaucoup *parmi* nous n'ont rien compris. *(D'entre.)*

part   8

N – **1. dN** – 1° [*avec art déf sans prép*] ■ Mon frère a eu la plus grosse part (de la tarte). ■ LOC VERB – Il faut faire la part de l'exagération dans ses récits. 2° [*avec art déf avec prép*] LOC PREP – **De la part de** – Je vous écris de la part de mon ami. 3° [*avec poss sans prép*] Ma part de tarte était délicieuse. 4° [*prép + poss +*] ■ LOC ADV – *Pour ma part,* je ne suis pas d'accord. *(En ce qui me concerne. Quant à moi.)* ■ LOC VERB – En tout cas, j'ai pris ma part de travail. 5° [*avec indéf sans prép*] ■ Le chemin mène sans doute *autre* part. *(*Quelque.*)* ■ Le chemin ne mène nulle part. 6° [*prép + indéf +*] ■ Ce chemin vient sans doute de *quelque* part. *(Autre.)* ■ Les gens arrivent de toutes parts. ■ **D'autre part** – Michel est gentil ; d'autre part il est très serviable. 7° [*avec art indéf sans prép*] J'ai eu une très grosse part de gâteau. 8° **Pour une part** – ■ Je participe à cette entreprise pour une part importante. ■ LOC ADV – Pour une (bonne) part, je suis d'accord. Ce choix résulte pour une part d'impératifs économiques. 9° **D'une part, d'autre part** – *D'une part,* elle me séduit, *d'autre part* elle m'inquiète. *(Pour une part... pour une autre. = D'un côté... de l'autre.)* **2. dN** – 1° [*sans prép*] LOC VERB ■ Les chiens avaient part au festin. ■ Le général fait part de ses craintes à ses officiers. ■ Le préfet a pris part à la cérémonie. / Le préfet a pris la plus grande part à la cérémonie. / Le préfet a pris une part très active à la cérémonie. 2° [avec prép à] **A part** – ■ LOC PREP – *A part* moi, tout le monde a réussi. *(Sauf.)* ■ LOC ADV – Maintenant, je suis membre du club à part entière. Le cas de M. le Maire est tout à fait à part. ■ LOC VERB – Nous avons mis à part les haricots blancs. J'ai pris à part quelques élèves pour les sermonner. 3° [avec prép de] LOC ADV – ■ *De part et d'autre* – *De part et d'autre* de l'allée poussaient des tulipes. *(De chaque côté de.)* ■ **De part en part** – Je fus transpercé de part en part. 4° [avec prép en] LOC VERB – Il a pris en mauvaise part les remarques du maire.

partager 9

1. 1° *V :* Vous ne savez pas partager. 2° *V N :* Partage le gâteau. 3° *V qqch avec qqn :* Nous partageons le gâteau avec nos amis. 4° *V qqch à qqn :* Il a partagé son héritage à ses neveux. *(Entre.)* 5° *V qqch prép :* Il a partagé son héritage en deux parties égales. **2. Se partager** – 1° *V :* Les grandes fortunes ne se partagent pas. 2° *V qqch prép :* Ils se partageront l'héritage (entre eux) (avec leurs enfants). **3. Etre partagé** – 1° *V :* Les avis sont partagés sur cette question. 2° *V entre N et N :* Je suis partagé entre la colère et le mépris.

partir 10

1. 1° *V :* Il faudra partir un jour. 2° *V att :* Il partira (le) premier. 3° *V inf :* Nous sommes partis faire des courses. 2° *V prép :* Il est parti par le train à Paris pour huit jours. 5° *V prép att :* Il est parti comme mousse à bord du cargo. **2. IMPERS** – *V N :* Il part de ce port 2 bateaux par jour. **3. Partant** – Le villebrequin était cassé ; *partant*, Nous ne pouvions plus qu'abandonner. *(De ce fait.)* **4. PREP** – **A partir de** – *A partir* d'aujourd'hui, je ne fume plus. *(A compter de.)*

pas 11

ADV – **1. ne... pas** – *ou* **pas... ne** – 1° [avec V] ■ [avec tps simple] Tu ne manges pas ? ■ [avec tps composé] Elle n'avait pas entendu. ■ [avec V + inf] Vous ne pouviez pas savoir. / Vous pouviez très bien ne pas savoir. ■ [avec pr pers] Je ne lui ai pas dit. Elle me demande de ne pas la prendre. 2° [avec indéf] ■ **Pas un** – *Pas un* bruit ne troublait le silence. *(Aucun.)* *Pas un (e)* ne manquait à l'appel *(aucun (e))*. ■ Pas la moindre trace de pas ne se voyait dans l'allée. ■ **Pas grand chose** – Mon fils ne fait pas grand chose à l'école. ■ **Pas rien** – Se lever à 5 heures, ça n'est pas rien ! 3° [avec adv] ■ [adv +] Je n'ai *encore* pas téléphoné à l'agence. *(Toujours. Même. Surtout.)* ■ [+ adv] Elle ne sait pas *non plus. (Encore.)* **Pas autrement** – Je ne serais pas. autrement étonné s'il manquait le train 4° [avec ne... que] ■ Les Anglais ne boivent pas que du thé. ■ **Ne... pas moins que** – Il ne faudra pas moins que la présence du recteur pour apaiser les esprits. ■ **Ce n'est pas que** + *subj* – Ce n'est pas qu'il soit pauvre, mais la vie est si chère. 5° **Pas plus que** – Pas plus la mère que la fille ne s'en doute (nt). 6° **Pas moins (de)** – *Cf.* MOINS. **2.** [omission de ne] 1° [Fam] J'y vais pas. / Je n'y vais pas. 2° [avec voilà] Voilà-t-il pas qu'au lieu de freiner il accélère ! 3° [Fam] Faut pas s'en faire ! C'est pas une vie ! **3.** [sans ne] 1° Ça vous plaît – Pas *du tout. (Le moins du monde.)* 2° Pas de chance ! Pas si vite ! Pas de ça ! 3° [avec adv] Vous aimeriez vivre à Paris ? – Certainement pas. *(Sans doute. Non. Peut-être. Pourquoi.)* 4° [avec adj] ■ C'est un livre pas ennuyeux du tout. ■ Jourdan a battu le record du monde. – *Pas vrai ! (Pas possible !)* 5° [avec N] ■ Passez donc à la maison. – Pas ce soir. Pas demain. ■ C'est une souris, *pas* un rat. *(Non pas.)* 6° [avec pr] ■ [+ pr] Sa femme est serviable, mais pas lui. ■ [pr +] Sa mère portait un chapeau ; elle *pas*.

(Non.) 7° [*avec prép*] ■ Pose le vase sur le buffet, *pas* sur la table. *(Non.)* ■ J'aimerais une grosse voiture, mais pas pour faire de la vitesse. 8° [*avec P*] Est-il arrivé ? — Pas que je sache. 9° [*avec* ou] ■ Vous le prenez ou pas ? ■ Qu'elle vienne ou pas, moi je vous quitte. 10° **Pas mal (de)** — *Pas mal* (de gens) en disent du bien. *(Beaucoup.)*

passer 12

1. 1° *V* : Le train est passé (à 20 heures). 2° *V att* : Il est passé premier procureur. 3° *V inf* : Mon frère est passé prendre ton paquet. 4° *V N* : Elle a passé son examen. 5° *V qqch à N* : Le joueur passe le ballon à son partenaire. 6° *V N à inf* : Il passa deux heures à lire. 7° *V N à N* : Il passe son temps à la rédaction de ses mémoires. 8° *V pour att* : Il passe pour (un homme) intelligent. 9° *V pour* : Il passe pour être intelligent. 10° *V prép* : Je passerai à 10 heures ; entre midi et deux heures ; sur les détails ; en troisième ; par Lyon ; d'Allemagne en France. **2. Passer outre** — 1° *V* : Je vous avais prévenu ; pourtant vous avez passé outre. 2° *V à N* : Vous avez passé outre à toutes mes mises en garde. **3. IMPERS** — *V N* : Il est passé une circulaire interdisant de fumer. **4. Passe (encore)** + de *inf* : Passe (encore) d'arriver en retard, mais tu pourrais t'excuser. **5. Se passer** — 1° *V* : L'accident s'est passé à 4 heures. 2° *V N* : Je me passe des disques. 3° *V de N* : Je me passerai de dessert, de toi. 4° IMPERS — ■ *V N* : Il se passe des choses bizarres, ici. ■ *V que ind* : Il se passe que nous sommes en panne. **6. En passer par** — Vous devrez en passer par là : Vous devrez payer. **7. Y passer** — [*Fam*] Dans cet accident, il y est passé. **8. Passé** — 1° ADJ — Il est huit heures passées. 2° PREP — *Passé* huit heures, on ne peut plus sortir. *(Après.)*

peine 13

1. N — 1° Ma mère est dans la peine. 2° Les pirates sont passibles de la peine de mort. **2. LOC ADV — A peine** — 1° Jacques a *à peine* progressé ce trimestre. *(Peu. Tout juste.)* 2° Il est arrivé à 8 heures à peine. 3° Votre devoir est *à peine* acceptable. *(Tout juste.)* 4° A peine l'élève avait-il été admis, qu'on le renvoya. 5° A peine admis, on le renvoya. 6° C'est *à peine* si je le salue encore. *(Tout juste.)* 7° Je l'ai battu à *grand peine* aux échecs. *(Difficilement. Avec peine. Non sans peine.)* **3. LOC PREP — Sous peine de** — 1° [+ *N*] Défense d'afficher sous peine d'amende. 2° [+ *inf*] Défense de me déranger sous peine d'encourir ma colère. **4. LOC VERB** — 1° Il s'est donné la peine de relire le Capital. 2° J'ai pris la peine de relire la Bible. 3° J'ai (de la) peine à croire ce que vous me dites. 4° Le spectacle est gratuit, ça vaut la peine d'y aller. — Le spectacle est bien, *ça vaut la peine* qu'on y aille. (≠ *Ce n'est pas la peine.)*

pendant 14

1. PREP — 1° Je ferai du ski *pendant* cet hiver. *(Durant. Au cours de.)* 2° Je ferai du ski avant les vacances et pendant. **2. LOC CONJ — Pendant que** — 1° Pendant que tu laveras les assiettes, j'essuierai. 2° Lui, au moins, travaille, pendant que toi tu t'amuses. 3° Pendant que tu y es, parle-nous de ton voyage.

penser 15

1. 1° *V* : Les bêtes ne pensent pas. 2° *V N* : C'est ce que je pensais. 3° *V inf* : ■ Nous pensons partir dimanche. ■ Elle a pensé s'en aller. 4° *V que ind* : Nous pensons qu'il ne viendra pas dimanche. 5° *V que subj* : Nous ne pensons pas qu'il vienne dimanche. 6° *V à N* : Pense à moi (pour ce rôle). 7° *V à inf* : Tu penseras à prendre tes clefs. 8° *V qqch de N* : Je pense beaucoup de bien de lui. 9° *V prép* : ■ Il pense par millions.

■ Voilà ce que je pense sur la question.
2. EXPR – 1° Il ne viendra pas, tu penses ! il a trop peur. 2° Elle a 25 ans sans doute. – *Pensez-vous !* Elle en a 35 ! *(Pas du tout. Non.)*

perdre 16
1. 1° *V :* Mes actions en bourse ont énormément perdu. 2° *V N :* J'ai perdu mon chapeau ; mon grand-père. 3° *V à N :* Il perd à la pétanque. 4° *V à inf :* Il perd à être connu. 5° *V N à N :* Il a perdu sa fortune *au jeu. (A jouer.)* 6° *V prép att :* Il a beaucoup perdu *comme* acteur. *(En tant que.)* 7° IMPERS – *V N :* Il a été perdu un chien coker nommé Chrysler. **2. Se perdre** – 1° *V :* Ils se sont perdus (dans la forêt). 2° *V prép :* Jean s'est perdu en explications incompréhensibles.

permettre 17
1. 1° *V :* Permettez, je voulais juste dire un mot. 2° *V N :* Ce canal permet la navigation. 3° *V que subj :* Le propriétaire permet qu'on écrive sur ses murs. 4° *V de inf :* Ce canal permet de naviguer. 5° *V à N de inf :* Le canal permet aux péniches de remonter jusqu'à Toulouse. 7° IMPERS – *V de inf :* Il est permis de douter de votre honnêteté, après ce vol. **2. Se permettre** – 1° *V N :* Il s'est permis de nombreuses incartades. 2° *V de inf :* Je me permets de vous faire remarquer votre retard.

personne 18
1. [*sans ne*] 1° [*Réponse*] Quelqu'un d'absent aujourd'hui ? – Non, personne. 2° [*avec sans (que)*] Notre collègue est parti sans que *personne* s'en aperçoive. *(Quelqu'un.)* 3° **Comme personne** – Marcel est malin comme personne. 4° [*avec compar*] Je suis mieux placé que *personne* pour le savoir. *(Quiconque.)* **2.** [*avec ne*] 1° ■ Je ne fréquente personne. ■ Personne n'est venu. 2° [*avec adv*] On ne rencontre *plus* personne. *(Presque. Vraiment. Ja-*

mais.) **3.** [+ *de adj*] 1° Nous n'avons trouvé personne de sérieux. 2° Personne de compétent ne l'a soigné. **4. N** – 1° C'est une personne âgée. 2° **En personne** – Tu es le diable en personne. 3° Ça coûte 2 F par personne.

persuader 19
1. 1° *V :* Vous avez l'art de persuader. 2° *V qqn :* Il sait persuader son auditoire. 3° *V qqn de qqch :* Il nous a persuadés de son innocence. 4° *V qqn de inf :* Il nous a persuadés de partir. 5° *V qqn que ind :* Il nous a persuadés que nous devions partir. **2. Se persuader** – 1° *V de N :* Je me suis persuadé de ma faiblesse en physique. 2° *V que ind :* Je me suis persuadé que j'étais malade. 3° **Etre persuadé** – 1° *V de N :* Je suis persuadé de son innocence. 2° *V que ind :* Je suis persuadé qu'il a raison. 3° *V que subj :* Je ne suis pas persuadé qu'il ait bien agi.

peser 20
1. 1° *V :* Le panier pèse (lourd). 2° *V N :* ■ Il a pesé ses arguments. ■ Il pèse 220 kilos. 3° *V à qqn :* La solitude lui pèse (beaucoup). 4° *V qqch à qqn :* Pesez-moi une livre de tomates. 5° *V prép :* Sa personnalité a pesé dans le résultat final. Elle a pesé sur la décision. **2. IMPERS** – 1° *V N :* Il pèse des soupçons sur vous. 2° *V à qqn de inf :* Combien ça me pèse de partir ! **3. Se peser** – 1° *V :* Je me pèse tous les matins. 2° *Tout bien pesé,* je préfère rester. *(Tout compte fait.)*

peu 21
ADV – **1.** [*avec N*] **Peu de** – 1° *Peu de* gens ont participé au rallye. *(≠ Beaucoup.)* 2° J'ai passé (très) peu de temps à ce travail. 3° C'est peu de chose (que de rédiger une introduction). 4° Si peu d'ambition qu'il ait, il réussira. 5° **Un peu de** – Je voudrais un peu de fraises. Je voudrais garder un (tout petit) peu

d'argent. 6° **Le peu de** — Le peu d'argent qu'il a, il le dépense. 7° Je voudrais garder *mon* peu d'argent. *(Ce.)* **2.** [NOMINAL] Beaucoup sont appelés ; peu sont élus. **3.** [*avec adj*] Il est vraiment peu aimable. **4.** [*avec adv*] 1° Elle me téléphone *peu* souvent *(≠ Très. Fort.)* 2° J'ai gagné *très* peu ce mois-ci. *(Fort. Trop.)* 3° Il est *assez peu* aimable *(Quelque peu. Suffisamment. Moyennement.)* 4° Il me téléphone si peu souvent ! 5° Si peu que ce soit, mange quand même un peu de soupe. **5.** [*avec V*] 1° Généralement, je dors *peu. (≠ Beaucoup.)* 2° J'ai gagné *peu* ce mois-ci. *(≠ Beaucoup.)* 3° Je me satisfais de peu. 4° LOC VERB — ■ Il s'en est fallu de peu que je manque mon train. ■ C'est peu (que) d'être arrivé, il fallait gagner. **6. Un peu** — 1° Il sait un (tout petit) peu nager. 2° Il est un (tant soit) peu stupide. 3° Toi, comme pitre, tu te poses (un peu) là ! 4° [*Fam*] Et toi, tu veux du dessert ? — *Un peu !* (que j'en veux). *(Bien sûr.)* 5° **Pour un peu** — Pour un peu, j'allais manquer mon rendez-vous. **7. De peu** — 1° Le numéro 5 a gagné *de peu. (De justesse.)* 2° Il a été vainqueur de peu. **8.** Il viendra *sous peu.* *(Dans peu. Avant peu. D'ici peu.)* **9. Peu à peu** — *Peu à peu* les lumières disparurent. *(Petit à petit.)* **10. Pour peu que** + *subj* : 1° Pour peu qu'un violon grinçât, elle trouvait le concert lamentable. 2° *Pour peu que* tu t'appliques, tu réussiras. *(Pourvu que.)*

peur 22

1. N — 1° La peur de mon père était étonnante pour un homme. 2° Il était tiraillé par la peur de la maladie. 3° ■ Il était tiraillé par la peur de mal faire. ■ Il était tiraillé par la peur d'avoir commis une faute. 4° Il était tiraillé par la peur que je ne sois pas là. 5° Il était tiraillé par une peur bleue de me voir partir. 6° Il était blême de peur. **2. LOC PREP** — **De peur de** — 1° [+ *N*] Il se tait *de peur d'*une puni-

tion. *(De crainte de.)* 2° [+ *inf*] Il se tait de peur d'être puni. **3. LOC CONJ** — **De peur que** + *subj* : Il se tait *de peur qu'*on le punisse. *(De crainte que.)* **4. LOC VERB** — Quand le canon retentit, je pris peur, 2° La guerre fait peur (aux peuples). 3° J'ai vraiment peur qu'il ne soit pas reçu.

peut-être 23

1. ADV — 1° Vous viendrez ? — *Peut-être. (≠ Peut-être pas.)* 2° On trouvera *peut-être* des champignons. *(Eventuellement.)* 3° Vous avez *peut-être* raison, mais je ne suis pas convaincu. *(Probablement.)* 4° [+ *V S*] Peut-être pourrons-nous vous rejoindre. **2. Peut-être que** — *Peut-être (bien) que* j'aurais oublié mon chapeau dans le train. *(Sans doute que.)*

pire 24

1. ADJ — 1° [*att*] Ce film est mauvais, mais celui d'hier était *(bien)* pire (que celui-ci). *(Encore.)* 2° [*épith*] ■ Elle est dans un état pire (qu'auparavant). ■ Cette attitude va lui attirer les pires ennuis. ■ Que peut-on imaginer de pire ? 3° LOC ADV — **De pire en pire** — Nos relations vont *de pire en pire. (De mal en pis. De plus en plus mal.)* **2. Le pire** — 1° Son crime est le pire de tous. 2° Son crime est le pire qu'on puisse imaginer. 3° Le pire de tout, c'est que je ne connaissais pas son adresse. 4° Le pire qu'il puisse nous arriver, c'est de passer la nuit dehors.

place 25

N — **1. ∅N** — 1° Place aux artistes ! 2° LOC VERB — ■ Il faut laisser place à l'imagination. ■ Le soleil a fait place à la pluie. ■ Avez-vous trouvé place ? Alors prenez place. 3° **En place** — ■ En place, mesdemoiselles, pour le deuxième acte. ■ Il ne *tient* jamais en place. *(Reste.)* ■ *Laissez* les accessoires sont en place. ■ *Laissez* les choses en place. *(Mettez.)* 4° **Sur place** — LOC ADV — Allez vous rendre compte sur place. **2. dN** — 1° [*avec La*] ■ La place de mettre un réfrigérateur n'est pas prévue. ■ Nous occupions la même place que la dernière fois. ■ Les Durand s'asseoient toujours à la même place. 2° **A la place de** — LOC PREP — ■ J'ai accroché une nature morte à la place du Gauguin. ■ A la place des électriciens, je ferais grève. 3° LOC VERB ■ J'espère que je n'ai pris la place de personne. ■ Pourriez-vous *laisser* la place à M. le Directeur. *(Céder.)* ■ Mettez-vous à la place du jeune professeur : c'est difficile. 4° [*avec de la*] entrez, il reste de la place. 5° Faites un peu de place, s'il vous plaît. 6° [*avec une*] ■ J'ai obtenu une place de choix. ■ Faites une place à M. le Directeur. 7° [*avec poss*] ■ Elle a sa place parmi nous. ■ Elle va finir par perdre sa place.

plaindre   26

1. 1° *V* qqn : Je plains loo pauvres. 2° *V* qqn de *inf* : Je plains cet ouvrier d'avoir été licencié. **2. Se plaindre** — 1° *V* (à qqn) : Vous vous plaignez toujours (à la directrice). *(Auprès de.)* 2° *V* de *N* (à qqn) : Vous vous plaignez de la réception de vos hôtes (à la direction) ? 3° *V* de *inf* (à qqn) : Vous vous plaignez (à la direction) d'être mal reçu ? 4° *V* de ce que *ind* (à qqn) : Vous vous plaignez (à la direction) de ce que vous êtes mal reçu ? 5° *V* que *ind* (à qqn) : Vous vous plaignez (à la direction) que vos hôtes vous ont mal reçu ? 6° *V* que *subj* (à qqn) : Vous vous plaignez (à la direction) que vos hôtes vous aient mal reçus ? 7° *V prép* : Je me plaindrai en justice contre vous, auprès du procureur.

plaire   27

1. 1° *V :* La nouvelle mode plaira ou ne plaira pas. 2° *V* à qqn : Cette voiture plaît au public. 3° *V prép att* (à qqn) : Elle ne (me) plaisait pas comme belle-fille. **2. IMPERS** — 1° *V :* Vous viendrez ? – *Plaît-il ? (Pardon. Qu'est-ce que vous dites ?)* 2° *V* de *inf* à qqn :

Il ne me plaît pas de chanter. 3° *V* que *subj* à qqn : Il ne me plaît pas que vous chantiez. **3. S'il vous plaît** — 1° Pouvez-vous fermer la porte, s'il vous plaît ? 2° Il a même hérité d'une Cadillac ; oui, d'une Cadillac, s'il vous plaît ! **4. Se plaire** — 1° *V :* Les deux jeunes gens se plaisaient. 2° *V* à *inf :* Je me plais à lire. 3° *V prép :* Je me plais en sa compagnie, dans la solitude.

plaisir   28

1. N — 1° C'est un immense plaisir de vous voir. 3° Il ne faut pas négliger le plaisir de l'amitié. 3° Il ne faut pas négliger le plaisir de donner. **2. LOC ADV** — 1° Le professeur distribuait les punitions à plaisir. 2° Merci de votre visite ; au plaisir (de vous revoir). 3° Vous accepterez bien un apéritif ? – Avec plaisir. 4° Je fais de l'anthropologie *par plaisir. (Pour le plaisir. Pour mon plaisir.)* **3. LOC VERB** — 1° J'ai (du) plaisir à parler avec toi. Prendre du plaisir à. 2° J'ai le (grand) plaisir de t'annoncer ta nomination. 3° ■ Jean aime bien faire plaisir à ses amis. ■ Faites-moi plaisir, venez me voir ce soir. 4° Faites-moi le plaisir de mettre un peu d'ordre.

plein   29

1. ADJ — 1° La poubelle est pleine (à craquer) (de détritus). 2° Elle est pleine d'attention pour moi. 3° Le mécanicien avait les mains pleines de cambouis. 4° [*avec dN*] ■ J'ai obtenu pleine (et entière) satisfaction. ■ Le parachutiste est tombé en plein milieu du lac. ■ A pleins poumons. A plein temps. En pleine nuit. **2. ADV** — [*avec N*] 1° [*Fam*] Il y avait du monde ? – Oh, oui ! *(tout) plein ! (Beaucoup.)* 2° **Plein de** — [*Fam*] Les saltimbanques attiraient *plein de* curieux. *(Beaucoup de.)* **3. PREP** — 1° Tu as de la poussière plein les cheveux. 2° LOC VERB [*Fam*] En avoir plein le dos de qqch *ou* de *inf ou* que *subj*. En mettre plein la vue à qqn **4. LOC ADV** – 1° **A plein** – On utilise à plein la capacité des machines.

2° **En plein** − [*Fam*] La voiture est rentrée *en plein dans* le mur. *(En plein sur.)* **5. N** − (Faites-moi) le plein d'essence s'il vous plaît.

pleuvoir 30

1. *V :* Les balles pleuvent. **2. IMPERS** − 1° *V :* Il pleut (sur la route). 2° *V N :* Il pleut des cordes, des hallebardes.

(la) plupart 31

1° *La plupart* (des écoliers) rentre (nt) à pied. *(La majorité.)* 2° Les écoliers, pour la plupart, rentrent à pied. 3° La plupart du temps, l'hiver est très long ici. 4° Dans la plupart des cas (d'hémorragie) on fait un garrot.

plus 32

ADV − **1. COMPAR** − 1° [*avec N*] ■ [*avec LOC VERB*] Vous avez plus l'habitude (que moi). ■ Rome fait plus village que ville. ■ J'ai affaire plus à un professionnel qu'à un amateur. ■ Vous avez plus que moi l'habitude de ces situations. 2° **Plus de** − ■ J'ai eu (un peu) plus d'argent que mon cousin. ■ Il est plus de huit heures. ■ Jean fait preuve de plus de persévérance que de perspicacité. ■ Vous aurez plus de réponses exactes que de réponses fausses. ■ La voiture roulait à plus de 150 km à l'heure. 3° **Plus d'un** − ■ Plus d'un (marin) est mort en mer. ■ Elle a déjà changé d'avis plus d'une fois. ■ Le chef va s'absenter pendant plus d'un mois. 4° [*avec adj*] ■ Les journées sont plus longues (qu'en hiver). ■ C'est un enfant *plus* apathique que paresseux. *(Plutôt.)* ■ C'est le même modèle mais (en) plus moderne. ■ [*avec neg*] Ils ne sont pas plus heureux (pour autant). ■ [+ *bon*]. *Cf.* MEILLEUR. ■ [+ *petit*] *Cf.* MOINDRE. La chambre est plus petite que la cuisine. 5° [*avec adv*] ■ Le voyage se déroule *(beaucoup)* plus tranquillement (que la veille). *(Bien. Encore. Tellement. Un peu. Autrement. Deux fois.)* ■ [+ *bien*]

Cf. MIEUX. 6° [*avec V*] ■ Un aspirateur nettoie (beaucoup) *plus* (qu'un balai). *(Mieux.* ≠ *Moins.)* ■ [*avec neg*] Il ne mange pas plus (qu'avant) ■ Dans cette usine, les ouvriers gagnent vraiment *plus* (que dans cette autre). *(Davantage.)* ■ Il en dit plus qu'il n'en fait. 7° **Plus que** − ■ [*avec num*] Huit, c'est plus que cinq. ■ [*avec adj*] Votre tentative est *plus que* risquée. *(Trop.)* ■ LOC − Plus que tout. Plus que jamais. 8° [*avec P*] Il bat le favori, remporte le grand prix, et *plus (encore)*, il pulvérise le record du monde. *(Qui plus est.)* 9° [*en corrélation*] ■ **Plus... plus** − Plus le temps passe (et) plus je suis inquiet. ■ **Plus... moins** − Plus on limite la vitesse, moins il y a d'accidents. ■ **Moins... plus** − Moins vous en faites, plus on est content. **2. SUPERL** − Le plus − 1° [*avec N*] **Le plus de** − Donnez-moi le plus de preuves possible. 2° [*avec adj*] ■ J'ai noté les passages les plus drôles (du livre). ■ C'est le passage le plus drôle que j'aie jamais lu. ■ C'est le plus jeune professeur que je connaisse. ■ Lisez ! Ce passage est *des plus* drôles. *(Parmi les plus. Tout ce qu'il y a de plus. On ne peut plus.)* 3° [*avec adv*] ■ Tâchez de venir le plus rapidement que vous pourrez. ■ Du plus loin que je me souvienne, je n'ai jamais vu mon grand-père malade. 4° [*avec V*] Rapportez-en le plus que vous pouvez. 5° **Le plus que** − ■ Le plus que vous puissiez faire c'est de téléphoner à la police. ■ Le plus que vous pouvez faire, c'est de téléphoner à la police. 6° **Le plus possible** − ■ [*avec V*] Ramassez-en le plus possible. ■ [*avec adj*] Faites les gâteaux les plus grands possibles. ■ [*avec adv*] Allons-y le plus souvent possible. **3. LOC ADV** − 1° **Au plus** − ■ L'ancien théâtre contenait (tout) *au plus* 200 spectateurs. *(Au mieux.)* ■ Le malade est au plus mal. 2° **De plus** − ■ [*avec num*] Vous m'en mettrez deux *de plus*! *(En plus.)* ■ [*avec pr indéf*] Quoi de plus ?

Quelque chose de plus ? Rien de plus. Une fois de plus, vous avez oublié votre stylo. ■ [*avec P*] J'ai eu énormément de travail, *de plus* je suis tombé malade. *(Qui plus est.)* ■ EXPR – Il fait froid et voilà qu'il pleut ; raison de plus pour ne pas sortir. 3° **De plus en plus** – ■ La tour penche de plus en plus. ■ Nous recevons de plus en plus d'étrangers. 4° **En plus** – ■ Vous avez 8 kilos de bagages en plus. ■ En plus de votre entrée, qu'est-ce que vous prendrez ? ■ [*avec adj*] C'est le même modèle mais en plus moderne. ■ [*avec P*] Il n'arrête pas de mentir et en plus, il voudrait qu'on le croie. 5° **Ni plus ni moins** – ■ Ce n'est qu'un bon joueur de seconde série, ni plus ni moins. ■ Mon fils (n') est ni plus ni moins intelligent que les autres. 6° **Plus ou moins** – Ça ressemble plus ou moins à un ours. 7° **Sans plus** – Je vous dérange ? – Non, je regardais la télévision, sans plus. 8° **D'autant plus** – ■ Il a réussi grâce à moi ; j'en suis d'autant plus flatté. ■ [+ que] L'opération est d'autant plus urgente que le malade s'affaiblit. **4. NEGATION** – 1° [*sans ne*] Plus un tapis, plus un meuble, plus un tableau ! un cambriolage parfait ! 2° [*avec ne*] ■ Je ne mange plus (de viande). ■ Plus une femme n'ose sortir le soir. ■ Je n'entends plus *guère*. *(Rien. Personne.)* ■ On ne trouve plus aucun légume sur le marché. 3° EXPR – Notre hôte a été *on ne peut plus* charmant. *(Très. Des plus.)* 4° [*avec ne... que*] Nous n'avons plus qu'à partir. 5° **Non plus** – ■ Tu ne sais pas nager. – Moi non plus. / Tu sais nager. – Moi aussi. ■ Je n'ai pas ma carte d'identité, mon passeport non plus. ■ Mes cours auront lieu non plus le mercredi mais le jeudi. ■ Le fils non plus que le père ne sait gérer l'entreprise. **5.** [*Addition*] 1° Cinq *plus* quatre égale neuf. *(Et.)* 2° Il fait plus 10 (degrés au thermomètre). **6. NOMINAL** – Qui peut le plus peut le moins.

plusieurs   33

INDEF – **1. ADJ** – 1° M. Robon est directeur de plusieurs magasins. 2° Je l'ai déjà vu *plusieurs fois*. *(A plusieurs reprises. A maintes reprises.)* **2. PRON** – 1° Quelques marchands bavardaient ; plusieurs s'affairaient. 2° Plusieurs de ses articles ont été publiés. 3° Plusieurs d'entre eux ont été publiés.

plutôt   34

1. ADV – 1° [*avec adj*] Ma femme est d'un caractère plutôt doux. 2° [*avec V*] Ne restez pas ici, venez *plutôt* à la maison. *(De préférence.)* 3° Le spectacle n'est pas comique, mais (plutôt) tragique. 4° Elle doit avoir 30 ans ou plutôt 35. 5° Qu'est-ce que c'est ennuyeux ! – Oui, plutôt ! **2. Plutôt que** – 1° [*avec N*] Elle préfère les échecs plutôt que le bridge. 2° [*avec adj*] ■ Elle est paresseuse plutôt qu'inintelligente. ■ Elle est plutôt paresseuse qu'inintelligente. 3° [*avec V*] Je préfère plutôt mourir que (de) renoncer. 4° [+ *inf*] *Plutôt* mourir que (de) renoncer. *(Mieux vaut.)* 5° **Plutôt que de** – *Plutôt que de* rire, aidez-moi. *(Au lieu de.)*

point   35

1. ADV NEG – 1° Point du tout ! Non point ! 2° Ce n'est *point* la raison exacte. *(Pas.)* **2. N** – 1° Sur ce point, nous ne sommes pas d'accord. 2° C'est en tous points le portrait de son père. 3° Analysons point par point les parties du récit. **3. A point** – 1° Vous arrivez *à point* (nommé). *(A propos. Juste.)* 2° ■ Je ne pensais pas qu'il fût *à ce point* impertinent. *(A tel point.)* ■ Je ne pensais pas qu'il fût impertinent *à ce point*. *(A un point tel. A un tel point.)* 3° ■ Qu'est-ce qui l'a amené *à un tel point* de désespoir ? *(A ce point.)* ■ Il est arrivé à un tel point de misère que s'en est pitoyable. 4° Il n'est pas malade à un point tel qu'il faille appeler le médecin. 5° L'eau monte à tel point que l'alerte a été donnée. 6° Vous savez à quel point votre présence est indispensable. 7° Je supporterai ses remarques, mais (jusqu') à un certain point seulement. **4. Au point** – 1° Au point où j'en suis, mieux vaut recommencer. 2° Nous en sommes arrivés au même point (que toi). 3° Mettre au point. Etre au point. 4° Nous avons apprécié vos services au plus haut point. 5° **Au point de** + *inf :* Il l'aime au point d'en perdre la raison. 6° **Au point que** ■ [+ *ind*] Le problème l'obsède *au point* qu'il en perd le sommeil. *(A tel point que. Au point que.)* ■ [+ *subj*] L'histoire pourrait être déformée au point qu'elle en devienne invraisemblable. **5. Sur le point de** – L'avion est *sur le point de* décoller. *(Prêt à.)*

porter   36

1. 1° *V :* Voilà un argument qui porte. 2° *V N :* Il porte une cravate aujourd'hui. 3° *V que ind :* Le télégramme porte que vous devez partir immédiatement. 4° *neg V que subj :* Le télégramme ne porte pas que vous deviez partir. 5° *V sur N :* Ma critique porte sur un point capital. 6° *V N à N :* Il porte un rude coup à son adversaire. 7° *V qqn à inf :* Vous me portez à regretter ce que j'ai fait. **2. Se porter** – 1° *V :* Je me porte bien, et vous ? 2° *V att :* Il s'est porté (comme) candidat aux élections. 3° *V prép :* Ses regards se portèrent sur la campagne. **3. Etre porté** – 1° *V sur :* Il est très porté sur la boisson. 2° *V à inf :* Il est porté à mentir.

poser   37

1. 1° *V :* Le modèle pose (pour le sculpteur). 2° *V N :* Pose ce paquet (sur la table). 3° *V que ind :* Le professeur pose que l'équation est simplifiable. 4° *V qqch à qqn :* Vous me posez des questions indiscrètes. **2. Se poser** – 1° *V :* L'avion se pose (sur la piste). 2° *V N :* Nous nous posons des questions. 3° *V en att :* Il se pose en justicier. 4° *V comme att :* Il se pose comme le maître des lieux.

possible   38

1. ADJ – 1° Choisissez entre ces trois solutions possibles. 2° Voilà une solution *possible* pour lui. *(≠ Impossible.)* 3° Je vous souhaite tout le bonheur possible. **2.** [*avec superlatif*] 1° [*avec adv*] ■ Venez le *plus* vite possible. *(≠ Moins.)* 2° [*avec adj*] ■ Vous avez choisi la *pire* solution possible. *(≠ Meilleure.)* ■ **Au possible** – Cet enfant est désagréable au possible. 3° [*avec N*] ■ Il a sans doute fait *le moins* d'efforts possible. *(Le plus.)* ■ Il en a sans doute fait le moins possible. 4° **Autant que possible** – Essayez *autant que possible* d'aller plus vite. *(Si possible.)* 5° **Dès que possible** – Je vous enverrai des nouvelles *dès que possible*. *(Aussitôt que possible.)* **3. IMPERS** – 1° Il est possible de prendre un raccourci. 2° Il est possible qu'il soit en retard. 3° Vous viendrez ? – *(C'est) possible. (Sans doute. Probablement.)* 4° Est-ce possible ? Pas possible ? Ce n'est pas possible ! **4. LOC VERB** – Je ferai (tout) *mon* possible pour venir jeudi.

pour   39

PREP – **1.** [*V pour N*] 1° ■ Il se passionne pour le bridge. ■ Ne prends pas mes pensées pour des plaisanteries. 2° [*Lieu*] ■ [+ *N*] Elle est partie pour l'Australie. ■ [+ *adv*] Elle est partie pour très loin. 3° [*Durée*] ■ [+ *N*] Elle est partie pour trois semaines. ■ [+ *adv*] Elle est partie pour longtemps. 4° [*Date*] ■ [+ *N*] Je vous donne un rendez-vous pour la semaine prochaine. ■ Pour le moment. Pour l'heure... ■ [+ *adv*] La naissance est pour bientôt, mais pas pour aujourd'hui. ■ [+ *prép*] D'accord pour dans quinze jours. 5° [*Cause*] ■ [+ *N*] Il a été récompensé pour son courage. Pourquoi est-il absent ? Il est absent *pour* maladie. *(Pour cause de.)* ■ [+ *adv*] Ne t'en fais pas pour si peu. 6° [*But*] ■ Il est mort pour qui ? Pour celle qu'il aimait. ■ Il est mort pour quoi ? Pour son idéal. ■ Je voudrais un remède *pour* le mal de tête. *(Contre.)* ■ Vous êtes pour ou contre la peine de mort ? Je suis pour. ■ J'ai acheté ces fleurs *pour* votre femme. *(A l'intention de.)* 7° [Conséquence] Pour son malheur, il n'a pas vu le gosse qui traversait. 8° ■ J'achète ce vase pour 30 francs. ■ Je voudrais pour 6 francs de bonbons. 9° [Point de vue] ■ *Pour lui* ce n'est vraiment pas de chance. *(En ce qui le concerne.)* ■ Pour la France, il s'agit de résoudre le problème de l'inflation. ■ Pour la plupart des gens, la vie n'a rien de drôle. ■ C'est un drôle de temps pour un mois de mai. ■ Pour ce qui est de votre demande, voyez au guichet n° 3. ■ *Pour moi,* le client a tort. *(A mon avis.)* ■ Pour un ministre, il parle mal en public. ■ Pour de l'orgueil, il n'en manque pas. ■ Pour (ce qui est de) m'aimer, elle m'aime. ■ Pour idiot, il l'est assurément. ■ Démission pour démission, autant démissionner tout de suite. 10° J'ai signé *pour* le directeur. *(A la place de.)* 11° [Relation] ■ Pour un reçu, il y a 3 collés. ■ Le taux est de 0,5 pour cent, c'est-à-dire 5 pour mille. **2.** [V pour att] 1° [+ att du s] ■ Il passe pour compétent dans son domaine. ■ Il passe pour médecin. ■ Il passe pour un maître au bridge. 2° [+ att du cod] ■ J'ai pour principe de respecter la liberté d'opinion. ■ J'ai pour meilleure amie une mexicaine. **3.** [adv pour N] Tant *mieux* pour lui. *(Pis.)* **4.** [adj pour N] 1° Cette table est très pratique pour le bridge. 2° Il est fort pour son âge. **5.** [N pour N] 1° Sa passion pour le bridge est extrême. 2° ■ Je lui ai rendu coup pour coup. ■ Voilà 1 an jour pour jour que nous nous sommes rencontrés. **6.** [Pour + inf] 1° Je suis allé à Paris pour me changer les idées. 2° Attachez vos ceintures pour ne pas glisser. 3° Il m'attaque pour voir si j'ai peur. 4° Il n'est pas venu pour ne pas avoir à se justifier. 5° Je suis *pour* le quitter. *(Sur le point de.)* 6° Cette réaction n'est pas pour me déplaire. 7° Il est *assez* téméraire pour tenter l'expérience. *(Bien. Trop. Suffisamment.)* 8° Pour être sévère, il n'en est pas moins juste. 9° *Pour* m'aimer, elle m'aime. *(Pour ce qui est de.)* 10° Il faut être téméraire pour oser me parler sur ce ton. 11° [+ inf. passé] [cause] Le cavalier est tombé pour être monté sans selle. **7. Pour que** + *subj* : 1° Elle se cache pour qu'on ne la voie pas. 2° Il faut qu'il soit bien caché pour qu'on n'arrive pas à le trouver. 3° Il est assez courageux pour qu'on puisse lui en parler. **8.** [pour adj... que subj] *Pour* habile qu'il soit, il ne les convaincra pas. *(Aussi. Si. Quelque.)*

pourquoi   40

ADV – **1.** [Interr dir] 1° Pourquoi mets-tu ton manteau ? – Parce qu'il fait froid. 2° Pourquoi mets-tu ton manteau ? – Pour me réchauffer. 3° Pourquoi est-ce que tu mets ton manteau ? 4° Pourquoi ? Pourquoi pas ? Mais pourquoi ? Pourquoi non ? 5° [+ inf] Pourquoi continuer à vivre dans ces conditions ? 6° [+ N] Pourquoi une telle indifférence ? **2.** [Interr ind] 1° Le type s'est mis à hurler sans qu'on sache pourquoi. 2° Je me demande pourquoi la lampe est allumée. 3° Je vais t'expliquer pourquoi la réaction chimique n'a pas eu lieu. 4° Voilà *pourquoi* je viens vous voir. *(La raison pour laquelle.)* **3. C'est pourquoi** – Il fait trop froid ; c'est pourquoi je ne veux pas sortir. *(Voilà.)*

pourtant   41

ADV – 1° Ma voiture est vieille ; *pourtant* elle roule bien. *(Cependant.)* 2° Je vous avais pourtant prévenu. 3° C'est un homme froid, austère, généreux *pourtant*. *(Toutefois.)*

pourvu que   42

LOC CONJ – [+ subj] 1° Pourvu qu'il ne gèle pas ! 2° Je terminerai à temps, pourvu qu'on ne m'interrompe pas.

pousser 43

1. 1° *V* : L'herbe pousse. 2° *V N* : Les enfants poussent des cris de joie. 3° *V qqn à N* : On l'a poussé au crime. 4° *V qqn à inf* : On l'a poussé à répondre de manière impertinente. 5° *V sur N* : Poussez fort sur les pédales. 6° *V jusqu'à N* [*Fam*] Nous avons poussé jusqu'à Madrid. **2. Se pousser** – La foule se pousse à l'entrée du stade.

pouvoir 44

1. 1° *V* : Je veux l'aider, mais il faut pouvoir. 2° *V inf* : ■ Vous pouvez partir. ■ Cet homme *pouvait* avoir 50 ans. *(Devait.)* 3° *V adv* : Vous pouvez *beaucoup* pour moi. *(Quelque chose.)* 4° *V qqch à qqch* : Je ne peux rien à cette panne. 5° IMPERS – *V inf* : Il peut lui arriver un accident. 6° [*Valeurs*] ■ [*Politesse*] Pourriez-vous me rendre un service ? ■ [*Hypothétique*] Où peut-il être parti ? ■ [*Souhait*] Puissiez-vous réussir dans votre entreprise. 7° **N'en pouvoir plus** – Ce cheval n'en peut plus (d'épuisement). 8° **Y pouvoir quelque chose** – Elle vous a oublié ; je n'y peux rien. **2. Se pouvoir** – 1° *V* : Cela se peut (bien). 2° IMPERS – *V que subj* : *Il se peut* que je ne réussisse pas. *(Il se pourrait bien.)* **3. N** – Je n'ai pas le pouvoir d'intervenir en votre faveur.

préférer 45

1° *V N* (à *N*) : Je préfère le tennis (au volley-ball). 2° *V inf* : Je préfère partir tout de suite (plutôt que de rester). 3° *V que subj* : Je préfère que vous partiez tout de suite. 4° *V qqn (prép) att* : Je préfère Pierre *(comme)* capitaine. *(En tant que.)*

premier 46

1. ADJ – 1° J'ai pris le premier train pour Paris. 2° Nous viendrons la première semaine de juillet. 3° Il a bousculé la tête la première dans la piscine. 4° Nous sommes le premier avril. 5° C'est la première fois que je vais en Angleterre. 6° Je suis toujours levé à la première heure. 7° *Les premiers temps* cette tâche m'ennuyait. *(Au début.)* 8° Du premier coup. Au premier abord. A première vue. 9° Mon fils est premier (au classement) (en maths). **2. Le premier** – 1° Mon fils est régulièrement le premier de la classe. 2° [+ à *inf*] Jean est toujours le premier à rendre service. 3° Le premier qui répond gagnera 100 F.

prendre 47

1. 1° *V* : La greffe a bien pris. 2° *V N* : ■ Je prends ma voiture (pour aller à la gare). ■ Il a pris peur. ■ Il a pris la fuite. 3° *V qqch à qqn* : Il a pris le vélo à son frère. 4° *V qqn prép att* : Tu me prends pour un imbécile. 5° *V N en N* : Il faut le prendre en pitié. 6° **Prendre sur soi de** – J'ai pris sur moi de lui répondre. **2. Se prendre** – 1° *V* : Le petit déjeuner se prend à huit heures. 2° *V N* : [*Fam*] On se prend un apéritif ? 3° *V à inf* : On se prend à rêver devant ce tableau. 4° *V pour att* : Il se prend pour Néron. 5° **S'en prendre à** – Ne vous en prenez pas à cette pauvre bête. 6° **S'y prendre** – Laisse-moi faire, tu ne sais pas t'y prendre. **3. Etre pris** – *V* : Vous êtes pris ce soir ? Non, je suis libre. 2° *V par N* : Nous avons été pris par l'orage. 3° *V prép att* : Il a été pris comme avocat.

préparer 48

1. 1° *V N* : Les comédiens préparent le spectacle. 2° *V qqch à qqn* : Je vous ai préparé une surprise agréable. 3° *V qqn à qqch* : Il faut le préparer à cette douloureuse nouvelle. 4° *V qqn à inf* : Préparez-le à recevoir un blâme. **2. Se préparer** – 1° *V* : Je me prépare (pour le cas où on aurait besoin de moi). 2° *V qqch* : Vous vous préparez de belles désillusions ! 3° *V à N* : Je me prépare à cette inspection. 4° *V à inf* : Je me prépare à partir. 5° *V à ce que subj* : Je me prépare à ce qu'on m'enlève le permis de conduire. 6° IMPERS – *V N* : Il se prépare des événements importants.

près *49*

1. ADV – J'habite tout *près* (d'ici).
(A côté.) **2. Près de** – 1° La mairie
se trouve *près de* l'église. *(A côté de.
≠ Loin de.)* 2° Il a gagné *près* d'un
million ce mois-ci. *(Pas loin de.)* 3° Il
est déjà *près de* deux heures.
(Presque.) 4° *J'étais près de* partir
quand tu es arrivé. *(J'allais.)* **3. A
qqch près** – 1° A un jour près, je
suis né le jour de Noël. 2° Voilà
à peu (de choses) près ce que
vous devez. *(Approximativement. A
quelque chose près. ≠ A beaucoup
près.)* 3° Je suis d'accord *à cela près*
qu'on pourrait être plus ferme. *(Sauf
que.)* **4. De près** – 1° La police
interdisait d'approcher le président de
près. 2° Regardez-y *de* (plus) *près*.
(≠ De loin.)

présenter *50*

1. 1° *V adv :* Pour une secrétaire de
direction, elle ne présente pas bien.
2° *V N :* L'Olympia présente un spectacle intéressant. 3° *V N à qqn :* Je
vous présente Monsieur Dupont.
2. Se présenter – 1° *V :* Je me présente (M. Dupont). 2° *V adv :* La saison se présente bien. 3° *V à N :* Vous
vous présentez aux prochaines élections ? 4° *V en att :* Il se présente en
vainqueur. 5° *V comme att :* Il se
présente comme homme de progrès.
6° IMPERS - *V N :* Il se présente des
difficultés de la dernière heure.

presque *51*

ADV – 1° *[avec N]* ■ Ce joueur de
basket mesure presque deux mètres.
■ Il est presque midi. 2° *[avec indéf]*
■ Presque tous (les invités) sont
venus. ■ Il ne voit presque rien. 3° *[avec
adj]* ■ Je suis presque sûr de l'avoir
déjà rencontré. ■ Elle est hargneuse,
méchante presque. 4° *[avec adv]*
■ Elle a agit presque méchamment.
■ La voiture *n*'est presque *plus* utili-
sable *(Ne... pas.)* 5° *[avec V]* La
sentinelle dormait presque. 6° *[avec
prép]* Je l'ai rencontré presque au
moment d'entrer à la poste. 7° *[avec

conj]* Je l'ai aperçu presque quand
j'allais sortir. 8° ■ Il est midi ? – Oui,
presque. ■ Je ne sais rien, ou presque.

prêt *52*

ADJ – 1° Le souper est prêt. 2° Je
suis prêt à vous faire un rapport
détaillé. 3° Il est toujours prêt à la
bagarre. 4° Tu es prêt pour partir ?
5° Tu es prêt pour le départ ?

prétendre *53*

1. 1° *V N :* Il prétend le contraire.
2° *V inf :* Vous prétendez avoir raison.
3° *V que ind :* Vous prétendez que
vous avez raison. 4° *V que subj :* ■ Je
ne prétends pas que vous ayez tous
les torts. ■ *[Litt]* Je prétends qu'il
obéisse. 5° *V à qqch :* Elle prétend
au mariage. 6° *V qqch à qqn :* Je lui
ai prétendu le contraire. 7° *V à qqn
que ind :* Elle me prétend qu'elle ne
m'a pas vu. **2. Se prétendre** – 1° *V
att [N] :* Il se prétend le chef. 2° *V att
[adj] :* Nous nous prétendons égaux.

prêter *54*

1. 1° *V qqch :* L'usurier prête son
argent. 2° *V à N :* Cela prête à contes-
tation. 3° *V à inf :* Tu prêtes vraiment
à rire. 4° *V à qqn :* Je prête à mon
voisin. 5° *V N à N :* Il prête sa voiture
à son ami. **2. Se prêter** – 1° *V :* Un
stylo ne se prête pas. 2° *V qqch :*
Entre voisins, on se prête les outils.
3° *V à N :* Jean s'est prêté à un essai.
4° *V à inf :* Ce film s'est prêté à faire
un essai. 5° *V à ce que subj :* Ce film
s'est prêté à ce qu'on fasse un essai.

preuve *55*

1. dN – 1° Le témoin n'a avancé
aucune preuve (de son innocence).
2° La preuve de ce que je dis, c'est
qu'il a déménagé. 3° On m'a fourni
la preuve qu'il n'est pas coupable.
4° La preuve en est que j'ai raison ;
la preuve en est qu'il m'a cru. 5° LOC
VERB – Avoir, faire la preuve (de,
que). **2. dN** – 1° **A preuve** – On peut
être poète et homme politique ; à
preuve V. Hugo. 2° Je tiens la chose
pour acquise jusqu'à preuve du

contraire. 3° LOC VERB — Tu fais preuve d'un bel optimisme.

prévenir 56

1° *V :* Il est absent et il n'a pas prévenu. 2° *V* qqch : La police prévient la panique. 3° *V* qqn : J'ai prévenu mon père. 4° *V* que *ind :* J'ai prévenu qu'il faudrait évacuer les lieux. 5° *V* de qqch : Vous préviendrez de mon absence. 6° *V interr :* Vous préviendrez comment vous comptez faire. 7° *V* qqn que *ind :* Je les ai prévenus que je ne pouvais pas venir. 8° *V* qqn que *subj :* Je les ai prévenus qu'ils soient prudents. 9° *V* qqn de qqch : Je vous préviens des suites possibles de cette affaire. 10° *V* qqn de *inf :* Je vous préviens de faire vite. 11° *V N* contre *N :* Il a prévenu les enfants contre les risques d'accident.

prier 57

1° *V :* Les religieuses prient (au couvent) (pour les pêcheurs). 2° *V N :* Nous prions le Seigneur. 3° *V* (qqn) que *subj :* J'ai prié (les organisateurs) que tout soit en place lorsqu'il arrivera. 4° *V* qqn à *inf :* J'ai prié le Ministre à déjeuner. 5° *V* qqn de *inf :* Je vous prie de me répondre par retour du courrier.

principe 58

1. N — 1° J'ai accepté le principe d'une entrevue pour ce soir. 2° Il faut se résoudre au principe *selon* lequel 2 et 2 font 4. *(D'après.)* 3° Son refus est une simple question de principe. **2. LOC ADV** — 1° **En principe** — Nous l'attendons en principe pour 5 h. 2° **Par principe** — Elle s'y est opposé par principe. **3. LOC VERB** — Posons en principe qu'on peut s'arranger.

prix 59

N — 1° Le prix du bifteck a encore augmenté. 2° A quel prix l'as-tu acheté ? — A un prix exhorbitant. 3° J'ai un collier d'un grand prix. 4° C'est une collection de prix. 5° Les haricots sont hors de prix. 6° **A aucun prix** — Je ne veux à aucun prix travailler avec lui. *(En aucun cas.)* 7° **A tout prix** — Il faut à tout prix terminer avant 8 h. *(Absolument.)*

profiter 60

1° *V* à qqn : Les augmentations profitent aux détaillants. 2° *V* de *N :* ■ Les détaillants profitent de la hausse (pour écouler les stocks). ■ Il en profite pour partir. 3° *V* de ce que *ind :* Il a profité de ce que j'étais absent (pour me voler). 4° *V* en *N :* Il a bien profité en taille.

promettre 61

1. 1° *V :* Vous promettez mais vous ne tenez pas. 2° *V N :* Je promets de beaux cadeaux pour chacun de vous. 3° *V* que *ind :* Je promets que vous aurez de beaux cadeaux. 4° *V* de *inf :* Je promets de revenir bien vite. 5° *V* qqch à qqn : Vous m'avez promis une danse. 6° *V* à qqn de *inf :* Vous m'avez promis de ne plus mentir 7° *V* à qqn que *ind :* Vous m'avez promis que vous ne mentiriez plus **2. Se promettre** — 1° *V N :* ■ Je me promets de bonnes vacances. ■ Ils se sont promis fidélité et amour. 2° *V* de *inf :* Je me promets d'aller en Allemagne. 3° *V* que *ind :* Je me suis promis que j'irais en Angleterre. **3. Etre promis** — *V* à *N :* Elle est promise à un industriel du Nord.

propos 62

1. N — Les propos du député manquaient de conviction. **2. LOC ADV** — 1° **A propos** — ■ Vous arrivez (bien) à propos. *(Opportunément.)* ■ A propos ! Comment ça va chez vous ? *(Au fait.)* 2° **A tout propos** — Il demandait à sortir à tout propos. *(Sans arrêt.)* **3. LOC PREP** — **A propos de** — 1° Nous avons eu une conversation à propos du Vietnam. *(Au sujet du.)* 2° A propos des Durand, savez-vous ce qu'ils deviennent ?

proposer 63

1. 1° *V :* Vous n'avez qu'à proposer, nous disposerons. 2° *V N :* Je propose un arrêt de dix minutes. 3° *V* que *subj :* Je propose qu'on s'arrête dix minutes. 4° *V* de *inf :* Elle propose de s'arrêter dix minutes. 5° *V* qqch à qqch : Je propose ce thème à votre réflexion. 6° *V* qqn *prép att :* Je propose Georges comme responsable. 7° *V* qqch à qqn : Je vous propose une promenade en barque. 8° *V N* à qqn comme *att :* Je vous propose Jacques comme guide. **2. Se proposer** – 1° *V :* Il y avait une annonce, je me suis proposé. 2° *V prép att* à qqn : Je me proposai comme secrétaire au Directeur. 3° *V N :* Elle s'est proposé un tour du monde. 4° *V* de *inf :* Elle s'est proposé de faire le tour du monde. 5° *V prép :* Je me propose pour cet emploi. **3. Etre proposé** – *V prép att :* Vous êtes proposé comme suppléant.

propre 64

1. ADJ – 1° Ce torchon n'est pas très propre. 2° Qu'il s'occupe donc de ses propres affaires. 3° Ce sont des caractéristiques propres aux mammifères. 4° Il faut prendre des mesures *propres à* redresser l'économie. *(Susceptibles de.)* **2. N** – Le propre du chef, c'est de commander. **3. LOC ADV** – **En propre** – Ces terres lui appartiennent *en propre. (En personne.)*

prouver 65

1. 1° *V N :* Elle a prouvé assez sa bonne volonté. 2° *V* que *ind :* Elle a prouvé qu'elle était de bonne volonté 3° *V* qqch à qqn : Il faudra me prouver ce que vous dites. 4° *V* à qqn que *ind :* Ils ont prouvé à leurs adversaires qu'ils étaient les meilleurs. 5° IMPERS – *V* que *ind :* Il est prouvé qu'avec ces médicaments le danger du cancer diminue. **2. Se prouver** – 1° *V N :* Il voulait se prouver sa résistance à la douleur. 2° *V* que *ind :* Il voulait se prouver qu'il était fort.

puis 66

ADV – 1° Tracez une droite puis un cercle. 2° Je ne viens pas, je suis fatigué ; et *puis* j'ai du travail. *(De plus. D'ailleurs. En outre.)* 3° [*Fam*] C'est moi qui l'ai fait. – *Et puis après ? (Et alors ?)*

puisque 67

CONJ SUB + *ind :* 1° Les grenouilles sont des vertébrés, *puisqu'*elles ont un squelette. *(Etant donné que.)* 2° Pourquoi dire la vérité, *puisque* tous mentent. *(Quand. Du moment que.)* 3° Les faits, puisque vous parlez des faits, sont irréfutables. 4° Vas-y toi, puisque tu es si fort. 5° Mais, puisque je vous dis que j'y vais.

quand   1

1. ADV INTERR – 1° Quand part
votre mère ? Quand (votre mère) part-
elle ? 2° Je ne sais pas quand ma
mère doit partir. 3° [*prép* +] ■ De
quand date ce monument ? ■ Depuis
quand ? Jusqu'à quand ? [*Litt*] Jusques à quand ? ■ A quand les grandes
vacances ? **2. CONJ** – 1° *Quand* il
fut parti, on respira. *(Lorsque. Aussitôt que. Dès que.)* 2° On a du courage
quand on est jeune. *(Lorsque. Tant
que. Aussi longtemps que.)* 3° *Quand*
il boit, il est tout de suite ivre. *(A
chaque fois que.)* 4° Pourquoi dire
la vérité *quand* tous mentent ? *(Du
moment que. Dès lors que. Puisque.)*
5° Quand (bien même) je l'aurais aidé,
ça n'aurait servi à rien. 6° [*Exclama-
tion*] Quand on sait ce qu'il est advenu
d'elle ! **3. LOC ADV** – **Quand même** –
1° Vous auriez pu me prévenir *quand
même. (Tout de même.)* 2° J'ai horreur du poisson, mais j'en mange
quand même. (Pourtant. Malgré tout.)

quant à   2

LOC PREP – 1° Elle n'a rien révélé
quant à ses intentions. *(De. Au sujet
de. En ce qui concerne. Pour ce qui
est de.)* 2° Au revoir ! Quant à votre
proposition, je l'étudierai. 3° Il joue
très bien au bridge ; *quant à moi,* je
débute. *(Pour ma part.)* 4° [+ *inf*]
Quant à l'accuser de trahison, c'est
autre chose.

quantité   3

1. N – La quantité (de lessive) est
indiquée sur la boîte. **2. LOC ADV** –
1° [+ *N*] **Quantité de** – Les anthro-
pologues ont découvert *(une)* quan-
tité de statues. *(Nombre de. Beaucoup
de. Plein de.)* 2° Nous avons trouvé
des champignons *en quantité. (En
abondance.)*

que   4

1. EXCLAM – 1° *Que* tu es stupide !
(Comme. Ce que.) 2° [*Litt*] Que mon
père n'est-il encore en vie ! 3° [*Litt*]
Que ne l'avez-vous dit plus tôt !
(Pourquoi.) 4° *Que* oui ! *Que* non !
(Certes.) 5° **Que de** – ■ *Que de*
fumée dans cette pièce ! *(Quelle
quantité de.)* ■ *Que de* gens sont
morts en combattant ! *(Combien de.)*
2. INTERR – 1° [+ *inf*] Que dire ?
Je ne sais *que* dire (de plus). *(Quoi.)*
2° [Que / Ce que] : Que me voulez-
vous ? / Je ne sais ce que vous me
voulez. 3° [Que / Ce qui] : [*Fam*]
Que se passe-t-il ? / Je ne sais pas ce
qui se passe, / ce qu'il se passe.
4° [Est-ce que / si] : Est-ce que vous
viendrez ? / Je me demande si vous
viendrez. 5° [Qu'est-ce que / ce que] :
Qu'est-ce que vous voulez ? / Je ne
sais ce que vous voulez. 6° [*Renforcement*] [*Fam*] Comment qu'elle fait ?
Pourquoi qu'elle est partie ? **3. REL** –
1° [*cod*] ■ Utilises-tu l'agenda que
je t'ai donné ? ■ [*Inv du S*] Songe au

dévouement qu'exige notre métier. ■ Le problème que tu t'imaginais qu'il pourrait résoudre n'a toujours pas de solution. ■ *Le* bel argument que voilà ! *(Quel.)* ■ La belle carrière que tu as faite ! 2° *[att]* ■ [+ *ind*] Imbécile que tu es ! Le voleur qu'il est n'a pas manqué l'aubaine. ■ [+ *subj*] *Tout* intelligent qu'il soit, il n'a rien compris. *(Quelque. Si.)* − Qui que tu sois, réponds. − Quelle que soit ta réponse, ma décision est prise. − Quoi que tu fasses, c'est inutile. − Où que tu ailles, je te retrouverai. − 3° **Ce que** ■ J'apprécie ce que tu écris. ■ Ce que tu me dis là est à peine croyable. ■ Elle m'a téléphoné, *ce que* j'apprécie. *(Chose que.)* 4° *[avec* Voilà / voici*]* Voici (déjà) trois mois qu'il est parti. 5° *[avec* Il y a*]* Il y a huit jours que je ne l'ai pas vu. 6° *[avec* C'est*]* ■ C'est lui que je félicite. ■ C'est de lui *que* je parle. *(Dont.)* ■ C'est à toi *que* jc voulais dIre cela. *(A qui.)* ■ C'est une belle chose que la vie, / (que) de vivre ainsi. 7° *[Temps]* ■ Le temps qu'on a mis à venir n'en finissait pas. ■ Le temps qu'on se prépare, et nous arrivons. ■ *[Fam]* Tu te rappelles le jour qu'il est venu ? 8° *[sans antécédent]* *[Litt]* Il n'est pas venu, que je sache. 9° *[avec superl]* Mallarmé est le poète le plus obscur que je connaisse. **4. CONJ** − 1° *[Ordre]* [+ *subj*] Qu'il parte et qu'il ne revienne pas ! 2° *[Prop S]* ■ *[Ind]* Il me semble que vous êtes en retard. ■ *[Subj]* Il se pourrait que vous soyez en retard. Que vous soyez en retard m'étonne. 3° *[Prop c d'adj]* ■ *[Ind]* Certain qu'il gagnera, je parie sur lui. ■ *[Subj]* Je suis heureux que tu sois venu. 4° *[Prop c d'adv]* Peut-être qu'il viendra. / Il viendra peut-être. 5° *[Prop c de N]* ■ *[Ind]* L'idée que je devais la quitter lui était insupportable. ■ *[Subj]* L'idée que je puisse la quitter lui était insupportable. 6° *[Prop att du S]* Mon idée est qu'il fera beau demain. 7° *[Prop cod]* ■ *[Ind]* Je pense qu'il est fou. ■ *[Subj]* Je préfère qu'il ne le sache pas. ■ Je sais que vous êtes

venu. / Que vous soyez venu, je le sais 8° *[But]* [+ *subj*] Donne-moi le pain que je le coupe. 9° *[Conséquence]* Il parlait, parlait, que c'en était lassant. 10° *[Condition]* On lui marcherait dessus qu'il ne broncherait pas. 11° *[Temps]* Le discours était fini depuis cinq minutes que tout le monde applaudissait encore. 12° *[Cause]* **Non que** + *subj :* Il est fatigué, non qu'il ait beaucoup travaillé, mais il sort trop. 13° *[Reprise de conj]* ■ *[Même mode]* Lorsqu'il fait beau et que j'ai le temps, je flâne. Quoiqu'elle soit travailleuse et qu'elle ait du talent, sa réussite n'est pas sûre. ■ *[Autre mode]* Si elle vient et que je ne sois pas là, prévenez-moi. 14° *[Compar]* ■ J'aime mieux souffrir que mourir. ■ Juliette a la même robe que Fanette. 15° Rien que ta présence l'opportune. 16° *[Conséquence]* ■ *[Ind]* Il est si occupé qu'on ne le voit jamais. ■ *[Subj]* Elle n'est pas telle qu'elle ne puisse comprendre. 17° **Que... que** + *subj :* Qu'il pleuve ou qu'il vente, la sentinelle veille. 18° **Ne... que** − ■ Je n'aime que les blondes. ■ Il n'est pas de jour qu'il ne pleuve. ■ La situation est difficile ; elle n'en est que plus exaltante.

quel   5
1. ADJ EXCL − 1° Quel froid de canard (il fait aujourd'hui) ! 2° *[avec* que*]* Quel bel argument que voilà ! 3° *[avec nég]* *[Litt]* Quelle ne fut pas sa colère quand il apprit la nouvelle. 4° *[avec prép]* Dans quelle histoire ai-je mis les pieds ! **2. ADJ INTERR** − 1° Quel est votre nom ? 2° Je vous demande quel est votre nom. 3° Quel vin préfères-tu ? 4° Je me demande quel vin il préfère. 5° **N'importe quel** − Je n'accepterai pas n'importe quel collaborateur 6° Il prétexta on ne sait quelle obligation. **3. Quel que** + *subj :* Quel que soit le résultat, tu n'auras pas démérité.

quelconque   6
1. ADJ INDEF − 1° Elle trouvera un prétexte quelconque pour se dérober.

2° Elle m'a fait *une quelconque* objection. *(Je ne sais quelle.)* 3° Prenez l'un (quelconque) des menus. **2. ADJ QUAL** – Le spectacle était vraiment (très) *quelconque. (Ordinaire.)*

quelque 7

1. ADJ INDEF – 1° [*avec d*] Les quelques livres qu'il a publiés sont encore utiles. 2° [*pl sans d*] ■ Nous avons dîné avec *quelques* amis, avec quelques-uns. *(Plusieurs.)* ■ Quelques jours après, l'armistice était signé 3° [*sg sans d*] ■ J'ai *quelque* difficulté à vous comprendre. *(Une certaine.)* ■ Quelque part. Quelque chose. En quelque sorte. Quelqu'un. **2. ADV** – 1° Scarron est un auteur quelque peu méconnu. 2° Elle a *quelque* cinquante ans. *(Dans les. Environ.)* **3. Quelque... que** + *subj :* 1° [*avec N*] Il faut garder confiance, dans quelque circonstance qu'on se trouve. 2° [*avec adj*] *Quelque* élégante que soit la solution, ce n'est pas la plus simple. *(Aussi. Si. Pour.)*

quelquefois 8

ADV – 1° [*avec adj*] C'est une maladie *quelquefois* fatale. *(Parfois. Dans certains cas.)* 2° [*avec V*] Nous allons *quelquefois* à la chasse. *(Parfois. Dans certaines circonstances. De temps à autre.)*

quelqu'un 9

1. PRON INDEF – 1° *Quelqu'un* m'a volé mon collier. *(On.)* 2° Ah! Jaurès, c'était quelqu'un! 3° [*avec rel ind*] J'ai rencontré *quelqu'un* que vous connaissez. *(Une personne.)* 4° [*avec rel subj*] Je cherche quelqu'un qui puisse m'aider. 5° [+ *N ou pr*] Est-ce que quelqu'un *de* vous pourrait m'aider? *(Parmi. D'entre.)* 6° [+ *adj*] C'est quelqu'un de très intelligent. **2. Quelques-uns** – 1° On va faire de la peine à quelques-uns. 2° [+ *de N*] ■ Quelques-unes de ses poupées étaient en porcelaine. ■ *Quelques-uns* d'entre eux se sont soûlés hier soir. *(Certains.)*

question 10

1. N – 1° Acceptez-vous de répondre à ces questions? 2° Les questions de finances sont primordiales. 3° C'est une question de vie ou de mort. 4° Nous l'avons invité; *question* de politesse. *(Affaire.)* 5° Reste la question de savoir si elle viendra ou pas. 6° [*Fam*] La question traitement ne tardera pas à se poser. 7° *Question* finances, je ne sais pas ce qu'il en est. *(Quant aux. Pour ce qui concerne les. En ce qui concerne les.)* **2. LOC ADV ou ADJ** – **En question** – Les points (qui restent) en question sont nombreux. **3. LOC VERB** – 1° Cet accident remet tous nos projets *en question. (En cause.)* 2° ■ Il est question qu'on mette les ouvriers à la porte. ■ Il est question de licencier les ouvriers. ■ Il est question du licenciement des ouvriers.

qui 11

1. INTERR – 1° [*S*] ■ Qui a frappé? ■ Qui est-ce qui a frappé? ■ [*Fam*] Qui c'est qui a frappé? Qui c'est qu'a frappé? ■ Qu'est-ce qui est arrivé? Il n'est rien arrivé. 2° [*cod*] ■ Qui vises-tu par tes propos? ■ Qui est-ce que tu vises par tes propos? ■ [*Fam*] Qui c'est (-il) que tu vises? 3° [*prép +*] ■ A qui parles-tu? ■ Pour qui est-ce que tu travailles? ■ [*Fam*] De qui c'est (-il) que tu te plains? 4° [*Indir*] ■ Dites-moi qui (a cassé la chaise). ■ Dites-moi à qui (s'adresser). ■ Dites-moi à qui est-ce qu'il faut s'adresser. **2. REL** [*avec antécédent*] 1° ■ La rivière qui passe dans la vallée a inondé les cultures. ■ La rivière, qui a débordé, a inondé les cultures. ■ Une lettre arriva, qui annonçait la mort de mon père. ■ C'est un livre récent et qui a eu du succès. 2° [*antéc pr*] ■ C'est lui qui vous a appelé. ■ Je le vis qui arrivait. ■ J'en ai vus qui mangeaient du riz tous les soirs. ■ Moi qui suis. Nous qui sommes... Vous qui êtes... ■ Tel est pris qui croyait prendre. ■ Je lis ce qui m'intéresse. ■ Je l'ai frappé, *ce*

qui l'a étonné. *(Chose.)* 3° [*prép* +]
■ J'ai perdu l'ami en qui j'avais toute
confiance. ■ J'ai perdu l'ami *de qui*
je t'avais parlé. *(Dont. Duquel.)* ■ J'ai
perdu l'ami *de qui* j'étais si fier. *(Dont.
Duquel.)* ■ J'ai perdu l'ami sans l'aide
de qui je ne peux rien. *(Duquel.)*
4° [*Superl* +] Mallarmé est le poète
le plus obscur qui soit. **3. REL** [*sans
antécédent*] 1° ■ Qui vole un œuf
vole un bœuf. ■ Qui commettrait
un tel crime serait puni de mort.
2° [*prép* +] ■ J'ai reçu une lettre de
qui tu sais. ■ A qui fait cela on inflige
la peine de mort. ■ Pour qui voudra
venir la porte est ouverte. 3° **Comme
qui dirait** – C'est, comme qui dirait,
un imposteur. 4° **C'est à qui** – C'est
à (celui) (des trois) qui criera le plus
fort. 5° **Voilà qui** – Voilà qui devrait
vous satisfaire. 6° Qui mieux est. Qui
pis est. Qui plus est. A qui mieux
mieux. 7° **Qui que** + *subj :* ■ Qui
que tu sois, réponds. ■ **Qui que ce
soit qui** + *subj* – Qui que ce soit qui
prenne cela en charge, il aura du mal.
8° **Qui... qui** – Elles jouaient *qui* à la
balle, *qui* au volant. *(Les unes... les
autres.)*

quiconque 12

1. PRON INDEF – Je suis capable
d'apprécier ce tableau mieux que
*quiconque. (N'importe qui. Per-
sonne.)* **2. PRON REL** – 1° *Quiconque* n'a jamais navigué ignore ce
sentiment. *(Celui qui. Qui.)* 2° Ce livre
sera apprécié par *quiconque* aime
l'aventure. *(*[*Fam*] *N'importe qui qui.)*

quitte 13

1. ADJ – Nous sommes quittes (de
notre dette) (envers lui). **2. LOC
VERB** – La planche cassa ; il en fut
quitte pour un bain forcé. **3. Quitte
à** – 1° Quitte à boire, autant boire du
bon vin. 2° Faites rentrer Stefano,
quitte à le remplacer en cours de
match. 3° **Quitte à ce que** + *subj :*
Laissez-le essayer, quitte à ce qu'il
échoue.

quoi 14

PRON – **1. EXCLAM** – 1° Elle a fait
une gaffe, *quoi ! (Au fond. Finalement. Un point c'est tout.)* 2° *Quoi !*
Vous ne venez pas ce soir ? *(Comment.)* **2. INTERR DIR** – 1° [*sans V*]
■ [*Fam*] Tu m'entends ? – Quoi ? *(De
quoi ? Quoi donc ? Comment ? Pardon ?)* ■ Quoi de neuf aujourd'hui ?
■ Elle est folle ou quoi ? 2° [*avec inf*]
Quoi faire en pareille situation ? *(Que.)*
3° [*avec V*] [*Fam*] Tu fais quoi aujour-
d'hui ? / Que fais-tu ? 4° [*Prép* +]
A quoi penses-tu ? **3. INTERR
INDIR** – 1° [*sans prép avec inf*] Ils
ne savent pas *quoi* faire en vacances.
(Que.) 2° [*avec prép*] ■ On ne sait
jamais à quoi il pense. ■ On ne sait
pas de quoi demain sera fait. ■ Je ne
vois pas en quoi cela me concerne.
■ Je ne sais pas par quoi (on pourrait)
commencer. ■ Je ne comprends pas
pour *quoi* il travaille. *(Quel résultat.)*
■ [*Autres prép*] Je ne vois pas en
direction de quoi on peut aller. 3° Mes
enfants jouent vraiment à n'importe
quoi. **4. PRON** 1° Dépêchez-vous,
mes enfants, *sans quoi* vous serez en
retard. *(Sinon.)* 2° N'oubliez pas de
le remercier, faute de quoi il sera fâché.
3° Il fit son cours ; *après quoi* il
accepta les questions. *(Sur quoi.)*
4° Prenez un passeport ; moyennant
quoi vous n'aurez pas d'ennuis à la
frontière. 5° Il a bien plu ; comme
quoi je ne me trompais pas. 6° [*antécédent de rel subj*] ■ Quoi que vous
fassiez, ça ne servira à rien. ■ Quoi
qu'il en soit, ça ne m'intéresse pas.
■ Vers quoi qu'on tende, la situation
n'est pas fameuse... ■ Quoi que ce
soit, ne craignez rien. ■ Je n'ai pas
trouvé quoi que ce soit (d'intéressant).
■ Quoi que ce soit qu'il fasse, soyez in-
dulgent. **5. REL** [*avec prép*] 1° [*sans
antéc*] ■ Je n'ai même pas de quoi
acheter un saucisson. ■ Merci. – Il n'y
a pas de quoi. 2° [*antéc ce*] Cette
réforme est ce pour quoi nous avions

lutté. 3° [*antéc* rien] [*Litt*] Il n'y a rien là de quoi se formaliser. 4° [*antéc* chose] [*Litt*] Ce n'est pas une chose à *quoi* vous deviez penser. *(A laquelle.)* 5° C'est un point à quoi on peut réfléchir.

quoique 15

CONJ – 1° [+ *subj*] *Quoiqu'*il ait plu, nous avons pu sortir. *(Bien que. Encore que.* [*Fam*] *Malgré que.)* 2° *Quoiqu'*économe, il n'a jamais d'argent. *(Bien que.)*

raconter 1

1. 1° *V :* Ecoutez d'abord, vous raconterez ensuite. 2° *V N* (à qqn) : Vous (nous) raconterez vos vacances. 3° *V* que *ind* (à qqn) : Elle (nous) raconta que l'orage les avait surpris. 4° *V interr* (à qqn) : Vous (nous) raconterez comment s'est déroulé votre séjour, si vous avez vécu des aventures...
2. Se raconter – 1° *V :* Ces choses-là ne se racontent pas. 2° *V qqch :* Les enfants se racontent des histoires. 3° *V interr :* Ils se racontaient comment ils avaient passé leurs vacances.

raison 2

1. N – 1° J'ignore la *raison* de son absence. *(Cause.)* 2° Ce jardin est toute sa raison de vivre. 3° Pour quelle raison n'est-il pas là ? Pour une raison inconnue. 4° Je ne suis pas venu pour l'unique raison qu'il faisait trop froid. **2. LOC ADV** – 1° Je ne suis pas d'accord, à plus forte raison mon frère non plus. 2° (Non) sans raison, avec raison. A tort ou à raison. 3° **De raison** – Il mange plus que de raison. **3. LOC PREP** – 1° **En raison de** – ▪ Le magasin est fermé *en raison des* congés. *(A cause de.)* ▪ Je n'ai été payé qu'*en raison de* mes heures de travail. *(En proportion de.)* 2° **Pour raison de** – Il est absent pour raison de service. 3° **A raison de** – L'ouvrier fabrique 3 000 pièces à raison de 8 par minute. **4. LOC VERB** – 1° Vous êtes recalé, mais ce n'est pas une raison pour pleurer. 2° Vous êtes recalé, mais (c'est une) raison de plus pour travailler. 3° Elle a raison (de parler ainsi). / Elle a ses raisons. 4° J'ai fini par avoir raison de cette difficulté. 5° Demander, entendre, (se) faire, rendre raison de qqch.

rappeler 3

1. 1° *V qqch* (à qqn) : Le directeur (nous) a rappelé le règlement intérieur. 2° *V qqn :* Le gouvernement a rappelé son ambassadeur. 3° *V que ind* (à qqn) : Le directeur (nous) a rappelé qu'il est interdit de fumer. 4° *V interr* (à qqn) : Le directeur (nous) a rappelé comment on remplit le formulaire. 5° *V qqn à qqch :* On a réussi à le rappeler à la vie. 6° IMPERS – *V* (à qqn) que *ind :* Il est rappelé (à tous) que les sorties sont interdites le jeudi. **2. Se rappeler** – 1° *V N :* Je me rappelle mes vacances à la mer. 2° *V que ind :* Je me rappelle qu'on était en famille. 3° *neg V que subj :* Je ne me rappelle pas qu'il soit passé à cette heure. 4° *V interr :* Je me rappelle comment ça s'est passé. 5° *V inf :* Je me rappelle être parti à 5 h. 6° *V à N :* Les enfants se rappellent à votre bon souvenir. 7° *V qqch prép att :* Je me rappelle ce fait comme certain.

rapport   *4*

1. N – 1° Nous entretenons d'excellents rapports avec nos collègues. 2° Les rapports entre l'administration et les employés sont très tendus. 3° Ce métier est d'un très bon rapport. **2. LOC PREP** – 1° **Par rapport à** – ■ Je suis bien classé par rapport à lui. ■ Quel est l'angle de AB par rapport à BC ? 2° **En rapport avec** – Son métier est *en* rapport avec son niveau d'intelligence. *(≠ Sans.)* 3° **Sous le rapport de** – ■ Excellent *sous le rapport de* la rentabilité. *(Du point de vue.)* ■ Excellent sous tous rapports, sous ce rapport. 4° **Dans le rapport de** – Les chiffres sont dans le rapport de 3 contre 1. 5° **Rapport à** – [*Fam*] Elle est absente, *rapport à* sa maladie. [*A cause de.*] **3. LOC VERB** – 1° Cette histoire *a (beaucoup de) rapport* avec l'autre. *(≠ Est sans rapport.)* 2° Mettez-vous en rapport avec le bureau d'immigration.

rapporter   *5*

1. 1° *V* : Ce métier rapporte (beaucoup). 2° *V qqch (de N)* : Je rapporte (d'Espagne) un excellent vin. 3° *V interr (à qqn)* : Vous (nous) rapporterez comment ça s'est passé. 4° *V qqch à qqch* : Il faut rapporter cet incident à son contexte. 5° *V qqch à qqn* : Je vous rapporte la clef. **2. Se rapporter** – 1° *V à qqch* : Voici les faits se rapportant à cette histoire. 2° *V à qqn* : Vous vous (en) rapporterez à votre avocat pour ce divorce. **3. Etre rapporté** – *V (att)* : Les faits sont rapportés (tels quels) (dans le journal).

recevoir   *6*

1. 1° *V* : Le docteur ne reçoit pas (le matin). 2° *V N* : J'ai reçu votre colis. 3° *V qqch de qqn* : Il a reçu de sa famille un accueil chaleureux. 5° *V qqn att* : Le jury m'a reçu premier. 6° *V qqch pour att* : Il reçoit ces idées pour vraies. **2. Se recevoir** – *V* : Le parachutiste s'est mal reçu à l'arrivée.

Les deux familles se reçoivent souvent. **3. Etre reçu** – 1° *V à N* : J'ai été reçu à l'examen. 2° *V prép* : J'ai été reçu parmi les membres du club, dans la meilleure société. 3° *V att* : J'ai été reçu premier.

reconnaître   *7*

1. 1° *V N (à qqch)* : Vous reconnaîtrez la voiture (à sa couleur). 2° *V que ind* : Vous reconnaîtrez que vous avez eu tort. 3° *V inf* : Vous reconnaîtrez avoir eu tort. 4° *V interr* : Vous reconnaîtrez si le chemin est passé par là. 5° *V qqch à qqn* : Je vous reconnais le droit de me corriger. 6° *V N prép att* : Je vous reconnais pour maître, comme mon maître. 7° IMPERS – *V que ind* : Il est reconnu que la taille humaine augmente. **2. Se reconnaître** – 1° *V* : Les élus se reconnaîtront (facilement). 2° *V N* : Ils se sont reconnus un maître. 3° *V att* : Vous vous reconnaissez coupable. 4° *V à qqch* : Je vous reconnaîtrai à votre brassard. 5° *V prép* : Je me reconnais dans ce traité de psychologie → Je m'y reconnais. **3. S'y reconnaître** – *V* : Sauras-tu t'y reconnaître (dans ce désordre) ?

réfléchir   *8*

1. 1° *V* : Vous avez 5 minutes pour réfléchir. 2° *V qqch* : Le mur réfléchit la chaleur. 3° *V que ind* : Je réfléchissais que tout pourrait arriver. 4° *V à qqch* : Vous réfléchirez à ce problème. 5° *V sur N* : Nous allons réfléchir sur les raisons de son attitude. **2. Se réfléchir** – L'image se réfléchit (dans le miroir).

refuser   *9*

1. 1° *V* : Vous pouvez refuser, si vous voulez. 2° *V N* : Elle a refusé mes fleurs. 3° *V que subj* : Elle refuse que je lui offre des fleurs. 4° *V de inf* : Elle refuse de m'offrir des fleurs. 5° *V qqch à N* : Je refuse à ce certificat toute validité. 6° *V à qqn de inf* : Je lui ai refusé de l'emmener au cinéma. 7° *V qqch de qqn* : Vous devez tout

refuser de ces gens-là. **2. Se refuser** –
1° *V* qqch : Elle ne se refuse aucun
plaisir. 2° *V* à *N* : Elle ne se refuse pas
à ce jeu. 3° *V* à *inf* : Elle se refuse à
venir avec nous. 4° *V* à ce que *subj* :
Elle se refuse à ce qu'on lui parle de
mariage.

regarder 10

1. 1° *V* : Regardez attentivement.
2° *V N* : Regardez le tableau. 3° *V*
interr : Regardez si la clef est sous le
paillasson. 4° *V inf (N)* : regardez
faire (vos camarades). 5° *V* à *N* : Elle
regarde à la dépense. 6° *V* à *inf* : Il
regardait à manger au restaurant.
7° *V* qqn *prép att* : Il me regarde en
ami ; comme intrus. 8° IMPERS –
■ *V* qqn (de *inf*) : Ça me regarde (de
rester chez moi). ■ *V* qqn que *subj* :
Ça ne vous regarde pas que je m'en
aille ou non. ■ *V* qqn *interr* : Ça ne
vous regarde pas si je m'en vais.
2. Se regarder – 1° *V* : Arrêtez de
vous regarder ainsi. 2° *V* qqch : Il se
regarde le visage dans une glace.
3° *V inf (N)* : Il se regarde faire (des
mimiques). 4° *V prép att* : Il se
regarde comme un chef valeureux.
3. Y regarder – A y regarder de plus
près, ça n'est pas si simple.

regretter 11

1° *V* : Désolé, je regrette. 2° *V N* : Je
regrette votre départ. 3° *V* que *subj* :
Je regrette que vous partiez. 4° *V* de
inf : Je regrette de partir. 5° *V* qqch
de *N* : Je regrette de lui sa gentillesse.
6° *V* qqn comme *att* : Je vous regret-
terai beaucoup comme collaborateur.

relatif 12

ADJ – Relevez les informations *rela-
tives* à la Colombie. *(Concernant. Se
rapportant à. En rapport avec.)*

remettre 13

1. 1° *V N* : Remettez ce disque une
fois encore. 2° *V* qqch à qqn : Vous
remettrez la clef à la concierge. 3° *V*
qqch à *N* : Ne remettez pas ce travail
à demain : faites-le tout de suite.

2. Se remettre – 1° *V* : Depuis sa
convalescence, il se remet peu à peu.
2° *V* à *N* : Je me suis remis à la
pétanque. 3° *V* à *inf* : Je me suis
remis à fumer. 4° *V* de *N* : Je me suis
remis de mon angine. **3. S'en remettre** – 1° *V* à qqn (de *N*) : Je m'en
remets à vous (de la suite à donner à
cette affaire). 2° *V* à qqch : Je m'en
remets à son expérience.

rendre 14

1. 1° *V N* : Rendez ce cahier. 2° *V N* à
qqn : Rendez-moi la monnaie. 3° *V*
qqch *att* : Il a rendu cette réunion
(plus) intéressante. **2. Se rendre** –
1° *V* : Les vaincus se sont rendus.
2° *V* qqch : Ils se rendent la politesse
3° *V* à *N* : Je me suis rendu à ses arguments. 4° *V att* : Il s'est rendu coupable du meurtre. 5° *V prép* : Ils se
rendent à la gare. **3. Etre rendu** –
[*Fam*] Je suis complètement rendue.

répéter 15

1. 1° *V* : Répétez encore une fois s'il
vous plaît. 2° *V* qqch (à qqn) : Je
(vous) répète ce que j'ai déjà dit.
3° *V* que *ind* (à qqn) : Je (vous)
répète que vous ne devez pas sortir.
4° *V interr* (à qqn) : Je (vous) répète
pourquoi je suis ici. **2. Se répéter** –
1° *V* : L'histoire ne se répète jamais.
2° *V N* : Elle se répétait les conseils
de son père. 3° *V* que *ind* : Elle se
répétait qu'il ne lui arriverait rien.

répondre 16

1. 1° *V* (à qqn) : Vous ne (lui) répondez même pas ? 2° *V* qqch (à qqn) :
Je (lui) réponds une lettre immédiatement. 3° *V* que *ind* (à qqn) : Je (lui)
réponds que ce n'est pas possible.
4° *V* que *subj* (à qqn) : Je (lui)
réponds qu'on me laisse tranquille.
5° *V* à qqch : Vous répondrez à ma
lettre → J'y répondrai. 6° *V* de qqn :
Vous répondez de votre neveu. → Je
réponds de lui. 7° *V* de ce que *ind*
(à qqn) : Je (vous) réponds de ce
que personne ne touchera rien. → J'en
réponds. **2. Se répondre** – *V* : Les

couleurs et les sons se répondent.
2° *V* qqch : Elles se sont répondu des
insultes.

reposer 17

1. 1° *V :* Laissez-le reposer. 2° *V N :*
Reposez le brancard, le blessé. 3° *V*
qqch à qqn : Vous lui reposerez la
question. 4° *V* sur *N :* La théorie
repose sur des bases fragiles. **2. Se
reposer** – 1° *V :* Chut! Les enfants
se reposent. 2° *V* qqch : Tous se
reposent la même question. 3° *V* de
qqch : Les jeunes se reposent de leurs
efforts de la veille. 4° *V* sur *N :* repo-
sez-vous sur moi.

représenter 18

1. 1° *V* qqch : La troupe représentait
du Molière. 2° *V* qqn : Je représente
le délégué. 3° *V* qqch à qqn : Je lui
représentais les difficultés que nous
rencontrerions. 4° *V* que *ind :* Je lui
représentais qu'il aurait dû agir autrement. 5° *V interr :* Je lui représentais
pourquoi nous étions en difficultés.
6° *V prép att :* Il nous représentera
comme représentant de presse. **2. Se
représenter** – 1° *V* qqch : Représentez-vous la somme de travail
2° *V* que *ind :* Représentez-vous que
j'étais tout seul à faire ce travail.
3° *V prép att :* Il se représenta comme
maire. 4° *V* à *N :* Il se représente aux
élections (comme maire).

reprocher 19

1. 1° *V* qqch à *N :* Le maître nous a
reproché notre conduite. 2° *V* que
ind à *N :* Le maître nous a reproché
que nous étions en retard. 3° *V* que
subj à *N :* Le maître nous a reproché
que nous soyons en retard. 4° *V* de
inf à *N :* Le maître nous a reproché
de ne pas être arrivés à l'heure.
2. Se reprocher – 1° *V N :* Je me
reproche ma négligence. 2° *V* de *inf :*
Je me reproche de n'avoir pas averti
plus tôt. **3. Etre reproché** – IMPERS
1° *V* qqch à *N :* Il vous est reproché votre négligence. 2° *V* à *N* de *inf :* Il vous
est reproché d'être souvent en retard.

réserver 20

1. 1° *V N :* Il réserve ses forces. 2° *V*
qqch à qqn : Je vous réserve une surprise. 3° *V N prép att :* Je vous réserve
ce vase comme cadeau. **2. Se réser-
ver** – 1° *V :* Les joueurs se réservent
(pour la 2e partie). 2° *V* qqch : Ils se
sont réservés une surprise désagréable. 3° *V* de *inf :* Ils se réservent
de tout abandonner si nécessaire.
3. Etre réservé – 1° *V :* Ils sont très
réservés. 2° IMPERS – *V* à qqn de
inf : Il est réservé à l'élite de diriger.

rester 21

1. 1° *V :* Je suis resté (deux ans en
Autriche). 2° *V att* [*adj*] *:* Vous restez
muets maintenant. 3° *V att* [*N*] *:* Vous
restez directeur. 4° *V inf :* Restez
prendre l'apéritif avec nous. 5° *V* à
qqn : Le surnom lui est resté. 6° *V* à
inf : Ils sont restés (des heures) à hési-
ter. **2. IMPERS** – 1° *V* qqch (à qqn)
Il ne (nous) reste que deux heures
2° *V adj :* ■ Il reste possible de s'entendre. ■ Il reste entendu que vous
viendrez demain. 3° *V* à *inf :* (Il) reste
à savoir ce qui se passera demain.
4° *V* qqch à *inf :* Il reste deux cents
mètres à parcourir. 5° *V* qqn à *inf :*
Il reste à Pierre à se faire connaître.
6° *V* qqch à qqn à *inf :* Il lui reste deux
cents mètres à parcourir. **3. En rester** – 1° *V* à *N :* Nous en sommes
restés à des considérations générales.
2° **En rester là** – Restons-en là, si
vous le voulez bien.

retenir 22

1. 1° *V N :* Les étais retiennent le mur.
2° *V* que *N :* J'ai retenu que la France
était en crise. 3° *V* qqn *att :* Les alle-
mands le retiennent captif. 4° *V* qqn
comme *att :* Je vous retiens comme
accompagnateur. 5° *V* qqn de *inf :* La
peur le retint d'y aller. **2. Se retenir** –
1° *V :* Ces choses-là se retiennent
facilement. 2° *V* qqch : Elle s'est
retenue la meilleure place. 3° *V* de
inf : Vous vous retiendrez de bâiller en
public. 4° *V* à *N :* Je me suis retenu à
la branche, pour ne pas tomber.

retirer   23

1. *V N :* Il retirera sa participation. 2° *V qqch à qqn :* On lui a retiré son commandement. 3° *V qqch de N :* Il retirera ses actions de cette société. **2. Se retirer** – 1° *V :* La mer se retire. 2° *V N :* Ils se sont retiré leur amitié. 3° *V de N :* Ils se sont retirés de cette société.

retourner   24

1. 1° *[Fam] V att :* Je suis retourné bredouille. 2° *V N :* Il a retourné la crêpe. 3° *V inf :* Il est retourné mettre de l'ordre chez lui. 4° *V qqch à qqn :* Je vous retourne le compliment. 5° *V prép :* Vous retournerez sur vos pas, chez vous, à votre travail. 6° IMPERS – *V de :* Dites-moi de quoi il retourne. **2. Se retourner** – 1° *V :* Cessez de vous retourner. 2° *V qqch :* Ils se sont retourné leurs arguments. 3° *V prép :* L'argument s'est retourné contre lui. **3. S'en retourner** – 1° *V prép :* Je m'en retourne chez moi. 2° *V att :* Je m'en retourne tout content.

réussir   25

1. 1° *V :* Vous, vous réussirez toujours (dans vos entreprises). 2° *V qqch :* Elle a réussi un exercice difficile. 3° *V à inf :* Elle a réussi à m'importuner. 4° *V à qqn :* La témérité lui réussit. 5° *V prép att :* Vous réussirez comme gendarme. **2. Se réussir** – Cet exercice se réussit rarement.

révéler   26

1. 1° *V qqch (à qqn) :* Il n'a pas révélé ses secrets (à ses amis). 2° *V que ind (à qqn) :* Il n'a pas révélé qu'on l'avait battu (à ses amis). 3° *V inf (à qqn) :* Il n'a pas révélé (à ses amis) avoir été battu. 4° *V interr (à qqn) :* Il n'a pas révélé (à ses amis) s'il avait été battu. 5° IMPERS – *V att que ind :* Il se révèle exact que le suspect était innocent. **2. Se révéler** – 1° *V qqch :* Ils se sont révélé la vérité. 2° *V att :* Les faits se sont révélés exacts.

revenir   27

1. 1° *V :* Attendez-moi, je reviens tout de suite. 2° *V att :* Il est revenu vainqueur. 3° *V inf :* Vous reviendrez voir la malade ? 4° *V à qqch :* Il revient à ses premières amours. 5° *V à qqn :* Sa figure ne me revient pas. 6° *V à inf :* Ceci revient à démissionner. 7° *V de qqch :* Il est revenu de Russie. 8° *V de inf :* Il revient d'acheter des provisions. 9° *V sur N :* Vous reviendrez sur votre décision. **2. IMPERS** – 1° *V qqch à qqn :* Il me revient (en mémoire) un épisode comique. 2° *V à qqn que ind :* Il me revient (en mémoire) que vous étiez capitaine, à ce moment-là. 3° *V à qqn de inf :* Il revient à Monsieur de passer en tête du cortège. **3. En revenir** – 1° *V à qqch :* J'en reviens au sujet qui nous intéresse. 2° *V de qqch :* J'en suis revenu de toutes vos histoires. 3° *nég V quo subj :* Je n'en reviens pas que la voiture soit abîmée.

rêver   28

1. 1° *V :* Je ne pensais pas, je rêvais. 2° *V que ind :* Je rêve que je peux voler. 3° *V que subj :* Je rêve que tu puisses venir. 4° *V de inf :* Je rêve de voler un jour. 5° *V de N :* Je rêve de réussite, de Jacques. 6° *V à qqch :* Je rêve à un long voyage. **2. Se rêver** – *V N :* Elle se rêvait un avenir plein de promesses.

rien   29

1. [Discours] 1° Qu'est-ce qu'ils font ? – *Rien (du tout).* (≠ *Quelque chose.*) 2° Qu'est-ce qu'ils font ? – Rien de ce qui m'intéresse. Rien de plus. Rien de moins. 3° Qu'est-ce qu'ils font ? – Rien qui soit intéressant. 4° *[prép +]* ■ A quoi rêves-tu ? – A rien. ■ Je vous remercie. – *De rien. (Il n'y a pas de quoi.)* 5° *[avec coord]* ■ Il y a eu une lettre jeudi mais rien vendredi. ■ Tu te décides ? C'est ce livre ou rien. **2. Ne... rien** – 1° Ils ne font rien. Je ne vois rien. 2° *[Renforcement]* Les gens ne comprennent *jamais* rien. *(Plus.)* 3° **Ne... pas rien** – Ce n'est pas rien (de s'occuper de lui). 4° **Pas rien que** [*Fam*] Tu t'entraînes ? — Bien sûr ! et pas rien qu'un peu. 5° [*avec prép*] ▪ Ça ne sert à rien de vous dépêcher. ▪ **En rien** — Ces événements ne vous concernent en rien. 6° LOC VERB — ▪ Ce n'est pas pour rien que je vous ai fait venir. ▪ Je n'y suis pour rien dans vos malheurs. **3. Rien... ne** — Rien (ni personne) ne nous arrêtera. **4.** [*valeur adverbiale*] 1° **Ne... rien que** — ▪ [+ *N*] Je ne prendrai (rien) qu'un verre, rien qu'un. ▪ [+ *inf*] Maman, Jean ne fait (rien) que (de) m'embêter. 2° **Rien moins que** — ▪ [+ *N*] Elle (n') est rien moins que la secrétaire principale du président. ▪ [+ *inf*] Il ne fait rien moins que (de) tricher. 3° **Rien de moins que** — ▪ [+ *N*] Ce n'est rien de moins qu'un diamant. ▪ [+ *inf*] Il n'a fait rien de moins que (de) semer. **5.** [Rien = peu] 1° **De rien** — ▪ Je vous remercie. — *De rien. (Il n'y a pas de quoi.)* ▪ Il se satisfait *de rien. (De peu.)* ▪ LOC ADJ — J'habite un petit studio de rien (du tout). 2° **Pour rien** — Aux puces, j'ai eu ce fauteuil *pour rien. (Pour moins que rien. A bon prix.)* **6.** [= *Quelque chose*] [*sans* ne] 1° [*avec prép*] ▪ Ils quitteront le pays *sans* avoir rien fait [*Avant de*] ▪ Ils sont trop paresseux pour faire rien (qui vaille). 2° [*avec conj*] ▪ Il sortit *avant que* j'aie rien répondu. *(Sans que.)* ▪ Ils sont trop ingrats pour que je fasse rien pour eux. 3° [*après nég dans principale*] Claude ne veut pas que je paye rien. 4° [*avec compar*] Avez-vous rien vu de plus beau ? **7.** [+ *prep*] 1° [+ à *inf*] Il n'y a rien à espérer de ces gens-là. 2° [+ *de*] ▪ Il n'y a rien d'intelligent dans leur attitude. ▪ Rien

de ce que tu dis ne m'intéresse. ▪ Je ne sais rien d'autre. 3° [+ *dans*] Rien dans son attitude ne m'est sympathique. **8. Rien que** — 1° [+ *N*] Rien que sa vue me hérisse. 2° [+ *prép*] ▪ Rien qu'à regarder ces gâteaux, l'eau me vient à la bouche. ▪ Rien que d'y penser, ça me donne des frissons. ▪ Rien qu'à l'idée de la revoir, mon cœur tremble. **9. N** — 1° Un rien la fait pleurer. 2° Il y a toujours des petits riens qui vous contrarient. 3° Après le café, *un rien* de cognac ? *(Un peu.)* 4° Cette jupe est *un rien* trop courte. *(Un peu.)* 5° On la punit pour un rien. 6° Cette brute vous casserait un bras comme un rien. 7° Elle a compris en un rien de temps. 8° Douze heures de travail par jour, *ce n'est pas rien ! (C'est quelque chose.)*

risque *30*

1° N — Les risques d'avoir une avalanche sont limités. 2° LOC PREP — **Au risque de** + *inf* : L'alpiniste sauta sur la corniche *au risque de se tuer, (Au péril de sa vie.)* 3° LOC VERB — Courir, prendre le risque de *inf*.

risquer *31*

1. 1° V : Il faut savoir risquer dans la vie. 2° V qqch : Vous risquez une attaque. 3° V de *inf* : Vous risquez de vous casser le nez. 4° V que *subj* : Vous risquez qu'on vous attaque. 5° IMPERS — V de *inf* : Il risque de vous arriver des ennuis. **2. Se risquer** — 1° V prép : Je me suis risqué sur des skis, dans cette aventure. 2° V *inf* : Je me suis risqué à prendre l'avion. **3. Etre risqué** — 1° V : Vous allez là-bas, c'est (très) risqué. 2° IMPERS — V de *inf* : Il est risqué de marcher sur un glacier.

sans *1*

1. PREP – 1° [+ *N*] ■ Il est venu nous voir *sans* ses enfants. (≠ *Avec.)* ■ Elle a réalisé cela sans (aucune) difficulté. ■ Il l'a fait mais non sans peine. ■ Sans cet accident, il serait déjà là. 2° [+ *inf*] ■ Il est venu nous voir sans prévenir. ■ J'y croyais sans y croire. (= *Tout en n'y croyant pas.)* 3° [*avec indéf*] Grâce à lui, j'ai fait ce voyage sans rien dépenser. **2. LOC ADV** – 1° **Sans quoi** – Tu te dépêches, *sans quoi* je m'en vais. *(Sinon.* [*Fam*] *Sans ça.)* 2° Sans doute ; sans cesse ; sans arrêt. 3° Sans ambage. Sans blague ! **3. LOC CONJ** – **Sans que** + *subj :* 1° Il nous a observé sans qu'on le sache. 2° Il nous a observé, non sans que nous le sachions.

sauf *2*

1. ADJ – On lui a laissé la vie sauve. **2. PREP** – 1° La porte est ouverte tous les jours *sauf* le dimanche. *(A l'exception de. Hormis. A part. Excepté.)* 2° Sauf erreur, vous êtes classé troisième. *(A moins d'une.)* **3.** [*Avec conj*] 1° Vous pouvez venir, *sauf* si ça ne vous plaît pas. *(Excepté.)* 2° Il pleut toujours, sauf quand le vent vient de l'est. 3° **Sauf que** + *ind :* Nous avons passé de bonnes vacances, sauf qu'il a plu. 4° **Sauf à** + *inf :* Votre devoir est bon, sauf à modifier quelques tournures.

savoir *3*

1. 1° *V :* Allez donc savoir, vous autres. 2° *V qqch :* Il sait sa leçon, son Baudelaire (par cœur). 3° *V inf :*

Il sait lire et écrire. 4° *V que ind :* Savez-vous qu'il est revenu ? 5° *V que subj :* [*Litt*] Je ne savais pas qu'il fût si doué. 6° *V interr :* Savez-vous s'il sera là tout à l'heure ? 7° *V N att :* Je ne le savais pas si tenace. 8° *V N inf :* [*Litt*] C'est un cadeau que je savais devoir lui faire. 9° *V qqch à qqn :* Je lui savais de nombreux talents. 10° *V qqch de qqn :* Nous avons su la nouvelle *de* votre oncle. *(Par.)* 11° *V qqch de qqch :* Que voulez-vous savoir *de* la vie de Molière ? *(Sur. A propos de.)* **2. Se savoir** – 1° *V :* Tout finit par se savoir. 2° *V att :* Le fuyard se savait coupable. **3. A savoir** – 1° Il a eu le 2e prix, *à savoir* un voyage aux Etats-Unis. *(C'est-à-dire.)* 2° Une bonne nouvelle : A savoir que tu es reçue. **4. En savoir** – Il en sait long (sur le sujet). **5. Que je sache** – Vous n'avez jamais fait grève *que* je sache. *(Pour autant que.)* **6. N'être pas sans savoir** + *que ind :* [*Litt*] Vous n'êtes pas sans savoir que la loi condamne ces agissements. **7. Je ne sais** + *interr :* Il est entré je ne sais *comment. (Quand. Où.)*

se *4*

PRON PERS REFLECHI – **1.** 1° [*dir*] Elle ne se lave jamais. 2° [*avec inf*] ■ Jean ne se voit pas la recevoir. ■ Je la laissai se jeter à l'eau. 3° [*indir*] Elle s'adjuge tous les honneurs. / Elle ne pense qu'à elle-même. / Chacun pense à soi. 4° [*pron récip*] Ils se donnèrent le bonjour. 5° [*poss*] Elle se lave les cheveux.

2. [*Pronominaux purs*] 1° Elle s'en alla. 2° [*pass*] Le coca-cola se vend trop bien. 3° IMPERS — Il ne s'en vendra pas un litre. — Il se trouve que je le connais.

selon 5

1. PREP — 1° *Selon* le règlement, la visite des malades est interdite. *(D'après. Suivant.)* 2° Selon ce que dit le règlement, la visite est interdite. 3° Je suis resté, *selon* vos recommandations. *(Suivant. Conformément à.)* 4° Manifestement, il ne vit pas *selon* ses moyens. *(En fonction de. D'après. En proportion de.)* 5° *Selon* Montaigne, la vie n'est qu'un apprentissage de la mort. *(D'après.)* 6° *Selon moi,* il n'est pas prudent de sortir. *(A mon avis.)* 7° *Selon* les jours, il fait plus ou moins beau. *(Suivant.)* **2. Selon que** + *ind : Selon que* vous êtes riche ou pauvre, vous payez plus ou moins d'impôts. *(Suivant que.)*

sembler 6

1. 1° *V att :* Tu sembles inquiet. 2° *V inf :* Tu sembles avoir des soucis. 3° *V att à qqn :* Tu me sembles triste. 4° *V à qqn inf :* Tu me sembles avoir des soucis. **2. IMPERS** — 1° *V adj.* de *inf* (à qqn) : Il (me) semble inutile d'essayer : 2° *V que ind* (à qqn) : Il (me) semble que ça vaut la peine. 3° *V que subj :* Il semble que ça vaille la peine. 4° *nég V que subj* (à qqn) : Il ne (me) semble pas que ça vaille la peine. 5° *V qqch de qqch :* Que te semble (-t-il) de ce projet ? Qu'est-ce qu'il t'en semble ? **3. Semble-t-il** — La porte est ouverte, *semble-t-il.* *(Apparemment.)*

sentir 7

1. 1° *V :* Vous voyez que l'air sent *mauvais (≠ bon.)* 2° *V N :* ■ La cuisine sent l'ail. ■ Je sens l'ail de la cuisine. 3° *V N inf :* Je sens monter en moi la colère. 4° *V que ind :* Je sens que la colère va me gagner. 5° *V interr :* Je sens (bien) comment

ça va se passer. 6° *V N att :* Je sens ma mère inquiète. **2. Se sentir** — 1° *V :* Elles ne peuvent se sentir. 2° *V circ :* Je me sens à mon aise, bien. 3° *V inf :* Je me sens défaillir. 4° *V att :* Tu te sens capable de réussir ?

servir 8

1. 1° *V :* Allez-y, servez. Nous servons à partir de 8 h. 2° *V N :* Cet homme a (bien) servi sa patrie. 3° *V de qqch :* Il sert de cobaye. 4° *V à N :* Son sens de l'humour *lui* sert. *(Le.)* 5° *V à inf :* Cette machine sert à découper le bois. *(Pour.)* 6° *V à inf* (à qqn) : Pouvez-vous (nous) servir à manger ? 7° *V qqch à qqn :* Vous servirez l'apéritif à nos amis. 8° *V de qqch à qqn :* Elle sert d'infirmière à son mari. 9° IMPERS ■ *V à qqch de inf* (à qqn) : Il ne (te) sert à rien de pleurer. ■ [*Litt*] *V de qqch de inf* (à qqn) : Il ne (vous) servira de rien de pleurer.

seul 9

ADJ — **1.** [*att*] 1° Je me retrouvai (tout) seul (avec lui). 2° Elle et moi, nous avons dîné seul à seul (e). 3° Il est seul à pouvoir parler ainsi. **2.** [*épith*] 1° [*dN* +] Odile est une fille seule dans la vie. 2° [+ *dN*] ■ Je vous fais seul juge de la situation. ■ Je suis venu à seule fin de vous rencontrer. 3° [+ *dN*] ■ Je ne l'ai rencontré qu'une seule fois. ■ Je suis venu dans le seul but de vous rencontrer. 4° [+ *rel*] ■ [*ind*] C'est le seul disque de Brassens que j'ai trouvé. ■ [*subj*] Elle est bien la seule personne avec qui je me sente bien. **3.** [*valeur d'adv*] 1° Seuls les premiers ont été choisis. 2° Les premiers *seuls* ont été choisis. *(Seulement.)* 3° Lui *seul* pourrait vous donner un conseil valable. *(Seulement.)* 4° Ce marin a construit *(tout) seul* son bateau. *(Sans aide.)* 5° Il a fait cela (à) lui (tout) seul. **4. NOMINAL** — 1° Je pense qu'il est le seul (de tous ces messieurs) à pouvoir vous renseigner. 2° Je pense qu'il est le seul qui puisse vous renseigner. 3° Une seule (de ces œuvres) me plaît véritablement.

seulement   10

1. ADV – 1° J'ai pris *seulement* un verre de vin. *(Rien que.)* 2° Il est venu seulement aujourd'hui. 3° Je suis venu *seulement* pour vous voir. *(Uniquement.)* 4° [+ P] Il est venu ; *seulement* vous n'étiez pas là. *(Mais.)*
2. Pas seulement – 1° Il nous a convoqués ; pas seulement moi, toi aussi. 2° Il n'a *pas seulement* mis la table. *(Même pas. Pas même.)*
3. Non seulement – Non seulement je fais du tennis, mais *encore* de la bicyclette. *(Aussi.)* **4. Si seulement** – 1° Si seulement vous aviez été là ! 2° Si seulement vous aviez été là, vous auriez pu nous aider.

si   11

1. ADV – 1° Vous ne venez pas demain ? – *(Mais)* si. *([Litt] que.)* 2° Dessine, toi, puisque tu es *si* fort. *(Tellement.)* 3° Il n'est pas *si* bête (qu'il en a l'air). *(Aussi.)* 4° [+ que] ■ Il est *si* gros qu'il ne passe pas par la porte. *(Tellement.)* ■ **Si bien que** – Il a perdu ses clefs, *si bien qu*'il ne peut pas rentrer. *(En sorte que.)* ■ *Si* habile que tu sois, tu ne me convaincras pas. *(Aussi.)* ■ Si peu qu'il soit là, il me gêne. **2. CONJ** – 1° [*Interr .indir*] Je voudrais savoir si vous viendrez dimanche. ← Est-ce que vous viendrez dimanche ? 2° [*Exclam*] (Tu penses) si je le connais ! 3° [*Souhait*] Ah ! si (seulement) j'étais reçu ! 4° [*Regret*] Ah ! si (au moins) j'avais été là ! 5° [*Interr dir*] Si nous allions nous promener ? 6° [*Condition*] ■ Il faut prendre ce médicament si (vraiment) tu veux guérir. ■ Si tu m'écris, je te répondrai. ■ Si (jamais) tu sors, mets ton imperméable. ■ Si vous preniez l'avion, vous iriez plus vite. ■ Si (par hasard) il venait, prévenez-moi. ■ Si tu t'étais dépêché, tu aurais eu une place. ■ Si tu t'étais dépêché tu avais une place. ■ J'en sais plus en allemand que si j'avais appris à l'école. 7° **Comme si** – ■ Il marche comme si on ne l'avait pas opéré. ■ Comme si tu n'avais pas entendu !

8° **Même si** – ■ Même si j'avais freiné, je ne l'aurais pas évité. ■ Même si j'avais freiné, je ne l'évitais pas. 9° [*Temps*] S'il mentait, on n'était pas dupe. *(Quand.)* 10° [*Cause*] S'il comprend, alors c'est que je peux comprendre. 11° [*Opposition*] Si toi, tu veux aller au cinéma, moi, pas. 12° Excusez-moi si je vous reçois mal. / Excusez-moi de mal vous recevoir. 13° [*avec* c'est] ■ S'il bégaye, c'est par peur. ■ S'il bégaye, c'est qu'il a peur. 14° **Si ce n'est** – ■ Si ce n'est toi, c'est donc ton frère. ■ *Si ce n'était* le désir de ne pas l'offenser, je lui dirais ce que je pense. *([Litt] n'était).* 15° **Si ce n'est que** – C'est un bon travail, *si ce n'est qu*'il faut changer quelques détails. *(Sauf que.)* 16° **Si tant est que** + *subj* : Il va essayer, si tant est qu'il le puisse. 17° S'il vous plaît, garçon, un demi ! 18° Si je ne me trompe. Si on veut. Si on peut dire.

(le) sien   12

POSS – 1° Cf. MIEN. 2° *Chacun* doit y mettre du sien. *(On.)*

signifier   13

1. 1° V qqch : Ce mot signifie « tête » en français. 2° V que *ind* : Ce geste signifie que tu dois partir. 3° V à qqn de *inf* : Il lui a signifié de partir. 4° V à qqn que *ind* : Il lui a signifié qu'il devait partir. 5° V à qqn que *subj* : Il lui a signifié qu'il parte. **2. Etre signifié** – IMPERS – V que *ind* : Il est signifié par la présente que vous devez quitter les lieux.

sinon   14

1. CONJ – 1° Rien à déclarer, *sinon* un poste de radio. *(Sauf. Si ce n'est. Excepté.)* 2° A quoi ce livre peut-il servir, *sinon* à garnir une bibliothèque ? *(Sauf. Excepté.)* 3° Rapporte-moi sinon un livre du moins un journal. 4° C'est un pauvre type, sinon (même) un clochard. *(Peut-être.)* 5° [*avec P*] ■ Si tu viens, ça ira. Sinon on ne sera pas assez. ■ Rends-moi ma bicyclette ; *sinon* je me fâche. *(Sans quoi.)* **2. Sinon que** – Je ne peux rien dire *sinon qu*'il va mieux. *(Si ce n'est que. Excepté que.)*

sitôt 15

1. ADV – 1° *Sitôt* l'acte de vente signé, je vous livrerai la voiture. *(Aussitôt.)* 2° *Sitôt (après)* le repas, nous prendrons le café. 3° *Sitôt dit, sitôt fait.* 4° **De sitôt** – Elle ne viendra pas *de sitôt. (Avant longtemps.)* **2. Sitôt que** – *Sitôt (après) que* le livre sera paru, on le mettra en vente. *(Aussitôt que.)*

soi 16

PRON REL – **1.** [*Personne indéterminée*] 1° [*sans prép*] Il faut rester soi (-même) en toute circonstance. 2° [*prép +*] *Chacun* se sent seul chez soi. *(On. Quiconque.)* 3° [*avec inf*] Etre tranquille chez soi ! 4° [*N prép +*] Une certaine confiance en soi est nécessaire dans cette situation. **2.** [*personne déterminée*] 1° Elle comprenait que Jean fut sûr de *soi. (Lui.)* 2° La solution du problème ne va pas de soi. 3° En *soi,* la chose ne semble pas difficile. *(Elle-même.)* **3. Soi-même** – 1° [*att du S*] Chacun peut se sentir soi-même ici. 2° [*avec inf*] Ah ! pouvoir être enfin soi-même ! 3° [*cod*] Aimer son prochain comme soi-même ! 4° [*Renforce* se] On se censure soi-même. **4. Soi-disant** – 1° Ce *soi-disant* spécialiste n'y connaît rien. *(Prétendu. Présumé.)* 2° Je suis allé à Paris, *soi-disant* pour raisons professionnelles. *([Litt] Prétendûment.)*

soit 17

1° Tu viens ? – *Soit ! (Oui.)* 2° Il paye 20 F par jour, *soit* 600 F par mois. *(C'est-à-dire.)* 3° *Soit* une droite AB, tracez la perpendiculaire. *(Etant donné.)* 4° **Soit... soit** – Prends *soit* un bus, *soit* un taxi. *(Ou... ou.)* 5° **Soit que... soit que** + *subj :* Soit qu'il vente, soit qu'il pleuve, la sentinelle veille.

son, sa, ses 18

ADJ POSS – 1° *Cf.* MON. 2° [*Politesse*] Sa majesté Georges VIII ! 3° La notice décrit la machine et son fonctionnement. (← Le fonctionnement de la machine.)

songer 19

1° *V :* Ils sont tous fous, songeait Michel. 2° *V que ind :* Songez que votre avenir est en jeu. 3° *V que subj :* On ne peut songer qu'il puisse venir. 4° *V à N :* Il songea à son travail, à ses amis. 5° *V à inf :* Songez à prendre votre écharpe.

sorte 20

1. N – 1° Nous avons eu affaire à une *sorte* de gardien. *(Espèce.)* 2° De la sorte. *(De cette façon.)* En quelque sorte. *(D'une certaine manière.)* **2. Toutes sortes de** – 1° La vitrine était encombrée de *toutes sortes de* bibelots. *(Divers.)* 2° La vitrine était encombrée de bibelots de toutes sortes. **3. LOC CONJ** – 1° **De sorte que** + *ind* – Il a agi vite, de (telle) sorte que le pire fut évité. 2° **En sorte** ■ [+ *que subj*] Agissez en sorte qu'il déguerpisse. ■ [+ *de inf*] Faites en sorte de déguerpir au plus vite.

sortir 21

1. 1° *V :* Ne venez pas ce soir, je sors (avec mon mari). 2° *V att :* Il est sorti gagnant de cette affaire. 3° *V N :* Sortez vos mouchoirs. 4° *V inf :* Je sors prendre l'air. 5° *V de N :* Je sors du garage. 6° *V de inf :* [*Fam*] Je sors de voir mon ami. 7° *V qqch de N :* Je sors la voiture du garage. 8° *V qqch à qqn :* [*Fam*] Le candidat n'a sorti que des âneries à l'examinateur. **2. Se sortir** – *V de qqch :* Il se sort toujours des pires situations. **3. En sortir** – 1° *V :* Ce que c'est dur, je n'en sors pas ! 2° *V prép :* Toi, tu t'en es sorti (avec les honneurs).

souffrir 22

1. 1° *V :* Cet homme souffre (beaucoup). 2° *V N :* Certains peuples

souffrent le martyre. 3° *V que subj :*
■ [*Litt*] Souffrez que je vous fasse
une remontrance. ■ Il ne souffre pas
que tu lui fasses des remontrances.
4° *V de qqch :* Cet enfant souffre
d'une bronchite. 5° *V de inf :* Je
souffre de partir si loin. 6° *V de ce
que subj :* Je souffre de ce que tu
partes si loin. **2. Se souffrir** – *V :* Les
voisins ne peuvent pas se souffrir.

souhaiter   23
1. 1° *V qqch :* Je souhaite sa réussite.
2° *V que subj :* Je souhaite qu'il réussisse. 3° *V (de) inf :* Je souhaite (de)
continuer des études. 4° *V N att :*
Votre ouvrage, je le souhaite agréable.
5° *V à qqn de inf :* Je lui souhaite de
réussir. 6° *V qqch à qqn :* Je souhaite
la bonne année à mes amis. 7° *V qqch
att à qqn :* Le voyage, je vous le souhaite agréable. **2. Se souhaiter** –
1° *V qqch :* Ils se sont souhaité la
bonne année. 2° *V de inf :* Ils se sont
souhaité de se revoir.

soupçonner   24
1. 1° *V N :* L'inspecteur soupçonne
un piège. 2° *V que ind :* L'inspecteur
soupçonne que j'ai pu mentir. 3° *V
que subj :* On ne soupçonne pas qu'il
ait pu mentir. 4° *V qqn att :* Je le soupçonne habile en affaires. 5° *V qqn de
qqch :* Je le soupçonne de duplicité.
6° *V qqn de inf :* Je soupçonne mon
voisin de mentir. **2. Se soupçonner** –
1° *V :* Ils se soupçonnent (mutuellement). 2° *V de inf :* Ils se soupçonnent
de vouloir se tromper (mutuellement).

sous   25
PRÉP – **1.** [*Lieu*] 1° Mettez-vous en
rang sous le préau. 2° Mettez-moi
ces lettres sous enveloppe. 3° J'ai
toujours mon agenda sous la main.
4° Il a commis cet acte honteux sous
les yeux de mon père. **2.** [*Temps*]
1° Sous la régence on s'amusait bien
2° Sous Louis XIV le théâtre était à la
mode. 3° Nous viendrons vous voir
sous peu, sous quinzaine. **3.** [*Cause*]
1° Elle a agi sous l'empire de la bois-

son. 2° Il s'est affaissé sous le poids.
4. [*Manière*] 1° Sous une apparence
affable, elle cache un redoutable
caractère. 2° Vue sous cet aspect, la
chose est différente. **5.** [*Autres sens*]
1° Vous avez été placé sous mes
ordres. 2° Défense d'afficher sous
peine d'amende.

se souvenir   26
1. 1° *V :* Soldats, souvenez-vous !
2° *V que ind :* Je me souviens que
nous étions en montagne. 3° *nég V
que subj :* Je ne me souviens pas
qu'il ait été candidat. 4° *V interr :* Je
ne me souviens pas si le drame s'est
passé ici, / de ce que j'ai fait. 5° *V de
N :* Je me souviens de cet incident.
6° *V de inf :* Elle ne se souvient pas de
vous avoir rencontré. **2. IMPERS** –
V que ind : [*Litt*] Il me souvient que
nous étions en vacances. Il m'en
souvient.

souvent   27
ADV – 1° Il fait *souvent* froid dans ce
pays. *(Fréquemment. ≠ Rarement.)*
2° *Le plus souvent,* les gens comme
lui finissent mal. *(La plupart du
temps.)*

suffire   28
1. 1° *V :* Cette somme suffit. 2° *V
à N :* Cette maison suffit à son
bonheur. 3° *V à inf :* Une réflexion
suffit à le mettre en colère. *(Pour.)*
2. IMPERS – 1° ■ Ça suffit comme
ça ! ■ [*Litt*] Il suffit ! 2° *V que subj :*
Il suffit qu'il vienne (pour que je sois
de mauvaise humeur). 3° *V que subj*
à qqn : Il me suffit qu'il vienne (pour
être de mauvaise humeur). 4° *V de N*
(à qqn) : Il (me) suffit d'une parole.
5° *V de inf* (à qqn) : Il (me) suffit de
le voir pour le croire. **3. Se suffire** –
V : Cette région se suffit (à elle-
même).

suite   29
1. N – La suite des événements n'est
pas connue. **2. LOC ADV** – 1° **De
suite** – Il est incapable de prononcer
deux mots de suite correctement.

2° **Par la suite** – Je l'ai rencontré une fois ; *par la suite* je ne l'ai jamais revu. *(Ensuite.)* 3° **Tout de suite** – Attendez-moi ; je reviens *tout de suite*. *([Litt] Incessamment.)* 4° Et ainsi de suite. **3. LOC PREP** – 1° **A la suite de** – *A la suite de* cette catastrophe, l'aéroport a été fermé. *(Après.)* 2° **Par suite de** – *Par suite des* grèves, l'économie a été paralysée. *(En conséquence des.)* 3° **Suite à** – Suite à votre lettre du 25, je vous envoie les documents ci-joints. **4. LOC VERB** – 1° Ma lettre fait suite à votre demande de renseignements. 2° Pourriez-vous donner suite à la lettre de Mademoiselle ?

suivant 30

1. ADJ – Notez les remarques *suivantes :* Premièrement... *(Ci-après.)* **2. N** – 1° Les suivants sont priés de revenir cet après-midi. 2° Allons, pressons, au suivant (de ces messieurs !) **3. [*Gérondif*]** 1° En suivant les indications, vous ne pouvez pas vous tromper. 2° Il buvait son verre (tout) en suivant du regard la foule des promeneurs. **4. PREP** – 1° *Suivant* la coutume, les jeunes mariés ouvrirent le bal. *(Selon. Conformément à.)* 2° Vous serez classé *suivant* les notes que vous obtiendrez. *(D'après. En proportion de.)* 3° Vous pourrez choisir vos plats *suivant* vos goûts. *(Selon. En fonction de.)* 4° Nous prendrons nos dispositions *suivant* ce que vous déciderez. *(Selon.)* **5. LOC CONJ** – **Suivant que** – Vous ne touchez pas le même salaire *suivant que* vous êtes diplômé ou pas. *(Selon que.)*

sujet 31

1. ADJ – 1° Elle est sujette au vertige. 2° Elle est sujette à faire des erreurs. **2. N** – Quel est le sujet de la conférence ? **3. LOC PREP – Au sujet de** – Téléphonez-moi *au sujet de* cette affaire. *(A propos de.)* **4. LOC VERB** – Vous n'avez pas sujet d'être mécontent.

supposer 32

1. 1° *V qqch :* L'alpinisme suppose une bonne résistance physique. 2° *V que ind :* Le professeur suppose que l'angle est droit. 3° *V que subj :* Supposez que l'on ait fini la route. 4° *V N att :* Je suppose le problème résolu. 5° *V qqch à qqn :* Je lui suppose un peu d'intelligence. **2. Etre supposé** – *V inf :* Il est supposé se tenir tranquille. **3. A supposer que** + *subj :* A supposer qu'il ne vienne pas, que ferez-vous ? **4. Supposé que** + *subj :* [*Fam*] *Supposé qu'*il fasse beau, que ferez-vous ? *(En supposant que.)*

sur 33

PREP – **1.** [*V sur*] 1° Puis-je compter sur vous ? 2° Tu empiètes sur mon domaine. **2.** [*Lieu*] 1° Elle est montée sur le bateau, / en bateau. 2° Pose cette pile d'assiettes sur la table. 3° Le tableau est sur le mur. 4° Je marche sur la route, / dans la rue. 5° Il est resté sur place, / sur la place. 6° Je suis sur ce bouquin depuis deux ans. 7° Il pose question sur question. 8° **De sur** – Peux-tu enlever le cendrier de sur le buffet ? **3.** [*Temps*] 1° Elle est arrivée *sur les* quatre heures. *(Vers. Aux alentours de.)* 2° Pierre est sur le point de partir pour Mexico. 3° Il me salua et sur ce, je partis. 4° Sur le tard. Sur-le-champ. *(= Immédiatement.)* Sur l'heure. Sur le coup. Sur le moment. **4.** [*Cause*] 1° Sur mon conseil, il a pris un avocat. 2° Il ne faut pas juger les gens sur l'apparence. **5.** [*Manière*] Ne parlez pas sur ce ton. **6.** Le professeur Pérard fait un cours sur Racine. **7.** [*Distribution*] *Sur* vingt candidats, cinq ont été reçus. *(Parmi. Entre.)*

surtout 34

1. ADV – 1° Il est toujours de mauvaise humeur, *surtout* le matin. *(Particulièrement.)* 2° N'allez pas le voir, surtout ! 3° [*avec conj*] Je n'aime pas sortir, surtout quand il pleut. **2. Surtout que** – Dépêchez-vous, surtout que l'orage menace.

tandis que *1*

LOC CONJ – 1° *Tandis que* tu parlais, il faisait des grimaces. *(Pendant que. Comme.)* 2° Le cheval hennit tandis que le mouton bêle. *(Alors que. Au lieu que.)*

tant *2*

1. [*avec N*] 1° *Tant de* succès et *tant* d'honneurs le laissaient indifférent. *(D'aussi nombreux.)* 2° C'est un de ces auteurs besogneux comme il y en a *tant*. *(Beaucoup.)* 3° Des truands, j'en ai vu *tant et plus*. *(Beaucoup.)* 4° [*valeur de conj*] Ce livre se vend bien, *tant* on fait de publicité. *(Tellement.)* 5° [+ *que*] ■ Il a *tant* de travail qu'il est débordé. *(Tellement.)* ■ Il a *tant* mangé de cerises qu'il a une indigestion. *(Tellement.)* ■ Tous revendiquent, *tant* les ouvriers que les cadres. *(Autant.)* ■ Aucun secteur n'offre *tant* d'avenir que l'électronique. *(Autant.)* **2.** [*avec pr*] 1° Je n'aime rien *tant que* le champagne. *(Autant que. Comme.)* 2° Vous m'énervez, tous *tant que vous êtes*. *(Autant.)* **3.** [*avec adj*] 1° Ce dictionnaire *tant* vanté n'a rien d'extraordinaire. *(Si.)* 2° Je profite de ma jeunesse, *tant* il est vrai qu'on n'a qu'une fois vingt ans. 3° [+ *que*] J'aime la musique *tant* classique que contemporaine. *(Autant.)* 4° [*valeur de conj*] Il faut que je remplace cet habit, *tant* il est usé. *(Tellement.)*

4. [*avec adv*] 1° Tant *mieux* (pour lui) (qu'il soit venu). *(Pis.)* 2° Je fais mon travail tant bien que mal. 3° Il n'arrivait toujours pas (tant et) si bien qu'on ne l'a pas attendu. 4° Vous êtes *(un) tant soit peu* bavard. *(Quelque peu.)* **5.** [*avec V*] 1° Pourquoi tardes-tu *tant ? (Tellement. Autant.)* 2° J'ai donné tant à ma mère et à ma sœur. 3° Il ne gagne pas beaucoup, *tant* s'en faut. *(Il.)* 4° [+ *que*] ■ Il a *tant* tardé que nous ne l'avons pas attendu. ■ Il ne résiste pas *tant* qu'il le dit. *(Autant.)* ■ Il ne résiste pas *tant* que moi. *(Autant.)* ■ Il ne gagne pas *tant* que ça. *(Tellement.)* 5° [*valeur de conj*] Je l'ai giflé, *tant* il m'agaçait. *(Tellement.)* **6.** [*avec prép*] 1° Je vous fais un prêt à tant pour cent. 2° Je compte *sur* tant. *(Avec. Pour.)* **7. Tant que** – *Tant qu'*il y a de la vie, il y a de l'espoir. *(Aussi longtemps que.)* **8. En tant que** – 1° Il parle *en tant que* maire du village. *(Comme.)* 2° Il parle *en tant que* chargé du problème. *(Comme. A titre de. En qualité de.)* **9. Si tant est que** – Il n'a plus d'enthousiasme, si tant est qu'il en ait jamais eu. **10. Tant... autant** – 1° Tant qu'à faire, autant qu'on aille casser des cailloux. 2° Tant qu'à perdre son temps, autant le faire avec un bon verre. **11. (Un) tant soit peu** – 1° S'il m'agace (un) tant soit peu, je m'en vais. 2° Il est (un) tant soit peu idiot.

tantôt 3

ADV – 1° Je l'ai aperçu *tantôt* qui se promenait. *(Récemment.)* 2° Passez me voir *tantôt*. *(Ces jours-ci.)* 3° **Tantôt... Tantôt** – Ce bateau fait escale *tantôt* à la Guadeloupe, *tantôt* à la Martinique. *(Ou bien. Quelquefois. Parfois.)*

tard 4

1. ADV – 1° Vous arrivez *tard*. *(Très tard. Bien tard. Trop tard. Plus tard. Sur le tard. Un peu tard. Le plus tard possible.* ≠ *Tôt.)* 2° Je l'ai attendu jusque tard dans la nuit. **2. LOC VERB** – Il est tard, rentrons. Il se fait tard.

tarder 5

1. 1° *V :* Pourquoi avez-vous tant tardé ? 2° *V* à *inf :* Vous avez tardé à répondre. **2. IMPERS** – 1° *V* de *inf :* Il me tarde de te revoir. 2° *V* que *subj :* Il me tarde que vous écriviez.

te 6

PRON PERS – *[atone]* 1° *[cod]* Mon attitude te gêne, et même t'agace, je le vois bien. 2° *[cos]* Elle t'a donné un coup de coude. 3° *[coi]* Ils t'écriront sans doute. 4° *[avec pr]* ■ Tu t'es tordu le pied ? ■ Ne te désespère pas. ■ Te souviens-tu ? 5° *[Possession]* Les larmes t'en ont jailli des yeux. 6° *[c d'adj]* Son affection t'est indispensable. 7° *[c d'att]* Son affection t'est un réconfort. 8° *[avec prop inf]* On te laissera venir demain ? 9° *[avec présentatif]* Te voilà riche. 10° *[Fam]* Et j'te lui envoie un de ces coups de poing !

tel 7

1. ADJ – *[avec dN ou pr]* 1° Je n'ai jamais eu une *telle* frayeur. *(Si grande. Pareille.)* 2° Que veux-tu apprendre avec de *tels* professeurs ? *(Pareils.)* 3° Tu me prédisais de pénibles aventures ; rien de *tel* n'est arrivé. *(Semblable.)* 4° *[en tête de P]* ■ Terminer le travail en 15 jours : tel est l'objectif. ■ Telles sont les consignes : finir le travail en 15 jours. 5° **Tel... tel** –

Tels ils sont nés, tels ils mourront. 6° **Tel quel** – L'appartement est resté tel quel après votre départ. 7° Ce ne sont pas des voleurs, mais on les considère (comme) tels. 8° *Comme* tels, ils n'ont aucune chance. *(En tant que.)* 9° Il est étudiant, et en tant que tel (il) a droit à une réduction. **2.** *[+ que N ou pr]* 1° *[comparaison]* ■ Un professeur *tel que* lui devrait avoir une chaire. *(Comme.)* ■ Rien de *tel qu'*un bon bain pour se détendre ! *(Ne vaut.)* ■ Les langues romanes *telles (que)* l'italien ou l'espagnol sont plus faciles à apprendre pour un français *(Comme.)* ■ *[ellipse de* que*]* Il attendait, *tel (que)* l'oiseau sur la branche. *(Ainsi que.)* ■ La chambre est telle que vous l'avez souhaité (e). ■ Tel qu'on peut l'imaginer, l'avenir n'est pas drôle. 2° *[Conséquence]* ■ *[+ ind]* Le vacarme était tel que je ne pus fermer l'œil. ■ *[+ subj]* Je voudrais un stylo tel qu'il puisse durer longtemps. ■ *[+ ind ou subj]* De telle sorte que. De telle manière que. De telle façon que. **3. INDEF** – 1° ADJ *[avec dN]* ■ Il m'a dit : j'aurai terminé tel jour à telle heure. ■ Il a procédé de telle *et* telle façon. *(Ou.)* ■ En fonction de telle quantité de farine, quelle quantité de sucre dois-je ajouter ? 2° PRON – Demandez-le donc à Monsieur un tel. 3° *[avec rel]* *[Litt]* ■ Tel qui rit vendredi dimanche pleurera. ■ Tel rit vendredi qui dimanche pleure.

tellement 8

ADV – **1.** *[avec N]* **Tellement de** – 1° Je n'ai pas *tellement* de temps devant moi. *(Beaucoup de.)* 2° J'ai *tellement* de choses à faire que ça me décourage. *(Tant de.)* **2.** *[avec adj]* 1° Cette soirée était donc *tellement* agréable ? – Pas tellement. *(Tant que ça. Si.)* 2° *[avec compar]* L'acoustique est tellement meilleure dans cette salle ! 3° *[+ que ind]* Ce poste est tellement intéressant qu'il veut partir. *(A ce point.)* 4° *[avec nég + que subj]* Ce poste n'est pas *telle-*

ment mauvais qu'il veuille partir. *(A ce point.)* 5° Jean est d'une intelligence tellement au-dessus de la moyenne (qu'il peut se présenter sans risque). **3.** [*avec V*] 1° On a *tellement* ri à cette soirée ! *(Tant.)* 2° [*+ que ind*] Il a tellement plu que le sol est détrempé. 3° [*valeur de conj*] On s'endort, tellement il parle.

témoigner   9

1. 1° *V :* Il a témoigné (pour ses camarades). 2° *V inf :* Vous témoignez n'avoir rien vu ? 3° *V que ind :* Vous témoignez que vous n'avez rien vu ? 4° *V interr :* Vous témoignerez combien le mérite a été grand. 5° *V de qqch :* Je peux témoigner de son absence. 6° *V qqch à qqn :* Vous avez témoigné beaucoup d'amitié à ma famille. 7° *V prep :* ■ Vous témoignerez sur ce que vous avez vu. ■ Vous témoignerez *contre lui. (≠ Pour lui. En sa faveur.)* **2. Se témoigner** – *V N :* Les adversaires se témoignent du respect.

temps   10

N – **1.** [*dN avec art déf sg sans prép*] 1° Comme le temps passe vite ! 2° Ce n'est pas le beau temps d'aujourd'hui. 3° [*+ de N*] Maintenant est venu le temps de la réflexion. 4° [*+ de inf*] ■ J'ai juste le temps de préparer ma valise. ■ Le temps de me donner un coup de peigne et j'arrive. 5° [*+ que subj*] Laisse-nous le temps qu'on se dise au revoir. 6° [*+ rel*] ■ Le temps qu'on m'a laissé était trop court. ■ Le temps qu'il fait n'est pas fameux aujourd'hui. ■ Le temps qu'elle met à s'habiller est interminable. ■ Quand reviendra le temps où on pouvait s'amuser ? 7° LOC VERB – ■ Tuer le temps. Passer le temps (à). ■ Avoir, prendre, laisser le temps (de). 8° **Tout le temps** – ■ Le train part à 8 h 30 : j'ai tout *le* temps. *(Mon.)* ■ Il laisse *tout le temps* la porte ouverte. *(Sans arrêt. Toujours. Constamment.)* 9° **La plupart du temps** – Son maître est *la plupart du temps* absent. *(Le plus souvent. La moitié du temps.)* **2.** [*dN*

avec art def sg avec prép] 1° **Dans le temps** – ■ *Dans le temps où* les gens roulaient carosse, on ne parlait pas de pollution. *(Au temps où. Du temps que. Du temps où.)* ■ *Dans le temps,* les paysans marchaient en sabots. *(Autrefois. Jadis.)* 2° **Depuis le temps** – ■ Depuis le temps (que nous roulons), nous devrions arriver. ■ Depuis le temps qu'on me répète la même chose ! 3° **Du temps de** – ■ Ce meuble date *du temps* de François Iᵉʳ *(De l'époque).* ■ *Du temps de* François Iᵉʳ, les poètes étaient à l'honneur. *(A l'époque de.)* **3.** [*dN avec art déf pl*] 1° Chaplin a réalisé un film sur les temps modernes. 2° Dans les temps anciens, les hommes vivaient en tribus. 3° **Les premiers temps** – *Les (tout) premiers temps,* ma voiture fonctionna bien. *(Au début. Au commencement.)* **4.** [*dN avec art indéf*] 1° [*sans prép*] ■ Il fait aujourd'hui un temps superbe. ■ Tu es fatigué ; arrête-toi de travailler *un certain temps. ([Fam] Un temps. Un peu.)* ■ Il y a un (certain) temps (que je l'attends). 2° [*avec prép*] ■ L'action se déroulera dans un temps record. ■ Je vais abandonner l'aquarelle pour un temps. 3° LOC VERB – Mettre un temps fou à. Perdre un temps précieux à. **5.** [*dN avec autres d*] 1° [*avec partitif*] ■ Ce devoir exige du temps, beaucoup de temps. ■ Avoir du temps (pour). Mettre du temps (à, pour). Prendre du temps. Demander du temps. 2° [*avec poss*] ■ Mon temps (libre) est très limité. ■ Ce sont des problèmes *de notre temps. (D'aujourd'hui.)* ■ C'était un homme génial pour son temps. ■ De mon temps, un ouvrier gagnait 6 F de l'heure. ■ LOC VERB – Passer son temps à. Perdre son temps. 3° [*avec démonstr*] ■ Ces temps dont tu parles étaient bien durs. ■ La viande est bien chère *ces temps-ci. (Ces derniers temps.)* ■ En ce temps-là, on ne mangeait pas beaucoup de viande. ■ Habille les enfants ; *pendant ce temps* je ferai le déjeuner. *(Entre-*

temps.) 4° [avec adj excl ou interr]
Quel temps fait-il à Paris ? 5° [avec
adj indéf] ■ Nous avons passé
quelque temps à bavarder. ■ Je l'ai vu
le 5 avril ; quelque temps après il
tombait malade. ■ Depuis quelque
temps, on ne voit plus de cigogne.
■ Dans peu de temps, il sera en
retraite. ■ De tout temps, l'homme
s'est révolté contre l'injustice. (En
tout temps.) 6° **En même temps** —
■ Les deux coureurs sont arrivés en
même temps. ■ Il est arrivé en même
temps que moi. ■ Elle cousait en
même temps qu'elle lisait. **6. [ȡN]**
1° **A temps** — Je suis arrivé à temps :
la porte était encore ouverte. 2° Vous
me remettrez votre dossier en temps
utile. 3° On ne pense jamais à la guerre
en temps de paix. 4° Elle travaille à
plein temps. (≠ A mi-temps.) 5° **De
temps en temps** — Le pêcheur véri-
fiait l'appât de temps en temps. (De
temps à autre.)

tenir   11

1. 1° *V* : La planche tient (bien).
2° *V N* : Je tiens cet enfant (sur mes
genoux). 3° *V que ind* : [*Litt*] Je
tiens que c'est elle qui a raison.
4° *V à N* : Il tient à sa mère, à la visite.
5° *V à inf* : Il tient à venir te rendre
visite. 6° *V à ce que ind* : Sa déconve-
nue tient à ce qu'il pensait vraiment
être reçu. 7° *V à ce que subj* : Il tient à
ce que tout soit prêt lorsque j'arriverai.
8° *V (N) de qqn* : Le garçon tient
(cela) de son père plus que de sa
mère. 9° *V de qqch* : Son attitude
tient de la démence. 10° *V N à qqn* :
Il m'a tenu la porte avec courtoisie.
11° *V prép* : ■ Il nous tient en haleine,
sous les verrous. ■ Son succès me tient
à cœur. **2. IMPERS** — 1° *V à qqn
de inf* : Il ne tient qu'à vous d'engager
la discussion. 2° *V à qqn que subj* : Il
ne tient qu'à vous que la discussion
s'engage. 3° *V à qqch que ne subj* :
Il ne tient qu'à un geste que je ne le
reçoive. 4° Il me tient à cœur de réussir cet exercice. 5° Je vous retrouverai, qu'à cela ne tienne. **3. Se**

tenir — 1° *V* : Ces enfants savent se
tenir. 2° *V att* : Tenez-vous tranquille.
3° *V qqch* : Les enfants se tenaient
la main. 4° *V à N* : Le docteur se tient
à son diagnostic. → Il s'y tient. 5° *V
prép att* : ■ Tiens-toi pour averti.
■ Il se tient pour un grand homme.
6° Tenez-vous le pour dit. 7° *V prép* :
Elle se tiendra à votre disposition,
à la rampe, sur la place. 8° IMPERS —
V qqch : Il se tiendra une réunion
importante à Paris en Janvier. **4. Etre
tenu** — 1° *V à N* : Vous êtes tenu à une
présentation impeccable. 2° *V de inf* :
Les chômeurs sont tenus de pointer
chaque jour de la semaine. **5. En
tenir** — 1° *V qqch* : [*Fam*] Il en tient
une couche, celui-là ! 2° *V pour N*
[*Fam*] Il en tient pour cette fille.
6. S'en tenir à — *V à N* : Le juge
s'en est tenu aux dernières déclara-
tions du témoin. **7. Y tenir** — Après
une heure d'attente, je ne pourrais
plus y tenir. **8. [***Impératif***]** 1° Tenez !
Asseyez-vous là ! 2° Tiens ! mais
c'est la femme de Gustave ! 3° Tenez
bon, tenez ferme, j'arrive ! **9. [***Autres
loc verb***]** Tenir rigueur, compagnie,
lieu de...

terminer   12

1. 1° *V* : A quelle heure terminez-
vous ? 2° *V att* : Il a terminé amiral.
3° *V N* : J'ai terminé mes devoirs.
4° *V de inf* : [*Fam*] J'ai terminé de
t'embêter. 5° *V qqch à qqn* : Je lui ai
vite terminé son travail. **2. Se terminer** — 1° *V* : L'année se termine.
2° *V qqch* : Elle se termine une robe
pour demain. 3° *V par N* : La réunion
s'est terminée par un cocktail. **3. Etre
terminé** — Bon, maintenant, c'est
terminé ! **4. En terminer (avec)** —
Terminons-en (avec le sujet qui nous
intéresse).

(le) tien   13
POSS – *Cf.* MIEN.

tirer   14

1. 1° *V* : La voiture tire bien. 2° *V N* :
Le cheval tire un lourd chariot.

3° *V* qqch à *N* : Il a tiré les oreilles à son élève. 4° *V* qqch de *N* : Vous ne tirerez pas un centime de lui. 5° *V* sur *N* : Cette peinture tire sur le gris. 6° *V (N)* à *N* : Le libraire tire (le livre) à 10 000 exemplaires. **2. Se tirer** − 1° *V* : [*Fam*] Allez, les gars, on se tire. 2° *V* qqch : Il s'est tiré une balle (dans la tête). 3° *V* de qqch : Il s'est tiré d'un mauvais pas. **3. Etre tiré** − *V* de qqch : Cet extrait est tiré de « La peste ». **4. S'en tirer** − [*Fam*] Comment s'en est-il tiré ? − Il s'en est tiré avec une jambe cassée.

toi 15

PRON PERS − [*Tonique*] **1.** [*Sujet*] 1° Qui vient avec Jean ? − Toi. 2° [*avec adv*] Je l'ai cru. Toi aussi, n'est-ce pas ? 3° [*Coordin*] Françoise et toi (vous) allez vous marier ? 4° [*avec inf*] ■ Toi, céder à ce chantage ! ■ Céder à ce chantage, toi ! 5° [+ *ppé ou adj*] Toi parti, que ferai-je ? 6° [+ *rel*] Toi qui as horreur de la pluie ! 7° [*Renforcé*] Toi *seul* le savais. *(Même.)* 8° [*Reprise*] ■ Toi, tu as déjà pris l'avion ? ■ Tu as déjà pris l'avion, toi ? 9° [*avec impér*] Toi, cesse de m'importuner. **2.** [*cod*] 1° [*avec ne... que*] Elle n'écoute que toi. 2° [*avec impér positif* − *Réfléchi*] Défends-toi. / Tu te défends. 3° [*Reprise de pr*] Elle t'aime bien, toi. Toi, elle t'aime bien. 4° [*Réfléchi*] Tu te punis toi-même. 5° [*Forme* t'] Protège t'en. Glisse-t-y. **3.** [*cos*] 1° [*Fam*] Glisse-toi-z-y. 2° Il l'a donné directement à toi. / Il te l'a donné. 3° [*Renforcement*] Ils te l'ont donné à toi. 4° [*Forme* t'] Donne t'en. **4.** [*coi*] 1° Ils ont songé à toi pour ce travail. 2° Ils se souviennent de toi ? 3° [*Réfléchi*] Tu ne penses qu'à toi- (même). **5.** [*c circ*] [*Prép* +] Elle l'a appris par toi. Elle vit avec toi. **6.** [*c de N*] C'est une idée *de* toi. *(A.)* **7.** [*c d'adj*] 1° Elle est très différente *de* toi. 2° Elle est plus douée que toi. **8.** [*avec* ni] Ni toi ni lui n'y pouvez rien. **9.** [*avec adv*] Encore toi. Toujours toi. Pourquoi (pas) toi ? **10.** [*avec* c'est] C'est toi le directeur.

tomber 16

1° *V* : La pluie tombe. 2° *V att* : Il est tombé raide mort sur le plancher. 3° *V N* : [*Fam*] Tombez la veste, il fait très chaud ici. 4° *V prép N* : ■ Nous sommes tombés sur des adversaires redoutables. ■ Ils sont tombés dans le panneau. ■ Vous tombez sous le coup de la loi. ■ Vous tombez de fatigue. ■ Tomber à la renverse, en ruine, par terre. 5° IMPERS − *V* : Il tombe de la pluie, une pluie fine.

ton, ta, tes 17

ADJ POSS − *Cf.* MON.

tôt 18

1. ADV − 1° Je me couche très *tôt*. *(≠ Tard.)* 2° *Une heure* plus tôt, vous l'auriez rencontré ici. *(Un peu. Deux mois.)* 3° Enfin, vous voilà, ce n'est pas trop tôt ! 4° Il n'eut pas plus tôt terminé son discours que l'orage éclata. **2. LOC ADV** − 1° **Au plus tôt** − ■ Je vous rendrai ma réponse *au plus tôt* jeudi. *(Pas avant.)* ■ Répondez-moi *au plus tôt*. *(Le plus tôt possible.)* 2° **Tôt ou tard** − Il finira bien par répondre tôt ou tard. **3. LOC VERB** − Il aurait *tôt* fait de vous réparer ça. *(Vite.)*

toujours 19

ADV − **1.** [*avec adv*] Il est *toujours* plus prétentieux. *(De plus en plus.)* **2.** [*avec V*] 1° Ici il fait (presque) *toujours* froid. *(Continuellement. Sans cesse.)* 2° Il n'a pas *toujours* touché un salaire d'ingénieur. *(Tout le temps.)* 3° Il n'a *toujours* pas touché son salaire d'ingénieur. *(Encore.)* 4° Je vous envoie *toujours* le journal ? *(Encore.)* 5° Vous pouvez toujours lui écrire, vous verrez bien. 6° [*Fam*] Cause toujours, mon bonhomme ! 7° **Toujours est-il que** + *ind* : Elle m'attendait, dites-vous ; *toujours est-il qu*'elle n'est pas là. *(En tout cas.)* **3.** [*avec prép*] 1° C'est le Montmartre de toujours ! 2° Je le connais *depuis toujours. (De tout temps.)* 3° Cette fois, il est parti *pour toujours. (Définitivement.)* 4° Tu n'as pas fait ton devoir, *comme toujours ! (Comme d'habitude.)*

tour   20

1. N – 1° Nous avons fait le tour de la ville. 2° L'arbre fait 20 cm de tour. **2. Au tour (de)** – 1° C'est au tour de Paul (de donner les cartes). 2° C'est à son tour. 3° On distribue les cartes chacun (à) son tour. **3. Tour à tour** – Il est *tour à tour* déprimé et euphorique. *(Successivement. Alternativement.)*

tourner   21

1. 1° *V :* La roue tourne (autour de l'axe). 2° *V* qqch : Ce cinéaste tourne des films d'aventure. 3° *V* à *N :* La situation tourne à son avantage. 4° *V* qqch à qqn : Il me tourne toujours le dos. 5° *V* en *N :* Il tourne tous ses propos en plaisanterie. **2. Se tourner** – 1° *V :* Tournez-vous, s'il vous plaît. 2° *V (circ) :* Le film se tournera (en Provence).

tout, toute, tous, toutes 22

1. ADJ INDEF sg – 1° [+ ∅N sans prép] ■ *Tout* étudiant devrait avoir une bourse. *(Chaque.)* ■ Avoir toute liberté de, tout intérêt à. ■ *Tout* autre (que moi) aurait agi de même. *(N'importe quel.)* 2° [+ ∅N avec prép] ■ Dans ce restaurant, vous pouvez manger à *toute* heure. *(N'importe quelle.)* ■ A tout point de vue. A tout propos. A tout moment. A tout âge. A tout hasard. A toute épreuve. ■ De tout point. De toute espèce. De toute façon. De toute manière. De tout côté. ■ Avant toute chose. Contre toute attente. En tout cas. En tout état de cause. Sur toute chose. ■ J'accepte votre invitation en toute simplicité. ■ A toute vitesse. A toute force. De toute beauté. De toute éternité. De tout temps. ■ En toute hâte. En tout bien, tout honneur. ■ Je reçus

deux francs pour *tout* salaire. *(Seul.)* 3° [avec art] ■ Vous avez tort d'en faire tout un roman. ■ **Tout un chacun** – Tout un chacun s'est mis à protester. ■ Tu as tout le temps de te préparer. ■ Moi tout le premier, j'aurais fait de même. ■ Tout le problème est de savoir s'arrêter. 4° [avec poss] ■ Ne te presse pas, tu as tout ton temps. ■ Cette jeune fille est toute mon affection. 5° [avec dém] ■ J'ai acheté tout ce que j'ai trouvé de mieux. ■ **Tout ce qu'il y a** – Tout ce qu'il y a de politiciens s'est mis à protester – C'est un enfant tout ce qu'il y a de (plus) doué. **2. ADJ INDEF pl** – 1° [+ ∅N ss prép] ■ J'ai cessé toutes relations avec lui. ■ Toutes sortes de. Avoir tous pouvoirs. ■ J'ai pris une assurance tous risques pour ma voiture. ■ [Enumération] Le Brie, le Cantal, le Munster, tous fromages que nous apprécions. ■ [avec num] Tous deux m'ont bien aidé. ■ [avec adj ou part] Il se mit à travailler toutes fenêtres fermées. Toutes affaires cessantes. Toutes voiles déployées. 2° [+ ∅N avec prép] ■ Elle est très douée à tous points de vue. ■ A tous égards. A toutes jambes. ■ De toutes parts. En toutes lettres... 3° [+ dN] ■ J'ai écouté tous les disques que vous m'aviez prêtés. ■ Tous les autres vous diront que j'avais raison. ■ Il téléphone dans toutes les directions. ■ Dans tous les cas. Toutes les fois que. ■ [avec num] Ils étaient dix, tous les dix sont venus. 4° [Périodicité] ■ Tous les combien vas-tu à Paris ? – Tous les quinze jours. ■ A Roissy un avion décolle toutes les trois minutes. ■ J'y vais en week-end *tous les* mois. *(Chaque.)* ■ Tous les 50 km il y avait un bouchon sur l'autoroute. **3. ADJ** – 1° [avec art] ■ *Toute la nuit,* j'ai pensé à toi. *(La nuit entière.)* ■ Pendant toute une nuit je n'ai pu fermer l'œil. ■ Tout le monde est venu. Tous les gens sont venus. ■ J'ai lu (en entier) tous les Misérables. 2° [avec poss] ■ Tout son art est dans ce chef-d'œuvre. ■ Je l'aime de

tout mon cœur. 3° [*avec dém*]
■ *Toute* cette affaire est bizarre.
(L'ensemble de.) ■ Nous avons été
absents tout cet hiver, 4° [*aff*] Les
concurrents se sont tous trompés.
5° [*avec pr pers*] Vous tous savez
bien ce qu'il en est. 6° [+ *N propre*]
■ Je relis régulièrement tout Molière.
■ On aperçoit tout Paris du haut de la
tour Montparnasse. 7° [*apposition*]
■ Elle est toute bonté pour moi. ■ Ma
sœur était toute à son attente du résultat. 8° **Somme toute** – Mai 68
a été somme toute un événement
positif. **4. PRON INDEF sg** –
1° ■ Tout manque dans cette cuisine.
■ Tout dépend s'il sera reçu. 2° ■ Elle
est douée pour tout. ■ Pour tout dire.
A tout prendre. A tout faire. 3° Je suis
tout pour elle. 4° **C'est tout** – ■ Un
pastis, garçon, s'il vous plaît. – Ce
sera tout ? ■ Je ne suis pas d'accord
(un point) c'est tout. *(Et puis.)* ■ Ce
n'est pas tout (que) de s'amuser, il
faudrait travailler. 5° **Comme tout** –
Elle est charmante comme tout.
6° Avant tout. Après tout. Malgré
tout. Par dessus tout. Voilà tout.
5. PRON INDEF pl – 1° [*Représentant*] ■ J'ai averti les élèves ;
(presque) tous ont compris. ■ Je vous
ai avertis, l'avertissement vaut pour
tous. ■ Ils se sont tous trompés. Eux
tous. ■ [*avec impér*] Venez tous
demain à 15 h. ■ Tous ensemble. Tous
tant que vous êtes. Une fois pour
toutes. 2° [*Récapitulation*] Villageois,
notables, ouvriers, tous ont pris les
armes. 3° [*Général*] ■ Tous voulaient
l'inviter. ■ Envers et contre tous.
6. N – 1° **Le tout** – ■ J'achète *le tout*
pour 50 F *(La totalité)*. ■ Le tout dans
ces circonstances est de ne pas s'af-
foler. 2° **Un tout** – Le problème forme
un tout. (Un ensemble.) 3° **Du tout** –
■ Depuis cette rencontre il a changé
*du tout au tout. (Totalement. Complè-
tement.)* ■ Etes-vous d'accord ?
– (Pas) du tout. ■ Il n'est pas aimable
du tout. – Il n'est pas du tout aimable.
– Plus du tout. Rien du tout. ■ Je l'ai
fait sans du tout y penser. **7. ADV** –

1° [+ *adj)* ■ *Tout* enfant, elle faisait
de la peinture *(Encore.)* ■ Elle est
encore *toute* jeune. *(Très.)* ■ Tout
autre. Tout en larmes. Le tout premier. Le tout dernier. 2° [+ *adv ou
prép*] ■ J'accepte tout simplement,
■ Tout contre. Tout près. ■ Tout à
coup. Tout à l'heure. Tout au moins.
Tout au plus. Tout d'abord. Tout
de même. Tout de suite. ■ A tout.
jamais. 3° **Tout à fait** – ■ [+ *V*]
Il a *tout à fait* raté son examen
(Complètement. Entièrement.) Je n'y
suis pas arrivé *tout à fait. (Jusqu'au
bout. Complètement.)* ■ [+ *adj ou
adv*] Il est tout à fait aveugle.
■ [+ *N*] Il fait *tout à fait* prof ! *(Vraiment.)* 4° **Tout en** – ■ On peut tricoter
tout en lisant. ■ Tout en n'ayant pas
l'air, il a une grande volonté. 5° [+ *V*]
[*Fam*] La bombe m'a tout démoli ma
maison. 6° [+ *N*] ■ [*Litt*] Sa vie fut
toute passion, conquête, entreprise
amoureuse. ■ Je suis tout ouïe. Tout
yeux. Tout oreille. 7° **Tout que** –
■ [+ *ind*] Tout élégant qu'il était, il
ne l'a pas séduite. ■ [+ *subj*] *Tout*
persuasif qu'il soit, je ne cèderai pas.
(Quelque. Si.)

toutefois 23

ADV – 1° [*avec adj*] Un garçon peu
doué, (mais) gentil toutefois. 2° [*avec
V*] Il n'est pas exclu *toutefois* que je
reparte. *(Néanmoins. Malgré tout.)*
3° [*avec P*] Je n'y serai pas : *Toutefois*, laissez un mot. *(Mais. Cependant.)* 4° [*avec conj*] ■ Voilà ma solution ; si toutefois vous en trouvez une
autre, vous êtes libre de la choisir.
■ A condition toutefois... Sans
toutefois...

traduire 24

1. 1° *V* (qqch) : Traduisez (ce texte)
*(de français en anglais). (Du français
à l'anglais.)* 2° *V* qqch à qqn : Vous
me traduirez cette lettre. 3° *V* qqn
prép N : Je vous traduis devant le
tribunal, en justice. 4° *V* qqch en
qqch : Traduisez cette monnaie en

dollars. **2. Se traduire** – *V* par *N :* Cette mesure se traduira par une hausse immédiate des prix.

train 25

1. N – 1° Elle mène un grand train de vie. 2° Au train où tu vas, tu n'es pas près d'arriver. 3° Au train dont vont les choses, il reste peu d'espoir. **2. En train** – 1° Tu ne sembles pas très en train aujourd'hui. 2° Il faut se dépêcher de mettre en train le projet. **3. En train de** + *inf :* Quand je suis arrivé, ils étaient en train de prendre le thé.

traiter 26

1° *V N :* Le docteur traite (bien) son patient. 2° *V de N :* Ce livre traite de psychologie. 3° *V avec N :* Voulez-vous traiter avec cette firme ? 4° *V qqn circ :* Il m'a traité avec désinvolture. 5° *V qqn de att :* Il m'a traité d'abruti. 6° *V qqn en att :* Il m'a traité en homme. 7° *V qqn comme N :* Il m'a traité comme un ami.

travers 27

LOC ADV et PREP – **1. A travers** – 1° Une pierre est passée à travers (le pare-brise). 2° Il chemine à travers champs, / à travers la campagne. 3° Dans les réunions, il intervient *à tort et à travers. (N'importe comment.)* **2. Au travers** – Elle est passée au travers (des principaux dangers). **3. De travers** – 1° Il marche de travers. 2° Il raisonne complètement de travers. **4. En travers** – La voiture s'est mise en travers (de la route).

très 28

ADV – **1.** [*avec N*] Elle fait très femme du monde. **2.** [*avec expr*] Mon fils est très en avance sur son âge. **3.** [*avec adj*] 1° Il est *très (très)* riche. (≠ *Peu. Trop. Fort.*) 2° Avec mon chandail, j'ai vraiment très chaud. **4.** [*avec adv*] 1° Elle vient très souvent me voir. 2° Vous avez assez chaud ? – Non, pas très.

tromper 29

1. 1° *V :* Son maquillage peut tromper. 2° *V qqn :* Elle trompe son mari (avec son voisin). 3° *V qqch :* Elle a trompé l'espoir que nous avions mis en elle. **2. Se tromper** – 1° *V :* Attention, vous vous trompez. 2° *V de N :* Vous vous trompez de chemin. 3° *V prép N :* On s'est trompé sur son cas.

trop 30

ADV – **1.** [*avec N*] **Trop de** – 1° [*avec pl*] Il y a trop de bouteilles dans cette cave. 2° [*avec sg*] Il y a trop de monde ici. **2.** [*avec adj*] 1° Cet habit ne te va plus ; il est (bien) trop petit (pour toi). S° Si tu as *trop* chaud, enlève ton chandail. *(Assez.)* 3° Je vous remercie, vous êtes *trop* aimable. *(Très.)* **3.** [*avec expr*] Il est trop dans la lune pour suivre l'exposé. **4.** [*avec adv*] 1° Tu travailles trop souvent, mais trop peu. 2° [*avec neg*] ■ Il ne faut pas travailler *trop. (Avec excès.)* ■ Je n'apprécie pas *trop* ses airs de marquis. *(Beaucoup.)* **5.** [*avec V*] 1° Tu travailles (beaucoup) trop. 2° Tu parles trop de ton travail. **6.** [+ *pour*] 1° [+ *inf*] ■ Il est trop timide pour venir seul. ■ Les occasions sont trop rares pour ne pas les saisir. 2° [+ *que subj*] Il est trop timide pour qu'on l'invite. **7. De trop** – Vous me rendez trois francs de trop. **8. Trop (de)** – Je suis un peu ivre ; c'était trop (d'une tournée). **9. En trop** – J'ai de l'argent en trop, je vais t'en donner. **10. Par trop** – [*Litt*] Ce garçon est par trop timide. **11. Ne... que trop** – Cette plaisanterie (n') a (que) trop duré. **12. EXPR** – C'en est trop, je m'en vais.

trouver 31

1. 1° *V :* Alors, vous avez trouvé ? 2° *V N :* J'ai trouvé des champignons. 3° *V que ind :* J'ai trouvé que tu marchais un peu trop vite. 4° *V que subj :* Je ne trouve pas qu'il soit très en forme. 5° *V à inf :* J'ai trouvé à m'engager dans la marine. 6° *V N att :* Je le trouve merveilleux. 7° *V N att* de *inf* : Je vous trouve magnifique d'avoir eu cette idée. 8° *V att* que *subj* : Je trouve merveilleux qu'on s'en aille. 9° *V* qqch à qqn : Je vous ai trouvé un emploi. 10° *V* à *inf* à qqch : J'ai trouvé à redire à cette histoire. 11° I MPERS ■ *V* qqn à qqn : Il se trouvera bien un candidat (pour ce poste). ■ *V* que *ind* : Ce jour-là, il se trouvait que j'étais absent. ■ [*Fam*] Nous nous sommes déjà vus *si ça se trouve. (Peut-être.)* **2. Se trouver** –

1° *V* : Où se trouve la préfecture ? 2° *V att* : Il s'est trouvé pris entre deux feux. 3° *V inf* : Ce jour-là, le caissier se trouvait être en retard. 4° *V N* : Je dois me trouver un emploi. 5° IMPERS – Il se trouve que je ne suis pas d'accord.

tu   *32*

PRON PERS – 1° Tu dors. Tu écris. Tu as fini. As-tu fini ? 2° [*Fam*] T'écris encore ?

un, une 1

1. NUMERAL – 1° [*avec N*] ■ Vous me donnerez un kilo de pommes de terre. ■ Il n'y avait qu'un (seul) manège. ■ Plus qu'une fois et tu es éliminé ! ■ Trente-et-une bouteilles. ■ Je vais à la piscine une fois par semaine. ■ Il y avait un (seul) poulet pour six personnes. 2° [*sans N*] ■ [*avec en*] Une fraise ! j'en ai trouvé une ! ■ [*avec seul*] Pas un seul ne manquait. ■ [*avec comp*] Pas plus d'un à la fois. ■ [*avec adv*] Il va geler, il fait moins un (degré) dehors. ■ [*avec num*] Cinquante, cinquante-et-un, cinquante-deux... Trois *et* un égalent quatre. (*Plus.* ≠ *Moins.*) 3° **Et d'un... et de deux...** – Et d'un, je suis majeur ; et de deux, j'ai de l'argent ; je peux donc sortir seul. 4° EXPR – Ne faire qu'un avec. C'est tout un. Ne faire ni une ni deux. 5° ORDINAL – J'ai lu le tome *un* des Misérables. (*Premier.*) Il est une heure et demie. **2. ART INDEF** – 1° [+ *N*] Ce n'est pas une vache, c'est un éléphant. / Ce sont des vaches. 2° [+ *indéf*] ■ Un rien le fait trembler. ■ Un tel. Un autre. Un certain M. Durand. Un peu. 3° [+ *N propre*] C'est un Picasso. C'est un nouveau Talleyrand. 4° [+ *adj*] Cette histoire est *d'un* drôle ! (*Très.*) **3. PR INDEF** – 1° [*avec de*] ■ C'est un des quotidiens les plus lus. ■ EXPR – Je passerai vous voir *un de ces jours.*

(*Un jour. Bientôt.*) ■ [*avec rel*] C'est encore une de ces stars qui défrayent la chronique. 2° [*avec en*] ■ [+ *adj*] J'espère en trouver un (d') original. ■ J'espère en trouver un de meilleure qualité. ■ [+ *rel*] Il y en a toujours un qui se croit plus malin que les autres. 3° NOMINAL – Enfin un qui était satisfait. 4° **L'un, l'une, les uns** – ■ L'un d'entre vous m'a volé. ■ De deux choses l'une... 5° **L'un... l'autre** – L'un apprend l'anglais, l'autre l'allemand. 6° **L'un l'autre** – Aimez-vous les uns les autres. 7° **Ni l'un ni l'autre** – Ni les uns ni les autres n'ont l'âge de conduire. 8° De deux choses l'une, ou on va à la mer, ou on va à la montagne.

user 2

1. 1° *V* : Un kilomètre à pied ça use... 2° *V N* : Ce cirage use les souliers. 3° *V de qqch* : Vous usez d'un procédé peu délicat. **2. S'user** – 1° *V* : Tout s'use à la longue. 2° *V qqch* : Il s'use la santé.

utile 3

1. ADJ – 1° Voilà une réforme utile à la société. 2° Je me demande en quoi je suis bien utile. **2. IMPERS** – [+ *de inf*] Il est utile d'avoir un agenda. 2° [+ *que subj*] Il est utile que vous emportiez des vêtements chauds.

valoir 1

1. 1° *V adv :* Ce livre vaut cher. Combien vaut-il ? 2° *V N :* Ce livre vaut 50 F. 3° *V de inf :* Le paysage vaut de se déplacer. 4° *V que subj :* Le paysage vaut qu'on s'y arrête. 5° *V* qqch à qqn : Cet excès de vitesse lui a valu une amende. 6° *V de inf* à qqn : Cet excès de vitesse lui a valu d'aller en prison. 7° *V prép N :* ■ Le tableau vaut par sa facture. ■ Cela vaut pour tous. **2. Valoir mieux** – 1° Ce livre vaut mieux qu'il n'en a l'air. 2° IMPERS – ■ *V :* Ça vaut mieux comme ça. ■ *V inf : Il vaut mieux* partir tout de suite. *(Mieux vaut.)* ■ *V que subj :* Il vaut mieux que tu partes tout de suite. **3. Valoir la peine** – 1° ■ *V :* Ce livre vaut la peine. ■ *V de N :* Ce livre vaut la peine d'une lecture approfondie. ■ *V de inf :* Ce livre vaut la peine d'être lu. ■ *V que subj :* Ce livre vaut la peine qu'on le lise. 2° IMPERS – ■ *V de inf :* Ça vaut la peine de passer par là. ■ *V que subj :* Ça vaut la peine que tu viennes. **4. Se valoir** – Les deux copies se valent.

veiller 2

1° *V :* Je veille tard, le soir. 2° *V* qqn : J'ai veillé mon frère malade. 3° *V que subj :* Veille qu'on ne sorte pas. 4° *V à* qqch : Veillez à la bonne marche des affaires. 5° *V à inf :* Veillez à partir de bonne heure. 6° *V à ce que subj :* Veillez à ce qu'on ne sorte pas. 7° *V sur N :* Vous veillerez particulièrement sur lui.

vendre 3

1. 1° *V :* Avec ce temps, on ne peut plus vendre. 2° *V adv :* Vous vendez cher. 3° *V N :* Il a vendu sa marchandise. 4° *V à N :* Nous vendons (beaucoup) à l'Italie. 5° *V adv* qqch : Il a vendu cher sa peau. 6° *V N pour N :* Il a vendu pour 50 francs de bonbons. 7° *V* qqch à qqn : Je vous vends une voiture. **2. Se vendre** – 1° *V :* Tout se vend. 2° *V adv :* Tout se vend cher. 3° *V* qqch : Les paysans se vendent leurs produits. 4° *V à N :* Ce commerce s'est vendu à un corse. 5° *V prép att :* Un vase s'est vendu comme antiquité. 6° *V à* qqn *prép att :* Mon roman s'est vendu à l'éditeur comme livre de poche. 7° IMPERS – *V* qqch : Il se vend de tout sur le marché.

venir 4

1. 1° *V :* Michel, viens ici ! 2° *V inf :* Je suis venu manger hier. 3° *V de inf :* Elle vient de partir. 4° *V à inf :* S'il vient à téléphoner, dites-le moi. 5° *V prép [lieu] :* Elle vient de Paris, d'Allemagne, des Etats-Unis. Elle en vient. 6° IMPERS ■ *V de inf :* Il vient de pleuvoir. ■ *V de inf N :* Il vient d'arriver une bonne nouvelle. ■ D'où vient (-il) que tu *es* fatigué ? *(Sois.)* **2. En venir à** – 1° *V à* qqch : Venons-en aux événements de cette semaine. 2° *V à inf :* Nous en sommes venus à nous poser des questions. **3. A venir** – Dans les jours *à venir* une grève est prévue. *(Prochains.)*

vérifier 5

1. 1° *V :* L'opération est juste, vérifiez ! 2° *V N :* Vérifiez l'opération. 3° *V interr :* Vérifiez si je me suis trompé. 4° *V que ind :* Vérifiez que je ne me suis pas trompé. 5° *V que subj :* Vérifiez que je ne me sois pas trompé. **2. Se vérifier** – *V att :* Les comptes se sont vérifiés exacts.

vers 6

PREP – **1.** [*V* vers *N*] 1° Il se dirigea rapidement *vers* la sortie. *(En direction de.)* 2° [*avec rel ou interr*] Je me demande *vers quoi* cela va mener. *([Fam] où.)* 3° Cela s'est passé *vers* le centre de la ville. *(Du côté de.)* 4° Nous avons eu une panne d'essence *vers* Dijon. *(Aux environs de.)* 5° Je passerai vous chercher vers (les) 5 heures. **2.** [*N* vers *N*] L'évolution vers la catastrophe était prévisible.

verser 7

1. 1° *V :* Le camion a versé. 2° *V N :* J'ai versé du lait. 3° *V N à N :* Versez à son crédit la somme de 500 F. 4° *V dans N :* Il verse dans la littérature d'alcôve. **2. Se verser** – *V* (à qqn) : Les allocations se versent au début de chaque mois (à la famille). **3. Etre versé** – *V dans N :* Il est très versé dans la littérature orientale.

vertu 8

1. N – Cette plante est connue pour ses vertus euphorisantes. **2. LOC PREP** – **En vertu de** – 1° Le gyroscope tient en équilibre *en vertu des* lois de la dynamique. *(Par suite de. En raison de.)* 2° *En vertu des* pouvoirs qui me sont conférés, je vous fais chevalier. *(Conformément à. En application de.)*

vice-versa 9

Elle fait tout ce qu'elle peut pour le rendre heureux et *vice-versa*. *(Réciproquement.)*

vis-à-vis 10

1. LOC ADV – La maison de grandpère et la nôtre étaient *vis-à-vis*. *(Face à face.)* **2. LOC PREP** – **Vis-à-vis de** – 1° On me plaça *vis-à-vis de* Mme Duchamp. *(En face de.)* 2° Vous êtes responsable *vis-à-vis de* l'administration. *(A l'égard de.)* **3. N** – 1° J'avais pour vis-à-vis un riche banquier. 2° Nous nous sommes installés en vis-à-vis au coin du café.

vite 11

1. ADV – 1° Marcel travaillait *vite*. *(Rapidement.)* 2° Ce sera *vite* terminé. *(Bientôt. Dans peu de temps.)* 3° Sors *vite* on t'attend. *(Tout de suite. Sans délai.)* 4° LOC VERB – **Avoir vite fait de.** J'aurai vite fait de terminer ce travail. **2. ADJ** – C'est le joueur le plus *vite* de l'équipe. *(Rapide.)*

vivre 12

1. 1° *V :* Aujourd'hui, on a du mal à vivre. 2° *V att :* Il vécut heureux toute sa vie. 3° *V N :* ▪ Il a vécu 40 ans. ▪ J'ai vécu les difficultés de mon époque. 4° *V de qqch :* Il vit de peu de chose. 5° IMPERS – *V N :* Il vit peu d'animaux au pôle Nord. **2. Se vivre** – 1° *V :* Ces luttes se vivent au jour le jour. 2° IMPERS – *V N :* Il se vit parfois des aventures extraordinaires. **3. Vive !** – Vive le président, vivent les vacances.

voici-voilà 13

PRESENTATIF – **1.** [*avec N*] 1° Montre-moi ta brûlure. – Voilà. 2° Le tableau que voici a été peint en 1567. 3° Voici une robe de laine. / Voilà un autre modèle. 4° Si tu viens plus tard, voilà la clef. 5° *Voilà une* belle mentalité ! *(Quelle.)* **2.** [*avec pr*] 1° Voici le tien. 2° Le voilà. Les voici. Te voilà enfin. 3° Des pommes ? En voilà *(deux)*. *(Quelques-unes.)* 4° [*Renforcement*] En voilà des histoires ! En voilà assez ! 5° EXPR – On y trouvait des champignons en veux-tu en voilà. **3.** [*avec prép*] 1° [+ *de N*] Voilà *de* ton parrain. *(De la part de.)* 2° [+ pour] ▪ [+ *N*] Voici pour toi, voilà pour Charles. ▪ [+ *inf*] Voilà

pour passer ton dimanche. **4.** **[+ *P*]**
1° [*rel*] Voilà qui vous surprendra.
2° [*complétive*] ■ Voilà soudain
qu'on frappe à la porte. ■ [*V S*] Voilà
que partent les hirondelles. ■ [*nég*]
[*Fam*] On était en train de prendre
des noix ; *voilà pas* que le propriétaire
arrive. *(Voilà-t-il pas. Ne voilà pas.)*
3° Voilà *comment* c'est arrivé...
(Pourquoi. Comme.) 4° [+ *inf N*]
[*Litt*] Voici venir l'heure. **5.** **[*avec att*
du cod]** 1° [*N*] Le voilà bachelier.
2° [*adj*] Des prunes ? En voilà deux
bien mûres. 3° [*ppt*] Le voilà encore
rêvassant. 4° [*avec rel*] Le voilà qui
arrive. 5° [*ppé*] Voilà les beaux jours
revenus. 6° [*avec prép*] ■ [*avec de*]
Voilà toujours dix francs d'économies. ■ [*à inf*] Te voilà encore à
rêvasser. **6.** **[+ *N*]** 1° [+ *pour N*]
Voilà une bonne surprise pour vous.
2° [+ pour *inf*] Voilà une bonne
occasion pour passer un week-end
à la campagne. **7.** **[*avec cc lieu*]**
1° Me voilà à Paris, chez tante Simone.
2° M'y voilà. 3° EXPR – Et ensuite,
que s'est-il passé ? – Patientez. nous
y voilà ! **8. Voilà... que** – 1° Voilà un
sport que j'aurais aimé pratiquer.
2° *Voilà* deux heures que je l'attends.
(Il y a.) **9. Voilà... qui** – Voilà une
aventure qui n'est pas banale.
10. PREP – [+ H] Mais M. Bassa
était là *voilà* (seulement) cinq minutes. *(Il y a.)* **11.** **[*avec P*]** 1° [*Renforcement*] Jean m'attendait mais
voilà ; comment sortir sans réveiller
toute la maison ? 2° Coquette, jeune,
alerte, voilà pour le rôle de la sou-
brette. 3° Qu'est-ce qui s'est passé ?
Voilà : J'étais en train d'attendre le bus
quand... 4° [*Conclusif*] Il suffit de
verser ce produit dans l'eau de vaisselle ; (et) *voilà*. *(C'est tout. Voilà
tout.)*

voie 14

1. N – 1° Le pêcheur s'est enfin
engagé sur la voie du repentir. 2° Les
négociations sont en (bonne) voie.
3° Vous devez transmettre votre

demande par la voie hiérarchique.
4° Il est plus facile d'aller à Madrid
par la voie des airs. 5° [*Litt*] Le scandale entraînait par voie de conséquence la rupture des relations diplo-
matiques. **2. LOC PREP** – **En voie
de** – 1° [+ *N*] Mon dossier est en
voie de constitution. 2° [+ *inf*] Le
gouvernement est *en voie de* résoudre
l'inflation. *(En passe de.)*

voir 15

1. 1° *V* : Le chat voit même dans
l'obscurité. 2° *V N* : Vous voyez le
chantier là-bas ? 3° *V que ind* : Vous
voyez (bien) que je suis occupé.
4° *V que subj* : Je ne vois pas qu'il soit
bien disposé à notre égard. 5° *V
interr* : Vous verrez si le facteur est
passé. 6° *V à inf* : Voyez à faire cela
plus vite. 7° *V à ce que subj* : Voyez
à ce qu'un après-midi se libère.
8° *V N inf* : ■ Il voit arriver ses parents.
■ Il voit ses parents lui reprocher son
attitude. 9° *V qqn att* : Je le vois mal
parti. 10° *V qqch à ce que subj* : Je ne
vois pas d'inconvénient à ce que vous
commenciez tout de suite. 11° *V N
à N* : Vous lui voyez un mari comme
celui-là ? 12° *V en/dans N N* : Je vois
dans ce propos une injure. **2. Se
voir** – 1° *V* : Les deux amis se
voyaient tous les jours. 2° *V att* [*N*] :
Il se voyait déjà capitaine. 3° *V att*
[*adj*] : Je me vois obligé de vous
avertir. 4° *V att* [*ppt*] : Tu te vois
travaillant dans une mine ! 5° *V inf* :
Tu te vois travailler tous les jours
huit heures ? 6° *V à qqch* : Il est
orgueilleux, cela se voit à son air
hautain. **3. Y voir** – Est-ce que vous
y voyez la nuit ? **4. Voyons** – Allons
voyons ! vous n'allez pas vous mettre
en colère ! **5. Vu** – 1° *Vu* votre situation familiale, je préfère ne pas insister.
(Etant donné.) 2° **Au vu de** – Au vu
de votre situation, je crains le pire.
3° **Au vu et au su** – Il agit au vu et
au su de tout le monde. 4° **Vu que** –
Vous aurez une amende *vu que* vous
récidivez. *(Puisque. Attendu que.
Etant donné que.)*

volontiers 16

ADV – 1° [*avec adj*] C'est un homme volontiers généreux. 2° [*avec V*] Je partirais volontiers vivre aux Caraïbes. 3° [*avec P*] Vous venez avec nous ? – *Volontiers. (Oui. D'accord.)*

votre, vos 17

1° *Cf.* MON. 2° [*Politesse*] ■ Madame, c'est votre sac ? ■ Votre excellence ? 3° [*avec on*] A la douane, les douaniers vous demandent votre passeport, mais on n'est pas ennuyé.

(le) votre 18

POSS – 1° *Cf.* MIEN. 2° [*Politesse*] Ce parapluie, c'est le vôtre, madame ?

vouloir 19

1. 1° *V :* Pour réussir, il faut vouloir. 2° *V N :* Je voudrais un beau vélo. 3° *V inf :* Je veux partir. 4° *V que ind :* [*Litt*] Le malheur veut qu'il *n'est* pas très doué. *(Ne soit.)* 5° *V que subj :* Je veux que tu partes. 6° *V de qqn :* La princesse ne veut pas du prince. 7° *V de qqch :* La princesse ne veut pas de ce château. 8° *V N att :* Je le voulais plus expérimenté. 9° *V qqch prép N :* L'État veut de la discipline (de la part) du citoyen. **2. Se vouloir** – *V att :* Le poète se veut magicien. **3. En vouloir** – 1° *V* à qqn : Elle en veut à sa maîtresse. 2° *V* à qqn de qqch : Elle m'en veut de mon attitude. 3° *V* à qqn de *inf :* Elle m'en veut d'être obligée de partir. 4° *V* à qqn de ce que *subj :* Elle m'en veut de ce que je sois indifférent. **4. S'en vouloir** – *V :* Les deux jeunes s'en veulent (beaucoup). **5. Vouloir bien** – 1° *V :* Vous prendrez l'apéritif ? – Je veux bien. 2° *V N :* Je veux bien une glace au chocolat. 3° *V inf :* ■ Elle veut bien partir. – Vous voudrez bien m'excuser ? 4° *V que subj :* Je veux bien qu'il vienne.

vous 20

PRON PERS – **1.** [*Sujet*] 1° Moi, je n'ai pas de lunettes ; *toi et lui* vous en avez. *(Toi et les autres. Vous.)* 2° [*Politesse*] Cher Monsieur, vous resterez bien à dîner ? **2.** [*c*] 1° Il vous regarde bizarrement. 2° Il vous a envoyé cette lettre. 3° [*avec pronominal*] Vous vous êtes bien ennuyées. 4° [*avec prép*] Je partage avec vous. **3.** [*Renforcé*] 1° Vous-même n'y avez rien compris. 2° Vous *mêmes* n'y avez rien compris. *(Autres. Non plus.)* 3° [+ *num*] A vous deux que pouvez-vous faire ? **4.** [*Avec on*] On doit lutter pour que les patrons vous respectent.

vrai 21

1. ADJ – 1° Les diamants n'étaient pas faux, mais vrais. 2° Elle parle vrai. **2. N** – Michel affirme être dans le vrai. **3. LOC ADV** – 1° Il faisait le clown *pour de vrai* dans un cirque. *(≠ Pour rire.)* 2° A dire vrai. A vrai dire.

vue 22

1. N – 1° La vue d'un ravin lui donnait le vertige. 2° La vue de mon père baissait de plus en plus. **2. LOC ADV** – **A première vue** – 1° A *première vue* l'argument paraissait valable. *(Au premier abord.)* 2° A perte de vue. A vue d'œil. A vue de nez. Hors de vue. **3. LOC PREP** – 1° **Du point de vue (de)** – ■ *Du point de vue du* juriste, cette tournure serait fausse. *(D'un point de vue de.)* ■ *Du point de vue* juridique, ce serait faux. *(D'un point de vue.)* 2° **En vue de** – ■ [+ *N*] Nous avons mis une bouteille au frais *en vue de* votre arrivée. *(Dans la perspective de.)* ■ [+ *inf*] Nous avons acheté cette bouteille *en vue de* vous l'offrir. *(Pour.)*

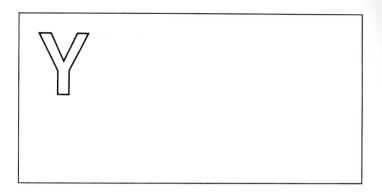

y   *1*

PRON et ADV — **1.** [*Lieu*] 1° (En Espagne), j'y suis allé l'année dernière. 2° Je reste chez moi ; j'y suis bien. 3° **Y compris** — La limonade vaut 4 F, *y compris* le service. *(≠ Non compris.)* 4° Vas-y. Restes-y. / Vas y porter ton cadeau. **2. PRON PERS** —

1° [*Chose*] ■ Je renonce à mon poste. → J'y renonce. ■ Paris ? Tu y vas ou tu en viens ? ■ Je compte sur votre présence. / N'y comptez pas. 2° [*Personne*] [*Fam*] Monte y faire une visite. *(Lui.)* **3. LOC VERB** — 1° **Il y a** — *Cf.* IL Y A. 2° Il s'y prend mal. Il s'y connaît. Il s'y fait...

ANNEXE I

LES SUBSTANTIFS OPÉRATEURS DU FRANÇAIS FONDAMENTAL

On trouvera ici la liste des substantifs du FF1 et du FF2 admettant au moins une des constructions suivantes :

Colonne I : Le substantif forme avec le verbe noté (souvent : *avoir*) (1), une locution verbale ou expression, qui peut être suivie d'une préposition (généralement : *de*) + *infinitif,* ou de *que* (sauf indication contraire) + *subjonctif.* Dans le cas d'une multiplicité de locutions, seules les principales sont mentionnées.

Ex. : *Paul a l'air d'être malade.*

Colonne II : Le substantif, même lorsqu'il est employé seul, peut, dans certaines limites, admettre la construction par *préposition mentionnée* (généralement : *de*) + *infinitif.*

Ex. : *Les moyens de s'en tirer ne sont pas nombreux.*

Le signe **p** indique que cet emploi n'est possible en principe qu'avec l'adjectif possessif ou un complément de nom équivalent.

Ex. : *Son attention à nous satisfaire était touchante.*

Le signe **(p)** indique que la construction est possible avec le possessif ou son équivalent, mais que leur présence n'est pas obligatoire.

Ex. : *Le* (ou : *son*) *besoin de partir était évident.*

Colonne III : Le substantif, même lorsqu'il est employé seul, est susceptible dans certaines conditions d'admettre une complétive (Construction par *que* + *subjonctif* notée +, par *que* + *indicatif* notée −).

Ex. : *Le danger qu'il tombe est pratiquement nul.*

Les substantifs en caractères gras sont traités dans le DSF, où ils constituent une entrée. On s'y reportera donc pour trouver des exemples. **L'astérisque** signale les substantifs du FF1.

---

(1) Souvent un ou deux autres verbes peuvent, selon le sens, se substituer à avoir Ex. : avoir (ou perdre) le courage de faire qqch.

	I	II	III
acte	prendre, demander, donner – que + *ind* ■ faire l'– de	de	
action	faire l'– de	de	
*adresse	avoir l'– de	p – à	
*âge	avoir l'– de / que	de	
*air	avoir l'– de	p – de	
année		de	
apparence	(se) donner l'– de		
aptitude	avoir une – à	(p) – à	
*attention	faire – à / (à ce) que / prêter – à	p – à	
audace	avoir l'– de	p – à	
avantage	avoir l'– de / que + *ind* / avoir – à / à ce que		
*besoin	avoir – de / que	(p) – de	+
bonheur	avoir le – de	de	
cas	être dans le – de		
*chance	avoir la – de / que	(p) – de	+
charge	avoir, donner (la) – de	de	
choix	avoir le – de	(p) – de	
condition	être en – de		
conscience	avoir, prendre – de / que	(p) de	+ –
*conseil	donner le – de / que	(p) – de	
*courage	avoir le – de	de ; p – a	
*danger	courir le – de / il y a du – à / à ce que / il n'y a pas de – que	de	+
décision	prendre la – de / que	(p) – de	
défaut	avoir le – de		
désir	avoir le – de / que	(p) – de	+
devoir	avoir le – de		
difficulté	avoir de la – à	à ; de ; p – a	
douleur	avoir la – de	(p) – de	
*droit	avoir le – de / que / être en – de	(p) – de / p – à	
effet	faire l'– de / que	de	
énergie	avoir l'– de	p – à	
*envie	avoir, donner – de / que / mourir d'– de / que	(p) – de	+
erreur	faire l'– de		
espoir	avoir l'– de / que / perdre l'– de / que	(p) – de	+
essai	faire l'– de	p – de	
facilité	avoir la – de ■ avoir de la – à	p – à	
*façon		(p) – de	
fait		de	+ –
fantaisie	avoir la – de	p – à	
faute	(ne pas) se faire de ■ faire la – de		
faveur	faire la – de	de	
génie	avoir le – de	de ; p – à	
geste	faire le – de	(p) – de	
goût	avoir le – de ■ avoir du – à		
grâce	faire la – de	de	
habitude	avoir, prendre, perdre l'– de / que	(p) – de	
heure	il est l'– de / que	(p) – de	+
*histoire		(p) – de	(–)
honneur	avoir, faire l'– de	de	
*idée			+ –
impression	avoir, donner l'– de / que	(p) – de	–
inconvénient	avoir l'– de / que + *ind*	de	

	I	II	III
intention	avoir l'– de	(p) – de	
intérêt	avoir – à	de ; p – à	
joie	avoir la – de	(p) – de	
		p – à	
*jour	c'est le – de		(–)
*liberté	avoir, prendre, perdre la – de	(p) – de	
lieu	avoir – de ∎ c'est le – de		
loisir	avoir, donner le – de		
luxe	se donner le – de		
*mal	avoir du – à ∎ se donner le – de		
*malheur	avoir le – de / que	de	
manière	avoir sa – de	(p) – de	
mérite	avoir le – de ∎ avoir du – à	p – à	
mine	faire – de		
*moment	c'est le – de	de	
mouvement	faire le – de		
*moyen	avoir le – de / que	(p) – de	+
nécessité		de	+
occasion	avoir, saisir, perdre l'– de	de	
*ordre	avoir, recevoir, donner l'– de / que	de	+
orgueil	avoir l'– de	(p) – de	
paresse	avoir la – de	p – à	
parti	prendre le – de	(p) – de	
*peine	se donner, prendre la – de / que		
	avoir de la – à		
pensée		de	+ –
*peur	avoir – de / que	(p) – de	+
plaisir	avoir, faire le – de ∎ avoir (du) – à	de ; p – à	
*point	être sur le – de		
	en être au – de / que + *ind*		
politesse	avoir la – de		
possibilité	avoir, donner la – de / que	(p) – de	+
pouvoir	avoir le – de	(p) – de	
précaution	prendre la – de		
preuve	avoir, faire, donner la – que + *ind*		–
principe	avoir pour – de		
	poser en – que + *ind*		
projet	avoir, faire, abandonner le – de	(p) – de	
promesse	faire la – de / que	(p) – de	–
qualité	avoir – pour		
*question	il est – de / que	de	
*raison	avoir (des) – de	(p) – de	
responsabilité	avoir, prendre la – de	(p) – de	
ressource	avoir la – de	de	
sentiment	avoir le – de / que + *ind*	(p) – de	–
service	demander, rendre le – de		
signe	faire – de / que + *ind*		
	c'est le – que + *ind*		
soif	avoir – de	(p) – de	
soin	avoir, prendre – de / que	p – à	
souci	avoir (le) – de	de	+
sujet	avoir – de		
*temps	avoir, laisser, prendre le – de / que	de	
	mettre, perdre du – à		
	passer son – à		
tendance	avoir – à / à ce que	à	
tort	avoir (le) – de	(p) – de	
tristesse	avoir la – de	(p) – de	
usage	il est d'– de / que	de	
volonté	avoir la – de / que	(p) – de	+

ANNEXE II

LES ADJECTIFS OPÉRATEURS DU FRANÇAIS FONDAMENTAL

On trouvera ici la liste des adjectifs du FF1 et du FF2 admettant pour au moins un de leurs sens au moins une des 6 constructions suivantes :

Colonne 1 : Construction personnelle ┌ *adj prép N* ┐

Les prépositions possibles sont mentionnées.
Ex. : *Paul est content de ses résultats.*

Colonne 2 : Construction personnelle ┌ *adj prép inf* ┐

La préposition est mentionnée.
Ex. : *Ce n'est pas une chose facile à prouver.*
Lorsqu'on a *(de)*, cela indique la possibilité d'une construction, de nature différente, du type :
Ex. : *Tu es bête, d'agir ainsi.*
On a retenu le type : *chic à porter,* mais pas : *riche à vous rendre jaloux.*

Colonne 3 : Construction personnelle ┌ *adj que subj ou ind* ┐

s indique que la complétive est au subjonctif.
Ex. : *Je suis heureux que vous soyez venu.*
i indique que la complétive est à l'indicatif.
Mais la complétive sera au subjonctif, noté **(s),** après négation par exemple.
Ex. : *Je ne suis pas sûr qu'il soit venu.*

Colonne 4 : Construction impersonnelle ┌ Il est *adj* de *inf* ┐

+ indique que la construction est possible.
Ex. : *Il n'est pas facile de le suivre.*

Colonne 5 : Construction impersonnelle ⟨ Il est *adj* que *subj* ou *inf* ⟩

s indique que la complétive est au subjonctif.
Ex. : *Il est impossible qu'il ait oublié.*
i indique que la complétive est à l'indicatif.
Ex. : *Il est sûr que Jean viendra aujourd'hui.*
Mais la complétive sera au subjonctif, noté **(s)**, après négation par exemple.
Ex. : *Il n'est pas sûr que Jean vienne aujourd'hui.*

Colonne 6 : Construction impersonnelle ⟨ de *inf* ⟩
à double complément ⟨ Il est *adj prép N* ou ⟩
⟨ que *subj* ⟩

La préposition qui précède le nom n'est pas indiquée. Il s'agit le plus souvent de *à* ou *pour*.
Lorsque les constructions par *de* et *que* sont toutes les deux possibles, on a le signe +
Ex. : *Il est important pour Jean d'être à l'heure.*
Il est important pour Jean que tu sois à l'heure.
Sinon, il est noté *de* ou *que*.
A remarquer que les constructions notées *Il est adj...* peuvent se trouver sous la forme *C'est adj...* ou *Je trouve adj...*
Ex. : *Je trouve facile.de faire cela.*
Il est nouveau pour Paul de se lever tôt, etc.
Il n'a pas été possible d'indiquer le détail de ces possibilités.

Les adjectifs en caractères gras sont traités dans le DSF, où ils constituent une entrée. On s'y reportera donc pour trouver des exemples.

L'astérisque signale les adjectifs du FF1.

	1.	2	3	4	5	6
abondant	en					
acide	à					
actif	à					
actuel				+	s	
admirable	pour	(de)		+	s	
*adroit	à, en, de	pour		+	s	
affectueux	avec					
âgé	de					
*agréable	à, pour	à, pour		+	s	+
aimable	avec, à, envers	(de)				de
amical	avec					
*amusant	pour	à, pour, (de)		+	s	+
audacieux		(de)		+		
automatique				+	s	
*autre	que		i			
*aveugle	de	(de)				
*bas	de					
bavard	avec					
*beau	de	à, (de)		+	s	
*bête		à, (de)		+	s	
bizarre	avec			+	s	
*bon	pour	à, (de), pour		+	s	+
bourgeois		(de)		+	s	
brusque				+		
brutal	envers, en	(de)		+		
capable	de	de				
célèbre	par, pour					
*certain	de	de	i (s)		i (s)	
charmant	avec, pour	à		+	s	
cher	à					
chic	avec, pour	à, (de)		+	s	
civil				+		
*clair	pour, à			+	i (s)	
classique				+	s	
commun	à, avec			+		
*commode	pour	à, pour		+	s	+
compliqué		à, (de)				
considérable	pour	à				
*content	de, pour	de	s			
*contraire	à					+
coupable	de, envers	de		+		
courageux	pour	(de), pour		+		de
courant				+	s	
*court	de					
*couvert	de					
cruel	envers, avec			+		
*curieux	de	de	s	+	s	
*dangereux	à, pour	à	s	+	s	+
découragé	par	de	s			
dégoûté	par, de	de	s			
délégué	à, par					
délicat	de	à, (de)		+	s	+
*dernier		à				
désespéré	par, de	de	s			
désolé	par, de	de	s			
détaché	de, par					
*deuxième	de	à				
*différent	de, en			+		

	1	2	3	4	5	6
*difficile	pour, avec	à		+	s	de
distingué	par, parmi			+		+
*doux	à	à		+	s	de
*drôle	pour	à, (de)		+	s	+
*dur	à, de, en, avec	à, (de)		+	s	
efficace	pour	pour		+	s	
égal	à, en			+		+
égoïste		à		+		
élégant	de	à		+		
élève (bien ≠ mal)		(de)		+		
ennuyeux	pour	à, (de)		+	s	+
ennuyé	par	de	s			
énorme	pour	à			s, i	
entendu	de, par					
*épais	de				s	
épuisé	par, de	de	s		s	
essentiel	à, pour	à		+	s	+
étrange		à, (de)		+	s	
*étranger	à					
*étroit	de	à			i (s)	+
évident	à, pour	à			i (s)	
exact	à					
excellent	à, pour	à		+	s	+
*extérieur	à					
extraordinaire	pour	à, (de)		+	s	+
*facile	avec, pour	à		+	s	de
*faible	en, avec					
fameux	par, pour	à		+		de
familier	à					
*fatigué	de, par	de	s			
*faux				+	s	
fiancé	à, avec					
fidèle	à					
fier	de	de	s			
fin	de			+		
formidable	pour	à, (de)		+	s	+
*fort	de, en, à	pour				
*fou	de	(de)		+	s	
fragile	de	à		+		
franc	de, en	(de)		+		
général				+		
généreux	avec, envers	(de)		+		
*gentil	avec, pour	(de)		+	s	
gourmand	de, pour	de				
gracieux		à		+		
grave				+	s	
grossier	avec, envers, en	(de)		+		de
habile	en, à	à		+	s	de
*haut	de					
*heureux	de	de	s	+	s	
honnête	avec	(de)		+	s	+
honteux	de	de	s	+	s	+
humain	avec	(de)		+	s	
immoral		(de)		+	s	
impatient		de				
imperméable	à					
*important	pour	à, pour		+	s	+
*impossible	pour	à		+	s	de

	1	2	3	4	5	6
inconnu	de, pour					
indépendant	de					
indifférent	à			+	s	+
indispensable	à, pour			+	s	+
inférieur	à, en			+	s	+
infirme	de					
injuste	envers	(de)		+	s	
innocent	de	(de)		+	s	
inquiet	de, pour	de		+	s	
*intelligent		(de)			s	
*intéressant	pour	à, pour		+	s	
*intérieur	à			+	s	+
inutile	pour, à	à		+	s	+
ivre	de					
jaloux	de	de	s			
*joli	pour	à, pour		+	s	
joyeux	de	de	s			
*juste	envers, pour	(de)		+	s	
*laid	de			+		
*large	de					
*lent	à	à, pour				
*libre	de	de, pour				
logique	avec, en			+	s	+
*long	de	à		+		de
*lourd	de	à		+		
loyal	envers	(de)		+	s	
magnifique		à		+	s	+
maladroit	de, en	(de)		+	s	
*malade	de	(de)	s			
*malheureux	de	de, à	s	+	s	
maternel	avec		s			
*mauvais	en, pour	à, (de)		+	s	+
*méchant	avec, envers	(de)		+	s	
meilleur	que, de, en, pour	à, pour		+	s	+
même	que			+	s	
merveilleux	pour	(de), à		+	s	+
mignon		(de)				
misérable						
modeste	en, de	(de)		+	s	
moindre	de		i			
moral				+	s	
*mûr	pour	pour				
mystérieux	à, pour			+	s	
*naturel	pour			+	s	+
nécessaire	à, pour	pour		+	s	+
négligent	avec, en	(de)				
nerveux		de	s			
net	de				i (s)	
nombreux		à				
normal				+	s	+
*nouveau	pour	à		+	s	+
obligatoire	pour	à		+	s	+
obscur	à	à				
officiel					i (s)	
ordinaire	pour			+	s	
orgueilleux	de	(de)				
original		à, (de)		+		
pâle	de					

	1	2	3	4	5	6
*pareil	à, que, pour			+	s	
parfait	pour	pour		+	s	+
particulier	à	à				
passionné	de, pour	pour				
patient	avec	(de)				
pénible	pour, à	à		+	s	+
permanent				+	s	
personnel	à					de
peuplé	de					
pire	que, de			+	s	+
*plein	de			+		
populaire						
*possible	pour	à		+	s	de
pratique	pour, à	à, pour		+	s	+
précieux	pour			+	s	+
*premier	de	à				
présent	à					
*pressé	par	de	s			
*prêt	à, pour	à, pour	à ce que s			
privé	de	de				
probable	pour				i, s	
proche	de					
*propre	à	à				de
prudent	avec	(de)		+	s	+
pur	de					
qualifié	pour	pour				
raisonnable		(de)		+	s	+
*rapide	à	(de)		+	s	de
*rare				+	s	
récent					s	
réel				+	i (s)	
régulier	à, en			+	s	+
relatif	à					
remarquable	pour	à, (de)		+	s	+
*rempli	de, par					
*riche	de, en					
ridicule		(de)		+	s	+
rude	pour, en	à		+	s	+
rusé	envers	(de)		+		
sage		(de)		+	s	+
sain	de			+	s	
satisfait	de	de	s			
savant	en	(de)		+		
scientifique				+		
scolaire				+		
semblable	à					
sensible	à	(de)				
*sérieux		(de)		+	s	
*seul	de	à		+		
sévère	pour, en, avec, envers	(de)		+		
*simple	pour	à		+	s	+
sincère	avec	(de)		+		
souple	en, avec, de					
*sourd	à					
spécial	à, pour	pour		+		

ANNEXE III

VERBES DU FF1 NON PRÉSENTÉS DANS LE DSF

On trouvera ici la liste des verbes du Français Fondamental 1er degré non retenus dans le Dictionnaire, avec leurs principales constructions. Il n'est pas fait de distinction entre les différents sens d'un même verbe.

Nous avons rassemblé dans le Tableau qui suit les diverses constructions considérées. Pour chaque numéro, qui correspond au numéro des colonnes de l'annexe, nous donnons le schéma de la construction : si celle-ci existe pour un verbe donné on trouvera le signe + ou un autre signe plus précis dont le sens ressort clairement des exemples donnés dans le Tableau.

Pour que ce Tableau puisse également servir à la lecture du Dictionnaire (où se trouvent les verbes plus usuels), nous avons mentionné à leur place logique, avec le signe *, les quelques constructions non attestées dans cette annexe, mais existant néanmoins.

Exemple de lecture : le signe P subj dans la colonne 5 pour le verbe charger signifie que la construction V que subj est attestée pour la forme pronominale du verbe : Je me charge qu'il vienne.

Parmi les 15 constructions répertoriées dans cette annexe et illustrées dans le Tableau, certaines se prêtent à une étude systématique de l'acceptabilité, ce sont principalement les constructions « opératrices » (verbes suivis d'une complétive ou d'un infinitif). Pour les autres il n'était seulement possible de faire un choix des constructions les plus usuelles, à partir du moment où on ne se limitait pas aux prépositions à et de, non plus qu'à la forme active des verbes.

Le signe P renvoie à la forme pronominale des verbes. Il n'est pas fait de différence entre les diverses catégories de pronominaux, sauf dans le cas de l'emploi « réciproque », noté R, et dans la colonne 2 pour le « passif pronominal », noté (P).

Le signe I signale la possibilité de constructions impersonnelles, ou par extraposition par il. Cette possibilité, si elle concerne la forme pronominale, est notée P dans la colonne 15, et IP ailleurs.

TABLEAU DES CONSTRUCTIONS VERBALES

1	*V*	+	Michel a téléphoné.
		P	Asseyez-vous.
		R	Ils s'embrassèrent.
2	*V att*	+	Paul est devenu *président*. *(Riche.)*
		P	Il se baigne nu.
		(P)	Ça se mange froid.
		R	Ils se quittèrent bons amis.
3	*V N*	qqch	Il a construit sa maison.
		qqn	Il a blessé son adversaire.
		N	J'ai aperçu *une maison. (Mon voisin.)*
		P	Paul se lave les mains.
		I	Il entra un inconnu.
		I P	Il s'est produit un événement grave.
4	*V inf*	+	Je descends chercher une bouteille.
5	*V que ind*	ind	J'ai lu qu'il avait fait très chaud.
	V que subj	subj	Je lui ai téléphoné qu'il vienne.
	V interr	interr	As-tu remarqué *si* elle était venue? *(Comment, etc.)*
		P ind	Il s'est aperçu que tu étais absent.
		P subj	Je me moque qu'il soit venu.
		P interr	Je me demande s'il viendra.
		I P ind	Il s'est produit que j'étais absent.
		etc.	
6	*V prep N*	à N	Il ressemble *à son père. (A un épouvantail.)*
		de qqch	J'ai déjeuné d'une omelette.
		Lieu	Il entre *dans la cuisine. (Par la fenêtre, etc.)*
		P contre qqn	Il se bat contre le fisc.
		P Lieu	Je m'asseois dans le fauteuil
		etc.	
7	*V prep inf*	à	Il commence à se plaindre.
		de	Elle continue de m'embêter.
		P de	Je me charge de le faire partir.
		etc.	
8	*V à ce que subj*	à	Je travaille à ce que les choses aillent mieux.
	V de ce que ind/subj	de	Elle s'est frappée de ce que tu n'*étais* pas là. *(Sois.)*
9	*V N att*	+	Bois ton lait chaud. Bois-le chaud. Je l'ai nommé président.

10	*V N inf*	+	Je l'ai emmené faire des courses.
*	V N que *ind/subj*		Je l'ai prévenu que je ne pourrais pas venir.
11	*V N prép N*	qqch à qqn	J'ai apporté des nouvelles à mon frère.
		N par N	J'ai remplacé *cet ouvrier* par un autre. *(Ce stylo.)*
		N Lieu	J'ai jeté le papier dans la poubelle. *(Sous la table.)*
		etc.	
12	*V N prép inf*	qqn à	J'ai aidé mon fils à faire son devoir.
		qqch à	J'ai apporté quelque chose à faire.
		qqn de	Je l'ai puni d'avoir désobéi.
		qqch de	J'empêche la voiture de déraper.
		etc.	
*	V à N inf	1	Je lui ai dit ne pas pouvoir venir.
13	*V à N que ind*	2	Je lui ai téléphoné que je ne venais pas.
	V à N que subj	3	Je lui ai télégraphié qu'il vienne très vite.
*	V à N à *inf*	4	Je lui ai appris à jouer au bridge.
	V à N de inf	5	Je lui ai téléphoné de rester chez elle.
*	V de N que *subj*		J'ai obtenu de Pierre qu'il ne sorte pas.
14	*Ça V de inf/que subj*	Ça	Ça brûle de toucher à la casserole.
	Ça V N de inf/que subj	Ça qqch	Ça apporte quelque chose de faire ce stage.
		Ça (qqn)	Ça aide (les gens) de recevoir des nouvelles.
		Ça *(N)*	Ça éclaire *le problème* de parler ainsi. *(Les auditeurs.)*
		etc.	
15	*Impersonnels en* il	I	Il dort combien de personnes ici ?
		P	Il se charge 1 000 tonnes de frêt par jour.
		I P	Il mange 250 personnes, et il se mange 100 pains par jour.

* Ces constructions, attestées pour les verbes traités dans le DSF, mais pas dans ceux de l'annexe, ne sont mentionnées ici que pour mémoire.

	1	2	3	4	5	6
accrocher		(P)	qqch – P			P à N
acheter		(P)	qqch – P			P lieu
aider			qqn			à qqch
allumer	+ P		qqch			
amuser	P		qqn			P à, de, avec qqch / aux dépens de qqn
apercevoir			N		ind. P ind.	de qqch
apporter		(P)	qqch – P			
asseoir	P		N			P lieu
attraper		(P)	N – P			
avancer	+ P		N			P lieu
baigner	P	P	N P			P lieu
baisser	+ P		qqch – P			
balayer	+		qqch			
battre	P R		N			P contre, avec qqn / lieu
blesser	P		qqn – P			P à qqch
boire	+	(P)	qqch			à qqch
boucher			qqch – P			
bouillir	+		qqch			
brûler	+ P	(P)	N – P			
casser	+ P		qqch – P			
chanter	+		qqch – P			
charger			qqch		P subj.	P de N –
chasser	+		N			lieu
chauffer	+ P		qqch – P			P à, lieu
coller	+		N – P			à – P à qqch – lieu
conduire	+		N			P comme N, en att.
construire			qqch – P			lieu
continuer	+		qqch			
coucher	P	+ P	N			lieu – P lieu
coudre	+		qqch – P			
couler	+		qqch – I			lieu
couvrir	P		N – P			
cracher	+		qqch			lieu
creuser	+		qqch – P			
cuire	+		qqch – P			
cultiver			qqch			
danser	+		qqch			
débrouiller	P		qqch			
décharger	P		qqch			P de qqch, sur qqn
déchirer	P		qqch – P			
décorer			N			
déjeuner	+					de qqch – lieu
démolir	P		qqch – P			
dépêcher	P		qqch			
dépenser	P		qqch			
déranger	P		N			
descendre	+	+	qqch – I	+		lieu
déshabiller	P		qqn			
dessiner	+	(P)	N – P			
devenir		+				
dîner	+					de qqch – lieu
dormir	+	+				lieu
éclairer			N – P			P à qqch
écraser	P		N – P			
effacer	P		qqch			P devant qqn
embrasser	R		N			
emmener			N			

7	8	9	10	11	12	13	14	15
		+		qqch /à qqch / lieu				P
		+		qqch /à qqn / pour qqn / lieu				P
à	à			qqn à / en qqch	qqn à		ça (qqn)	
P à								P
		+		N lieu	N en train de			P
		+		qqch /à N / lieu			ça qqch	
				qqn lieu				
		+						P
				qqch /à qqn / lieu			ça (qqn à qqch)	I – P
		+		N lieu				P
								P
				qqn à qqch				P
				qqn à qqch			ça (qqn)	
		+						P
de		+		qqn à qqch			ça	I – P
				qqch à N				P I
P de				qqch à qqn				P I
				N de N	qqn de			P
				qqch lieu				
				N (hors) de N				P I
				qqch à qqn				P I
				qqch /à qqch / lieu				P
	à	+	+	N /lieu / à qqch	qqn à			P
		+		qqch /à ; pour / lieu				P
à-de								
		+		N lieu				P I
				qqch à N				P I
				qqch lieu				I P
				N de qqch				P
				N lieu				P
								I – P
				N lieu				P
P pour								P I
				N de qqch				P
				N de qqch				P
								I
P de								P
				qqn /auprès de qqn / lieu				P
				qqch à qqch	qqch à			
							ça (N)	P I
				qqch lieu				P
		+						P I
							ça att.	I
								I
				qqn sur N			ça (N)	P
		+		N contre N				P
		+						P
		+	+	qqn lieu				P

	1	2	3	4	5	6
endormir	P	P	qqn			
enlever			N – P			
enterrer			N			
entourer			N			P de N
entrer	+	+	qqch – I	+		lieu
envelopper			N			P dans qqch
essuyer	P		N – P			P à qqch
éteindre	+ P		qqch			
étudier	+		qqch			
fermer	+ P		qqch			
forger			qqch – P			
frapper	+		N – P			
frotter	+		N – P			P à N
fumer	+		qqch			
gêner			N			
grandir	+		qqch			de qqch
grossir	+		qqch			de qqch
guérir	+		N			de qqch
habiller	P	P	qqn			P en N
habiter			qqch			lieu
installer	P	P	N			P lieu
intéresser			qqn			P à N
jeter			qqch – R			P lieu
labourer	+		qqch			
lancer			qqch – R			
laver	+ P		N – P			
lever	P	P	N			
lire	+		qqch		ind	
maigrir	+					
manger	+	(P)	qqch			
marcher	+					lieu
mêler			qqch			P à N, de qqch
mentir	+					
mesurer			qqch			P à, avec qqn
(se) moquer						P de N
mordre	+ R		N – P			
mouiller	P		N – P			
mourir	+	+				de qqch
nager	+	+				
neiger	I					
nettoyer			qqch – P			
nommer		P	N			
oser	+		qqch	+		
pardonner	+ R		qqch			à qqn
payer	+	(P)	N – P			
pêcher	+		qqch – P			lieu – P lieu
peigner	P		N P –			
peindre	+		N – P			
pencher	+ P		qqch –			Pour P su· N
pendre	+ P		N			lieu
photographier			N			
piocher	+		qqch			
piquer	+ P		N – P			P à qqch
placer						P lieu
planter		(P)	qqch – P			
pleurer	+		N			sur N, après qqn
plier	+		qqch			sous qqch – P à qqch
presser	P		qqch			
produire			qqch – I P			
promener	P	P	qqn			P lieu
punir			qqn			
quitter	R	R	N			
ramasser		(P)	qqch			
ranger		(P)	qqch			P lieu
raser	P		N – P			
récolter		(P)	qqch			
recommencer	+		qqch			
reculer	+ P		qqch			devant N –

7	8	9	10	11	12	13	14	15
							ça (N)	P
								P
				N / à qqn / de qqch				P
		+		N lieu				P
				N de qqch				I
				qqch lieu				P
		+		N de qqch				P
				N avec ; à qqch				P
								P
								P I
				qqch à qqn				P I
		+						P I
	de						ça (qqn)	P I
				N à, de, avec, contre				P I
P pour							ça (N)	
				qqch de qqch				I
				qqch de qqch				I
				qqn de qqch			ça (N)	I P
		+		qqn / de qqch / en N				P
								I
		+		N lieu				P
P à	à			qqn à qqch	qqn à		ça (N)	
		+		N lieu / qqch à qqn				P
								P I
P à				N lieu / qqch à qqn				P I
				qqch à qqn			ça (N)	P I
								P
				qqch à qqn				P I
		+						I P
							ça	I
P de				N à qqch				P
				N à N				P
P de	de			qqn à qqch				
							ça (N)	I
								I
		N		qqn lieu			ça (N)	P
				qqch à qqn		5		P
		+		qqch à qqn	qqn à	ça		I P
		+						
		+						
		+		N à qqch				I
		+			qqn en train de			P
								P I
P de							ça (N)	P
				N lieu				P
			+	qqch de qqch				P
				qqch en qqch				
P de					qqn de		ça	P
		+					ça qqch	P
		+		qqn lieu				P
		+		qqn de / pour qqch	qqn de (ce que)			
		+		N pour N				
		+						P
				qqch lieu				P
								P
à		+						P
								I

	1	2	3	4	5	6
remarquer			N		ind. interr.	P à qqch
remonter	+	+	qqch – P			à qqch
remplacer	P		N – P			P par N
remplir			qqch – P			P de qqch
remuer	+ P		N			
rencontrer	R		qqn			
rentrer	+	+	qqch – I	+		lieu
réparer			qqch			
repartir	+	+	I	+		
reprendre	P		N			
respirer	+		qqch	•		
ressembler	R					à N
retrouver	R	P R	N			P lieu
réveiller	P	P	qqn			
revoir	R		N	P		
rire	+					de N – P de N
rouler	+		qqch			lieu
salir	P		qqch – P			
saluer	+ R		qqn			
sauter	+		qqch			lieu
sauver	P		N			
sculpter	+		qqch			
sécher	+ P		N – P			lieu
semer	+		qqch			
serrer	+ P		N			P contre
signer	+		qqch			
soigner	P		N – P			
sonner	+		qqch			
sourire	+ R					à N, de N
suivre	R		N			
tailler		(P)	qqch			
taire	P		qqch			
télégraphier	+ R		qqch		ind. interr.	à qqn – lieu
téléphoner	+ R		qqch		ind. interr.	à qqn – lieu
tendre		(P)	qqch			à qqch
toucher	R		N – P			à qqch
tousser	+					
travailler	+					à qqch
traverser			qqch			
tricoter	+		qqch – P			
tuer	R + P	(P)	qqn			
vacciner		(P)	qqn			P à
vider	P		qqch – P			P lieu
voler	+		N			
voyager	+					lieu

7	8	9	10	11	12	13	14	15
								P
								I P
		+		N par N			ça (qqch)	P
				N de qqch			ça qqch	P
							ça (N)	P
		+		qqn lieu				P
		+		qqch lieu				I – P
								P
		+		qqch à qqn				I
								P – I
P à		+		N lieu				P
		+					ça (N)	P
		+	+	N lieu				P
	de							I
				qqch lieu				I – P
							ça (N)	P
				N de			ça (N)	I
		+						P
							ca qqch	I – P
				qqch lieu				I
		+		N lieu			ça (qqch)	P
								P
				qqn de qqch			ça (N)	P
	de							I
								I
		+		qqch à N				
				qqch à qqn				
				qqch à qqn		2, 3, 5		
				qqch à qqn		2, 3, 5		
à	à	+		qqch à qqn			ça (N)	P
								I
à	à							I – P
		+						I – P
		+		qqch à qqn			ça (N)	P
P à		+					ça	P
		+		qqn contre qqch			ça (N)	P
				qqch lieu				P
				qqch à qqn				I

INDEX

Cet index répertorie :

— Les 567 mots constituant une entrée du Dictionnaire, indiqués en gras, en donnant pour chacun d'eux les autres références intéressantes d'emploi.

— 205 autres mots, avec les références aux différentes phrases où ils sont employés de façon intéressante ou bien où ils sont mentionnés comme « substitutions synonymiques ».

Cet index ne répertorie pas les mots des 3 tableaux annexés qui ne sont pas traités dans le Dictionnaire, soit :

— 65 substantifs de l'annexe 1 sur 105.

— 213 adjectifs de l'annexe 2 sur 247.

— Les 170 verbes de l'annexe 3.

On n'oubliera donc pas de consulter simultanément l'index et le tableau concerné.

Les renvois se lisent de la façon suivante :

Ex. : A15.1 (3) : lettre A, 15e entrée *(Ainsi),* 1 re divisoin **(1 ADV),** 3e subdivision (3º + *P*).

a

1 **à** : *passim*
- abondance : Q.2(2) –
2 **abord** : C59.2(1) – E20.1 – L7.2 –
3 **absolument** : A39.2 –
4 **accepter** –
5 **accord** : E21.3(2) – O15.1 –
6 **à ce que** : A1.1(9) – A31.1(7) – A36.2(3) – C26.1(4) – D16.1(3) – E11.2(4) – E17.2(5) – F3.3(2) – G1.1(5) – I1.2(1) – O8.2(4) – P2.2 (1) – P48.2(5) – R9.2(4) – T11.1(6) – V2.6 – V15.1(7), 1(10) –
- action : E4.3 –
- actuel : A40.2(2) – H5.4(5) –
- actuellement : H5.4(7) – M2.1 – M24.2(1) –
7 **admettre** –
- adresse : A37.3 –
8 affaire : H9.3 – J4.3(8) –
- affirmativement : O15.3(1) –
9 **afin** : F11.3(4) – M6.2(2), 3 –
10 **âge** –

11 **agir** –
- ah : B8.2(2) – M3.2(5) – N10.1(3) – O15.2(1) –
12 **aide** : M28.3 – S9.3(4) –
13 **ailleurs** : P66.2 –
14 **aimer** –
15 **ainsi** : A43.7(1) – C5.2(2) – C34.2 (3), 4(3), 7 – C52.3(1) – F5.6 – M6.1(7) – M13.4(3) – S29.2(4) – T7.2(1) –
16 **air** –
- aise : A8.2(2) –
17 **ajouter** –
18 **alentour** : A2.3 – A47.1(1) – C58.7 – S33.3(1) –
19 **aller** : B5.4(2) – D37.2(2) – F20.3(2) – J7.2(4) – M4.3(5) –
20 **alors** : A15.1(3) – A27.1(5) – C1.4(2) – C34.4(6) – E41.2(2) – L1.6(3) – L7.4(1) – L11.5 – M24.2(2) – T1.2 –
- alternativement : T20.3 –

Imprimé en France par FIRMIN-DIDOT S.A. Dépôt légal : 3e trimestre 1979
N° d'éditeur : CL 24252 I (Aa. c. VII) TC — N° d'impression : 4746